女歸成神
性別與宗族／親、族群之間的多重交織
Intersectionality: Gender, Lineage / Clan, and Ethnicity

姜貞吟◎著

中大出版中心
National Central University Press | 遠流

《台灣客家研究叢書》
總序

　　客家做為臺灣的第二大族群，長期以來在文化、經濟與政治各方面均有相當程度的貢獻。客家族群的文化與實作對臺灣多元文化的貢獻、民主發展的影響，清楚的鑲嵌在臺灣歷史發展的過程中；近年來在客家文化園區、客家電視電台、學術研究機構、民間社區及各級客家公共行政機構的出現之後，客家族群的能見度出現了級數的增加，這些都是客家文化論述的結果，也是客家文化論述的一環。

　　客家族群文化論述，除了媒體、熱情的鄉親及行政資源的挹注外，亟需客家知識體系作為後盾。離事不能言理，客家行政方針的制定、文化產業的經營、族群認同的建構各方面，都需要以客家研究為基礎。

　　最近十年客家研究漸漸豐富起來，在族群理論、歷史論述、語言文化及公共政策等各層面都累積了相當多的成果；特別是跨學科研究觀點的提出、年輕學者的加入，打開了許多客家研究的新視窗，提出了不少新的見解，增益了客家文化論述的豐富性，也加強了與行政部、文化實作的對話強度。如果要深耕客家、豐富客家，以客家來增益臺灣社會的多元性，客家知識體系的經營是不可或缺的一環。

　　個人很高興有機會協助《台灣客家研究叢書》的出版，叢書的出版是中央大學出版中心的理想，也是臺灣客家研究學界的願望。這個

理想與願望的實現，除了要感謝叢書的撰稿人之外，特別要感謝國立中央大學李誠副校長、國立中央大學出版中心張翰璧主任的支持，讓一個縹渺的理想結晶成具體的叢書系列。

　　《台灣客家研究叢書》，歡迎各類學門背景、觀點及方法，針對客家及相關議題所從事的經驗研究、意義詮釋及實踐反思的學術論著。在遵循學術審查規範，一流大學出版社學術水準的要求下，進行客家知識體系的論述，以期對客家、人類社會文化之深耕做出貢獻。

張維安

國立交通大學客家文化學院院長、人文與社會科學研究中心主任
國立中央大學客家語文暨社會科學學系合聘教授

目錄

自序　一條回家的路　　　　　　　　　　　　　11

第一章　性別與宗族／親的多重交織　　　　　17

一、看見在地性別　　　　　　　　　　　　18

二、性別、宗族／親與公私領域的交織　　　24

　　（一）性別理論與宗族／親組織　　　　24

　　（二）從私領域到公領域的交織　　　　34

三、宗族與宗親組織　　　　　　　　　　　43

　　（一）宗族／親研究　　　　　　　　　43

　　（二）宗族／親與社會　　　　　　　　51

　　（三）宗族／親與族群　　　　　　　　64

四、資料蒐集與研究方法　　　　　　　　　72

　　（一）資料蒐集方法　　　　　　　　　73

　　（二）分析方法　　　　　　　　　　　78

五、本書架構　　　　　　　　　　　　　　80

　　（一）相關理論與概念　　　　　　　　80

　　（二）章節安排　　　　　　　　　　　85

第二章　宗族的運作機制　　　　　　　　　　91

一、同宗男性為主的族譜登錄　　　　　　　94

二、交丁錢、上牌位與入祖塔　　　　　　　102

三、祖先祭祀 107

四、小結 114

第三章　宗族場域內的性別關係 119

一、權力關係 121

二、生產關係 130

三、情感關係 136

四、象徵關係 145

五、小結 151

第四章　結構之外的重返與創生 157

一、女性與宗族的關係 160

二、「失序」的女人正在回家 167

三、已婚女兒與媳婦想離開／想回家 177

四、掉出邊界之外的例外 188

五、小結 195

第五章　繼承代表與橋接認同 201

一、女性爭取家族政治的代表性 206

二、宗親政治與在地政治 213

三、候選者跟宗親政治關係的浮現 218

四、橋接行動爭取認同 226

五、小結 232

第六章　宗親政治的在地性 235

一、性別化的宗親政治 237

二、女性、小姓氏的宗親關係   246

三、族群與在地政治   254

四、傳統性別文化期待   270

五、小結   274

第七章　回家路上與成神之路   279

一、性別與父系繼嗣體制的跨域對話   282

二、性別與多重結構的交織   288

三、「回家路上」與「成神之路」   293

參考書目   299

附錄一　受訪者相關資訊   329

**附錄二　2009 年至 2018 年桃竹竹苗金縣市各選區男女縣市議員
　　　　人數**   343

圖表目錄

圖 1-1：桃園市楊梅區鄭大模道東堂　　　　　　　　　54

圖 1-2：新竹縣湖口鄉張六和祖堂　　　　　　　　　　54

圖 1-3：苗栗縣西湖鄉劉恩寬古宅彭城堂　　　　　　　55

圖 1-4：金門縣金城鎮珠浦許氏家廟　　　　　　　　　55

圖 1-5：金門縣金湖鎮湖前陳氏宗祠　　　　　　　　　56

圖 1-6：金門縣金沙鎮青嶼張氏家廟　　　　　　　　　56

圖 1-7：金門縣金寧鄉林厝李氏宗祠　　　　　　　　　58

圖 1-8：臺北市內湖區全臺葉氏祖廟　　　　　　　　　58

圖 1-9：金門縣金城鎮閩王祠　　　　　　　　　　　　60

圖 1-10：金門縣金城鎮六桂家廟　　　　　　　　　　 60

圖 1-11：桃園市觀音區廖氏家祠　　　　　　　　　　 62

圖 2-1：金門縣金湖鎮后園村陳顯古墓　　　　　　　 109

圖 4-1：新竹縣湖口鄉張六和祖塔　　　　　　　　　 173

圖 4-2：新竹縣湖口鄉張六和祖塔潤玉間　　　　　　 173

圖 4-3：桃園市觀音區廖世崇公姑婆晉金法會　　　　 175

圖 4-4：桃園市楊梅區鄭大模公派下二世祖婆葉育操石碑與雕像 183

表 1-1：宗族、宗親組織與族群身分類別   68

表 2-1：宗族的成員定位   95

表 4-1：宗族對本宗女兒相關規範   163

表 5-1：桃竹苗縣市 1998 年至 2018 年女性候選人冠夫姓者   228

表 6-1：2009 年至 2018 年桃竹竹苗金縣市女性議員比例   240

表 6-2：2009 年至 2018 年桃竹竹苗金縣市沒有女性議員選區   241
        數量、比例

自序
一條回家的路

　　「女兒不行」、「沒有結婚不行」、「結了婚的女人不行」、「離了婚的女人也不行」……等的「唯女禁止」，小至執幡捧斗、入宗祠、到繼承等，這並不是單一個體的處境，也不僅是單一領域的結構，這都跟父系繼嗣體制的文化有關。父系繼嗣結構的運作機制，對性別多面向的配置與秩序，長期發展後形成各種不同效應。此類跟日常生活有關的系統性規範深植文化系統，影響層面從情感、關係到社會網絡，乃至於個體相關資本的積累。性別研究無法離開生活中的日常性別經驗，本書以宗族與宗親組織作為父系繼嗣社會的分析案例，探討其中的性別配置與相關秩序，是寫作的核心關懷。本書的問題意識起源於行動者作為性別主體跟日常生活、性別理論，以及實踐行動三面向的探討：

　　第一、就日常生活層面來說，女性很常經驗到被禁止與排除的規範，不論是親善性的、規範性的或歧視性的，許多都跟父系家庭息息相關。跟男性相比，女性有兩個家，一個原生家庭，一個婚姻家庭，社會常分別稱為「娘家」跟「婆家」。從娘家到婆家，是一條很長的時間歷程，從「離開」，到「進入」、到「成為」，看起來像似有了家庭中女主人的主位。然而，在此一父子繼承的家庭歷史軸線上，女

性一直在離開著與進入著、移動著與流動著，擔任特定的再生產角色。然而為什麼女性需要「離開」？需要「進入」？為什麼要「成為」？或是「為什麼無法回家」？女性是否能跟男性一樣，都是家庭的繼承者？並在百年後，回到原生家庭、家族進入祖宗神位的範疇？這即是圍繞書名《女歸成神》想要提問的關懷。而女性又因「婚姻身分」（未婚、已婚、離婚等），有哪些規範限定而有不同的處境差異？前述跟父系繼嗣體制運作相關的性別配置與秩序，以及在長期發展與形成下的累積或影響是什麼等等，都是本書想要從日常生活層面出發的提問。

第二、就性別研究理論來說，首先，目前分析性別相關常以父權體制理論進行不同層面的分析。在社會發展進程中，許多跟性別有關的機會結構漸趨對等，但是許多跟社會文化有關的部分卻沒有相應的改變，例如傳宗接代、生子、從父姓、以夫家為主等，探其原因都跟父系傳承文化與父系家庭運作有關。父權體制與父系繼嗣體制雖都以男性為中心，但兩者對性別的著重點不同，本書先從父系繼嗣體制的性別規範與秩序進行解釋，再以父權體制理論進行分析，以凸顯兩個體制間的差異。這樣的書寫也是為呈現目前性別在父系繼嗣的「關係情境」與父權體制的「權利平等」之間常遇到的交織困境。

再來，第二個理論的對話在於呈現性別與在地多重次結構的相互交織。交織理論的提出主在呈現性別與族群、階級等的相互作用。父系繼嗣組織在地方的發展中，常跟在地政治、經濟與社會等事務關係密切，使得在地的性別結構也鑲嵌在這些地域特定的社會與文化微

結構中。因而，性別與多重結構的鑲嵌與交織，有著兩個面向需要思考，第一個部分，對在地女性來說，更多的多重結構往往是具有在地性的次分類結構，呈現性別與在地次結構之間的相互交織，需細緻爬梳。在地相當重視的宗親政治與在地政治、族群身分與傳統性別面向，如何影響女性從私領域到公領域之間的行動？第二個部分，此種在地結構與性別的交織，除了與次結構的交織之外，也是從私領域到公領域的多重交織，也就是公私領域的截然劃分無法呈現父系繼嗣社會對女性的多層面影響。因而，宗親政治如何從私領域到公領域影響女性從家庭走向公共參與？這條性別軸線如何發展？又女性如何採取不同的方式來因應？

　　第三、就實踐行動的例外與創生來說，本研究收集許多不容於宗族既有的性別配置與秩序下的案例，特別是對女性百年後特定的規範，包括未婚女性、已婚女性、離婚女性，以及繼親家庭等，這些女性依宗族既定規範無法受本宗後代子孫奉祀，無法進入宗族神位範疇，成為本宗歷代祖先神。宗族對女性的限定規範，不僅對女性的主體性實踐，也對她的親屬關係，形成困境與挑戰。近期宗族陸續開啟未婚與離婚女性百年後的「回家」行動，成為某種《女歸成神》的開啟。與此之際，2019 年同婚《司法院釋字第七四八號解釋施行法》提供婚姻組成由異性戀／慾獨占結構，擴展為親密性及排他性的永久結合關係，給予家庭組成型態多元可能。這些由越來越多的例外與新的創生所共同開展出的互動結構，是否也可能進一步改變父系繼嗣體制的性別配置與秩序？能否改變宗族既定的性別規範與秩序？行動者

繼承結構也創造結構，如果可能的話，那又如何可能？

　　為了讓前述的提問能從性別觀點與角度進行討論，以及顧及到不同議題涉及的領域與微結構的差異，本書認為宗族與宗親是一個具有自我生成的系統，僅於鉅觀層次採支配從屬理論，在其他微結構交織下的細部處境，再以不同的概念進行分析。選定分析父系繼嗣體制跟性別之間的關係，有著許多因性別規範而有的共同生命經驗的處境，包括自己身為女兒卻無法為母親捧斗執幡；以及一位親近的女性姻親親屬的經歷，她沒有男性手足且外嫁，父親過世前，認定要由侄子捧斗執幡成為族譜上的承嗣者，隨著承嗣的執幡需贈房產「民間習俗」，將從小長大的老家贈與給了堂弟，她說，其中關鍵不是財產的移轉，是此種移轉成立前對自己身為女兒的否定；以及在姑婆法會上，看到宗族宗長為著迎回數十載未能返回老家的早么姊姊與女兒，端著至親骨灰而泣不成聲。這些生命歷程的苦楚都讓我放不下「女兒想要回家」這個議題的重要性。

　　性別研究因民主社會與網際網路發展快速，許多新的性別處境與議題不斷湧現，而跟傳統習俗相關的研究議題相對沒有那麼熱門。但仍有關心傳統習俗與性別議題的老師，如蕭昭君、蘇芊玲、游美惠、蔡麗玲等，持續以出版著作與社會倡議方式，維持議題在特定時節被討論的熱度。首次聽到昭君老師說「到了陰間也要作婦運」，從啞然失笑到雙眼濕潤，不消幾分鐘的時間就能理解。如果照著往例走，許多人將只因性別而持續被限定與排除，那「如果不照往例走，會怎麼樣呢？」或許大家都將因呼籲要改變或作為改變者而承受許多壓力，

但只要行動就有改變的可能。

　　探討宗族與宗親議題的更大社會關心，是探詢臺灣社會的質性是什麼？在夾雜著臺灣性別進步、臺灣女性參政亞洲第一的圖像中，為什麼女性被排除與拒絕的經驗持續發生？理解臺灣社會，無法忽略傳統性別規範，在某些特定的地域社會還是重要的核心結構，且持續在公私領域交互作用。本書以性別為分析範疇，將父系繼嗣社會的性別結構作為一條軸線，呈現與之交織作用的微結構，串起各章探討的主題。然而，此一性別軸線分析的內容，也僅是地方社會發展裡性別面向的一小部分，並非是在地性別的全貌，也無法延伸論證為整體社會的性別結構，整體社會的複雜度往往超過本書所能承載，也不是本書所能窮盡。

　　本書研究與寫作的過程，來自許多方面的支持與協助，首先包括來自科技部與客委會提供多個多年期相關計畫的支持與補助，本書內容是整體計畫的部分成果，也同時是科技部專書計畫的成果。本書部分篇章曾於研討會中進行初稿發表，部分篇章也曾於期刊發表過，感謝曾經給予修正意見的先進、評論人與審查者等，以及本書兩位匿名審查者提供詳細深入的修正意見，得以豐富論證，讓本書避免許多錯誤。而書名《女歸成神》的最終選定，在此特別感謝國立中央大學出版中心的高級專員王怡靜提供專業的協助。也同時感謝所有在不同階段參與過研究的助理們，鄭婕宇、馬怡蕊、江宛霖、林永鈞、呂偉倫、葉人華、施盛介、黃鳳林、邱嘉圓、陳葦柔、陳怡伶、樓和念、高秀婷、潘慧雯、黃琢筠、陳芯慧、張婷婷、張育慈、袁援、曾淑珮、廖

千慧等，協助田野現場、資料與行政事務上的工作，使得本書得以完成。此外，更要感謝我任職的客家語文暨社會科學學系與通識教育中心兩個單位的同仁們，有她／他們在這個階段中的鼓勵與分擔單位行政工作助益良多，另外，也要感謝同在 NGO 一起打拼的夥伴與朋友們，在本書寫作階段，協助與承擔了許多原本我該做的工作。

最終，要深度致謝的是願意接受訪談與提供寶貴資料的宗族、宗親相關受訪者，沒有您們提供寶貴的經驗與資料，本書難以完成。本書雖在分析宗族性別配置與秩序時，採取批判分析觀點，但我有機會身為宗族親屬成員，從自身經驗到訪談過程中，屢屢看見宗親掃墓祭祖與談及祖先移墾在地的諸多事蹟，臉上具有的光彩神情，以及身處公廳家廟前感受先祖的蓽路藍縷，都讓我深深感動並留下深刻印象。特別是，本研究因專注跟理論對話與章節架構的設計，因而許多隱身在引文背後的、田野現場的宗族史、宗親成員個人故事、宗族的地域傳奇等，都無法鉅細靡遺的呈現到本次寫作中。部分是受限於筆者在田野工作跟知識生產間轉譯能力與各種學術能力的不足。最後，本書的完成，也需深深感謝我的先生，作為最親愛的家人在我最忙碌的許多工作階段中，承擔起家中各種家務勞動與生活安排，讓我全心全意投入工作。而本書的書寫，多從性別與權力進行分析與討論，部分文辭顯得厚顏、直率與不委婉，同時受限於學識與能力，本書有著許多的不足，若有錯誤與疏失，文責全由筆者自負。

第一章　性別與宗族／親的多重交織

　　本書從性別研究途徑，探討性別與「宗族親」[1] 父系繼嗣體制的經驗研究，再進而跟性別相關理論與議題進行對話。宗族親在桃竹苗與金門是重要的社會組織，許多宗族親在歷經長時期的發展中與在地鄉鎮的移墾、政治經濟發展、祭祀信仰節慶等關係密切，因而，分析宗族親的性別配置與秩序的模式[2]，有助於理解特定的地域社會中的性別結構與文化，以及這些結構又如何影響在地女性及其相關社會行動。據此，本書將先探討宗族作為父系繼嗣體制典型的代表組織，在運作機制中的性別配置與秩序所形構成的支配從屬結構關係，再以女性與祖塔為例，討論體制以婚姻身分對女性進行的多種限定與排除；最後再從私領域的分析延伸到公領域，分析性別與宗親文化、族群與在地參與的關係。

　　本章主要呈現本書寫作的核心關懷起點，導引而出的研究議題

1　本研究中使用「宗族／親」指宗族與宗親會兩種組織的特定作用力，為避免妨礙閱讀，以下皆以「宗族親」通稱之。詳細說明請參見第一章第五小節本書架構之相關理論與概念。

2　「組織的性別配置的模式可稱之為一個機構的性別體制（gender regime）」，在這組性別配置與秩序下，較常看到的是「一套關係」在連結與區隔我們，而性別體制會改變的，詳見 R. W. Connell（2004: 88-89）的討論。

與相關理論、研究場域、研究對象，以及資料蒐集與研究方法、章節安排的說明。第一部分說明本研究著重看見在地性別，指出性別會因在地獨特的在地脈絡而有不同的發展趨向，特別是宗親文化盛行的桃竹苗客家族群聚居區與金門閩南族群聚居區，性別深受傳統父系繼嗣體制影響。第二部分說明此一影響從私領域貫穿到公領域，兩者相互作用的交織著，形成宗親文化場域。第三部分介紹宗族與宗親組織的起源與形成，說明在地許多鄉鎮的宗族發展史、鄉鎮開發史，與客家族群、閩南族群的形成史之間有緊密的連動關係。第四部分說明本研究主要研究場域為桃竹苗客家族群聚居區與金門閩南族群聚居區，研究對象至少具有一個宗族關係，多數是來自父系的宗族親屬組織，或是曾參與宗親會的在地仕紳等。第五部分說明本書各章的章節安排，第二、三、四章主要集中討論私領域中的性別與宗族的關係，第五章與第六章則討論公領域中性別與宗親政治、族群與在地政治之間的關係。

一、看見在地性別

從性別跟宗族親內部的性別配置與秩序的權力結構，探討到在地的政治參與，要呈現的一方面正是性別與不同結構的作用是多面向、多層次的交織締連，另一方面則要指出性別與特定結構在不同領域之間具有的連動性，特別是公私領域之間。看見在地性別，首先，是不採取把性別視為靜態的變項概念化，避免「在資料分析上陷

入方法論上的個人主義」性別的觀點（藍佩嘉 2008: 110），再來則是指出性別與在地的多重結構的交織狀態。交織概念起源於 Kimberlé Crenshaw（1991）在探討種族與婦女受暴時，有色人種的女性經常因她的有色人種身分或是女性身分而被邊緣化。相同的議題或經驗，對黑人女性跟白人女性會有不同的經驗與感受，黑人女性經驗往往是性別、族群與階級多重壓迫的交織狀態（Collins 2000 [1990]）。交織性（intersectionality）提供批判分析的視角，常被用來說明多重壓迫與多重交織並處的狀態，並將壓迫處境的分析連結到知識與權力、研究與政策、個人與集體等面向（Dill & Zambrana 2009，游美惠 2015）。交織概念的啟發，指出對性別有作用的不只是單一面向，而是多重的結構與脈絡，且被壓迫者／群體也同時可能是壓迫者／群體（Collins 2000[1990]）。

　　宗族循父系繼嗣運作，性別即為運作的核心機制，許多規範沿著性別劃分開來，性別對宗族親來說，是很重要的邊界。父系宗族之為父系的，男丁家戶是系統運作基本單位，女性並非宗族血脈與姓氏的繼承者，許多宗族男性擁有的權益，女性並沒有相應的部分。對宗族女性來說，有著原生家庭所屬的宗族跟因婚姻身分而有的宗族歸屬，兩者間具有不同的生活安排與生命意義的不同，引發的是多重面向的交織。「只要我們提到『一個男人』或『一個女人』，事實上就是啟動一個龐大的意義系統」（Connell 2004: 104），而這個意義系統依性別與族群、城鄉、階級、年齡等交織作用後所形成的現象都不盡相同。深入研究性別與宗族親的關係後，發現啟動的不只有意義系統，

也啟動了在地意義。

　　交織性的分析也可分為「微觀的個體經驗」與「鉅觀的社會結構」（Weber 2001）。許多宗族與宗親組織跟在地的關係深厚，影響層面深遠，形成在地的、特定的微結構，宗族親女性即處於這種在地的、特定的地方結構中，要分析性別與宗族親關係，就必須把行動主體放回在地脈絡內來分析。這種強調地方感與地方認同感的「在地的」概念，施添福（2001, 2006）稱之為「地域社會」。[3] 他主張「臺灣「地域社會」概念，是延續清代漢人社會的基本結構原理，由『地緣』與『血緣』所構成的在地社會」。施添福歸納客家族群在日常生活中最重視的四項事物，分別是提供「生活資源的維生領域」、「神明崇拜的信仰領域」、「由同姓或家族組織的宗族領域」、「實現傳宗接代的親戚領域」。其中維生領域與信仰領域組成「地緣」關係，宗族領域與親屬領域組成「血緣」關係，這四個部分交互生成地域社會的社會網絡與認知體系的邊界。

　　施添福指出的臺灣地域社會延續了「漢人社會的基本結構原理」，因而在關係結構面向，即持續循「相互依賴的情境中心取向的」（Hsu 2002a: 73-74）。依照 Hsu 的分析，這個關係情境中心的世界

3　施添福援用日本學者森正夫（1997）〈明清時代江南三角洲的鄉鎮志與地域社會：以清代為中心的考察〉研究，以「地域社會」作為分析方法，研究清代竹塹地區的歷史與地理的開發。森正夫（2014）進一步指出「地域社會論」核心概念，「比起探討階級有關的分析來說，更關注歷史中最重要的社會力量，即是當地居民之間的統一與合作」。

觀促使我們於親屬體系內相互結合，「對個體的主要影響是『凝聚性的』」，個體網絡與互動的邊界，都以家庭為中心，最遠「則停留在家庭直接延伸的宗族之內，而不願超越這個範疇之外」。[4] 宗族以父子軸為核心關係，成為優勢關係結構（Hsu 2002a: 63），進而構成地域社會的父系文化基本場域（field）結構。

　　「在地性」與「關係結構」兩者交織的分析，也可見於楊弘任（2011: 5, 9）研究屏東珍珠社區時，主張我們必須正視在地性之中，由「血緣、地緣與祭祀圈所構成在地性邊界」，有源遠流長的「做事的方式」與「做人的方式」，這些實作邏輯慢慢累積為「代代相傳的『地方知識』與『在地範疇』，……這些都不能簡單化約為在地的想像共同體」。同時，他指出「社會的在地性被守護在『邊界』之內，這些代代相傳的地方知識傳衍下來，在地範疇無須言宣」。而邊界內的在地性並非寂然不動，也會隨不同的社會力進入或行動介入而有所改變。因而，本書採取的分析方式是將性別跟宗族親、族群的交織分析，放回在地的脈絡中來討論。

　　看見在地性別，是性別與宗族親的在地多重交織分析。在地性（locality）中的性別結構該被辨識、分析與討論，特別是作為知識範疇時，而理論碰到在地社會的解釋力，該如何調整？David Turnbull

---

4　Hsu（2002a）在進行華人宗族與印度模式的宗族比較時，指出跟華人的凝聚性相比起來，印度宗族模式對「個體的主要影響為分離性的」，為「人際間的離心傾向」的表現，且「此一離心傾向的世界觀，加上超自然中心取向則阻止了印度教宗族任何有意義的發展」。

（2003）主張「所有知識都是在地知識（indigenous knowledge）」，楊弘任（2011）解釋要了解在地性，需從「地方知識」與「在地範疇」出發。血緣與地緣構成的在地範疇，即是宗族具有的地域特性，是宗族系統持續進行的重要因素之一。根據本研究田野觀察，討論性別與宗族親的在地性交織，至少包含幾個面向：父權體制（patriarchy）與父系繼嗣體制（patrilineal descent）之間的交織[5]、體制內部的性別運作機制、公私領域之間、跟在地的族群身分、在地性如何通過性別的施為體現出來。

宗親文化盛行區的在地性，使得在地公共事務跟宗親連結的深厚，這從社團參與和選舉動員的性質可觀察到。根據張維安、丘昌泰等（2005: 114）研究指出，在桃竹苗客家人中有參與社團組織者，其中以「參加宗親會或同鄉會的人占最多數，約有四成」。金門族群投票的情形，也呈現出「地方政治人物以地緣、血緣、宗族或社會關係為基礎、相互聯合以爭取地方政治權力的型態」（王振漢 2007: 45）。強調「同質性」與「一致性」的四同「同宗、同鄉、同學、同年」，常是特定地域的民間社會的關係網絡的運作原則。「四同標誌了人與人之間關係的遠近親疏，其中同姓宗親又為最重要的關係與連帶」（吳忻怡 2016），使得許多地域社會仍保有此一社會關係網絡

5　本書區分父權體制與父系繼嗣體制的不同，前者源自西方性別研究對以男性為中心的社會與制度進行探討，帶有社會契約論爭取平等自由的邏輯，後者源自漢人社會的父系家庭組織，強調父系核心的傳宗接代與祭祀祖先文化，帶有 Hsu（2002a）主張的「依賴的情境中心傾向」。

的運作。

　　這種在地性別也有多種不同表現，宗族親文化跟不同領域的交織並非固定不變，會因地域、族群、資源等多重結構條件，而呈現出不同的質性。例如桃竹苗地區中客家族群聚居區同為重視宗親政治區域，但苗栗鄉鎮跟新竹鄉鎮的女性冠夫姓參與選舉的比例並未像桃園市比例那麼高，又或者是同為宗親文化盛行區，但只有桃竹苗部分鄉鎮的宗族（含客家族群與閩南宗族）發展出祖塔（墳塔）的形式。再來，宗親文化盛行區目前大多在單一族群比例較高的鄉鎮可見到（桃竹苗跟金門都是），但也並非單一族群人口比例高，宗親系統就可以維繫，在許多都市區域，宗親文化的發展多已因其他因素而難以持續。在難以確認族群跟宗族成員間的影響是一致的，加上性別對不同族群成員的作用也不一樣，因而很難單一用「是族群」或「不是族群」來分析，但也無法全面否認族群在其中的重要性。

　　行動者處在血緣與地緣交織的在地性，成為特定地域社會的行動主體，其行動施為的開展必須循此在地範疇與在地知識邏輯。在地性雖有邊界之外，也並非僵化不變，舉凡「公民社會」「同志婚姻平權」這樣具有「現代性」的外來範疇，在跟以經驗性為重的「在地範疇」，在文化轉譯過程後，也會在論述權力的競逐下，持續不斷發展變化中的在地性。美國女性主義詩人 Adrienne Rich（1986）提出定位政治（politics of location）一方面提醒我們了解性別結構時，需反省性別受到階級、族群等的影響，而需回到特定的在地脈絡、政治或地理中發言。因而，我們在在地，需看見「父權體制理論」著重的權益

取向論述的不斷穿透，同時更有「父系繼嗣體制」著重的情境關係結構的浮現。也就是說，我們無法單以「西方化」的父權體制理論分析性別結構，忽略在地差異性，但以「在地化」的父系繼嗣理論呈現性別配置與秩序，也不能否認性別的權力結構，以及主體實踐行動能動性的轉向可能。

二、性別、宗族／親與公私領域的交織

本書主要討論性別跟宗族、宗親組織的關係，從宗族內部的性別配置與秩序所形成的性別體制，進行關係結構面向的分析，以及這個性別體制如何侷限女性在宗族內的相關權益，同時也將討論在宗族親跟在地社會關係緊密下，影響不同性別的在地公共事務參與的方式與途徑。本節先說明在地社會有著父權體制與父系繼嗣社會的交互作用，如果只以父權體制理論分析宗族組織，較難呈現父子軸文化規範形成的制度結構，因此本書將宗族與宗親組織放回父系繼嗣社會脈絡，說明父系繼嗣體制與性別結構的交互運作。另外，本研究也要指出性別與宗族親之間，也是私領域到公領域的父系結構的交織，因此也討論公私領域二元與對立的劃分，侷限對性別與宗族親之間的討論，彼此具有連動性與連續性的交互作用。

（一）性別理論與宗族／親組織

宗族研究起源甚早，早期學界著重在形成過程的理論性探討

（Freedman 1958; Cohen 1970; Pasternak 1972），以及在多重歷史情境脈絡下的運作型態與定義的歧異（陳奕麟 1984；陳其南 1990；莊英章、羅烈師 2007），近期研究重點側重於個別宗族發展史（陳瑞霞，2008；姜禮海 2013；鄭婹宇 2017）、祭祀圈與祭儀（賴玉玲 2002；戚常卉、江柏煒 2009, 2010；陳炳容 2008；楊天厚 2011）、跟地方社會關係（羅烈師 1997；陳麗華 2010a）等，較少見對其性別結構的運作機制進行深度分析與討論。同時近期開展的幾篇客家女性研究，在不同主題的內容分析中，探討女性跟婚姻的多種關係面向，這些跟女性有關的討論都跟宗族家庭有關聯，例如節婦與地方社會（陳麗華 2010b）、竹塹文人家庭中的女性婚姻形式（魏捷茲 2010）、齋姑與宗族（李玉珍 2010）、女性入祖塔（蔡芬芳 2013），另外鋼夫命與二婚親（曾純純 2010）、異族通婚與跨族收養（林淑鈴 2010）、跨越家戶的被送養（連瑞枝 2010）、茶鄉婦女勞動（潘美玲、黃怡菁 2010）、客庄阿婆（簡美玲、吳宓蓉 2010）等則呈現女性在父系繼嗣社會脈絡下，在跨家庭間、與跨族群間的各種邊陲性。

宗族作為地方社會中透過社會互動持續形構父系繼嗣體制，傳遞父系傳承與祖先信仰信念，對地方社會政經與文化等不同領域具有影響力，形成地方社會實體（social reality）。Hsu（2002a: 286）對比美國人、印度教徒與中國人的世界觀，指出宗族是一個著重「垂直取向的親族組織」，這個組織同時牽制並制約著自我，親族組織提供穩定的位置給予自我，「自我沒有離開親族進而更大社會的願望」，而由宗族所形構的內部世界，即使有所不同但不必然會發生衝突，只要

通過婚姻締結與子孫的出生，即能擴大內部世界的範圍。[6]宗族強調父系傳承，跟多重的社會結構、地方社會與文化間有深度的交互作用，宗族並非單純存在，它的性別配置與秩序具有對內的與對外的多面向影響，很難從單一理論、概念進行頗析，也難以切開成員處在此社會關係中所涉及的公共與私人領域的權力行使。宗族組織可說是父系繼嗣體制的典型代表。宗族作為「同一個父系繼嗣群體」（林美容 1989, 2000），重視世系傳承、祖先祭拜，特為著重在公廳、祠堂與族譜的維繫與表現。宗族承認同宗血親男性作為組織核心成員，遵循昭穆排序尊卑倫常輩份，編入龐大的世系位置登錄於族譜之中。平時，成員有維繫宗族運作的權利與義務，繳交丁錢維修公廳祠堂與舉辦時節的祭祖儀典，日後百年後自己也能進入公廳與祖塔，與祖先團聚同時升格成為祖先一員。是以，同宗男性為主的族譜登錄、交丁錢上牌位與入祖塔、祖先祭祀為宗族的主要運作機制。宗族的「血親男性為主」的繼承特性，對男性成員來說，無疑是特定的文化結構，常使得宗族男性成員身上具有多重不互斥的男子氣概期待。

在涂懿文、唐文慧（2016: 231）的研究中，也發現在南部研究區域內的男性成員長期的生命歷程中，有部分來自公廳祖先祭拜相關的期待，成了他們最難以放下的家族牽掛。該研究中的男性受訪者出身

6　就此一親族組織發展與對應而構成的世界觀來說，宗族成員就業與進入經濟市場，雖已經進入了「可轉換的外部世界」，但他們也不必然會發展出進入更大的社會結構的願望，「賺錢養家」邏輯並未與「不可轉換的親屬團體與原則」有所抵觸。

在依舊重視公廳祭拜文化的父系家庭，又有著到外地闖盪探尋世界與打拼事業的想望，然而父系家庭對傳宗接代、輪伙頭[7]等多種「男性作為戶長的強制性期待」，常形成「一套緊密的宗親與家族關係」。宗族以男性作為戶長的強制性期待為核心的運作法則，也使得宗族男性從屬於此一性別文化結構，生產相應的男性氣概。宗族要求男性成員要有男性後代子嗣才能繼承本宗香火，若沒有生兒子，就必須以過繼、過嗣或找近親中的男性後代協助兼祧，不能讓祖先香火斷在自己手裡。香火延續象徵祖先以無形的、精神的、非物質性的方式繼續活著，支配後代子孫。公廳大理石牆上鑲嵌印刻著祖先的名字、族譜，頌記著發跡祖、開臺祖、開浯祖與歷代祖先胼手胝足、拓荒移墾、公廳修建等過程（莊英章、羅烈師 2007: 96-97），公廳宗祠祖先牌位由專人每日奉香敬茶，於年度重要祭祀日合族祭拜祖先，形成祖先崇拜（ancestor worship）。這些現象指出，不論是從宗族的運作機制切入、男性成員的男子氣概或女性的經驗出發，都顯示出宗族的運作跟性別有密切相關，需要跟性別相關理論進一步對話。

　　另外一方面，學界分析父權體制時，著重父權在不同的制度結構的運作與實踐系統（例如 Walby 1990 等）、性別關係在不同的關係結構中的呈現（例如 Connell 2004 等），以及男子氣概的不同類型

7　此種由文化驅動結構制度的關係探討，可見謝繼昌（1986）分析跟家族、家庭關係緊密的「輪伙頭」制度。「輪伙頭」是漢人社會中「父母定期在已婚兒子家輪流吃飯的制度，換言之，是成年子嗣輪流奉養父母的的一種制度」。

等（例如 Connell & Messerschmidt 2005 等）。以此「父權體制理論」來分析臺灣社會，可呈現出此刻時間橫面軸中的性別權力結構，也可隱約看出「父系繼嗣體制」作為歷史時間垂直軸發展對性別權力結構的長期影響，因而，理解臺灣在地社會的性別結構，需區分與關注父系繼嗣體制開始。

讓我們先簡述父權體制研究的發展與分析臺灣社會的情況：Kate Millet（1970）最早從整體性定義分析父權體制，主張是男性統治女性、年長男性支配年輕男性的一種社會現象。Carole MacKinnon（1989）在與自由主義女性主義、文化／關係女性主義對話中，奠定宰制論女性主義（dominance feminism）理論，分析從國家與法律途徑，指出性別權力的不一致形構性別階級（gender hierarchy）。Sylvia Walby（1990）在著作《父權理論化》（*Theorizing Patriarchy*）分析父權體制概念可用六個制度結構作為分析模型：有酬勞動、家庭生產、文化、性、暴力與國家，貫穿這六個制度結構的是由男性主導、壓迫和剝削女性的社會結構與實踐體系。

前述從多重的結構與制度面向討論父權體制的運作，另外一個探討的面向是從日常互動關係來辨識體制，以及如何在日常互動中做性別。Allan G. Johnson（2008）則從這種社會在權力運作的性別結構、權力關係面向來指認父權體制的存在，這個體制是不分男女、不分集體個體，大家都參與其中，可在不同職業、產業、組織、場域、領域等，辨識出不同程度的「男性支配」（male-dominated）、「認同男性」（male-identified）與「男性中心」（male-centered）。關係並非獨立

存在，社會互動在社會關係中進行，其所仰賴的深層文化邏輯，就是形塑關係的結構。意識到「做性別」（doing gender）是鑲入日常互動關係中，從言談、行動與態度持續地創生行動者之間的關係（West & Zimmerman 1987）。此一整體結構有著多重複雜面向的彼此交互作用，性別結構鑲嵌在各個面向，決定關係的趨向與質性。性別結構鑲嵌於政治、經濟、社會與文化等公領域，也包括家庭、家族等私領域，不只每個領域中的性別關係本身具有高度複雜性，關係的運作也涉及多重社會結構之間的交織，也就是父權體制的領域與制度結構。

前述學者試圖突破方法論既有限制，採納入更大範圍地分析社會實體內的結構、關係與互動，進行「破口」（break point）的社會動力分析，不讓貫穿的內在權力邏輯與機制在逐項分析後被隱匿或被消解（be concealed or eliminated），或被錯視為性別關係或社會互動，或化約為性別角色分工（gender role division）。[8]一方面把父權體制視為單一巨大的結構，進行理論解釋與建構，另一方面則進行不同面向的分析與討論。不同面向的探討能細緻釐清性別結構的運作與影響，唯可能疏漏面向交織處，視其為「空白存在」，以及難以呈現面向之間的「連動性」（interrelationship）。

此外，臺灣社會近年性別現況不斷越來越平權發展，整體社會

8　藍佩嘉（2008: 112）提醒只討論性別角色或期待，易忽略背後形成的原因，「使得性別角色的概念承繼功能論的傳統，缺乏權力與衝突的觀點」，或者將性別在多重結構與權力關係實作下，「化約為志願主義（voluntarism）的社會行動……是一種去政治化的分析」。

與家庭樣態越來越多元，跟家庭有關的性別結構已逐漸達法律權益的平權，但在家務分工、照顧工作分配等還是多循傳統性別分工與角色期待，由女性承擔主要照顧勞動。學界研究從家庭內的性別分工與配置、照顧責任與勞動就業、性別配置與性別氣質等面向，指出家庭的性別結構對男性跟女性影響多重。例如家庭內部的性別分工與配置往往呈現性別化（張晉芬、李亦慧 2007），由女性以母職、妻職等角色承擔各種照顧責任、「無酬家務勞動」（unpaid domestic labor）與「家庭情緒工作」（emotional work），退出勞動市場比例高，造成女性生育與就業的雙輸（王舒芸、王品 2014）。性別配置在家庭內的刻板，不僅讓不同性別的成員在追求個人成就與家庭期盼關係間產生猶豫與取捨，也同時影響成員性別氣質的施展。前述研究大多從家庭的性別結構的橫切面進行分析，而在長時期的家庭研究中，持續指出臺灣家庭結構有一個文化規範的面向，對性別家務分工、照顧分配等都有影響。以父權體制、父權家庭的理論分析臺灣家庭，大多能解釋家務性別化而有的差異，但較少能解釋與討論臺灣家庭持續推崇「孝順」、「傳宗接代」、「祭拜祖先」等文化規範對性別結構的影響，部分以「父系家庭」「父系繼嗣社會」來研究家庭等相關組織的研究，更能呈現父系文化對臺灣家庭中性別結構的影響。

後現代社會後的西方在全球快速變遷下，選擇家庭（families of choices）漸多，許多家庭形式逐漸朝向「家庭結構趨向多樣化」與「性別聚合」（gender convergence）的發展趨勢（Davis, Evans and Lorber 2006）。後工業化發展與性別平等不同社會力量的影響，單親家庭、

繼親家庭、同居生子、單身家庭、分居家庭等,家庭多樣性逐漸成為一種社會的法則(norm)(Coontz 1992)。臺灣社會在 1980 年後,雖已有不少核心家庭、折衷家庭、單親家庭等多元家庭的存在,但在孝順、傳宗接代與奉養雙親等態度卻從未改變過,形成臺灣社會特殊的文化結構,除了採取各種變項與結構關係的討論之外,也需從「文化規範」面向來進行分析(伊慶春、章英華 2008)。臺灣社會性別結構變遷快速,但家庭、家族面向深受華人傳統家庭的文化結構影響,使得對傳宗接代、財產繼承、子女姓氏等還以男性為首要。臺灣父系家庭觀念確實有別於西方社會,包括以夫方父母為主的同住、奉養態度、家庭組成、性別分工以等家庭觀念,學者稱之為「修正的父系社會家庭」,持續展現傳統父系文化的規範(伊慶春、章英華 2008: 45)。

把性別放回在「父系繼嗣社會」的脈絡,能呈現出不同的性別處境以及其回應的狀態。不少人類學者持續注意到女性在宗族社會的地位邊緣,指出女性「常是兩個繼嗣世系的邊緣者」(Potter 1974; Wolf 1974; Watson 1981, 1896; Watson 1982; 丁仁傑 2013;曾純純 2014)。連瑞枝、莊英章(2010)主編的《客家、女性與邊陲性》一書對父系繼嗣社會對性別的影響有較完整的分析,呈現女性在父系家庭之間流動所產生的邊陲性。這本著作將女性設為主要研究對象,特別放回其在「父系繼嗣社會」的脈絡來討論,時間跨越清治時期、日治及當代,研究地點集中在臺灣南北客家聚落較為集中的地區,其中數篇研究的探討,都指出女性處境跟宗族的關係密切。李玉珍(2010)的研究指

出，日治時期新竹州民間齋姑、齋堂的出現，例如淨業院、一善堂、福林堂、太和堂、紫霞堂等都跟在地宗族有關。根據父系的祖先崇拜制度，女兒應當外嫁，一旦有女性沒有外嫁時，會以宗教文化轉譯的方式，使其留在原生家庭中。當時閩南家族的寡婦、未婚女兒以祖先崇拜與修行方式持續保有財產繼承權，客籍的多種不同處境中的女性（媳婦、未婚女兒、未婚孫女、不婚養女等），也以宗教節操合法化女兒留在原生家庭修行。

另外，曾純純（2006）在對族譜的研究，指出女性在父系繼嗣為主的宗族的族譜、家譜紀錄中，女性地位長期受到相對化規範。涂懿文、唐文慧（2016: 219, 250-251）則注意到父系世代的傳承對家族男性成員的男子氣概與生命歷程的影響甚深。涂與唐主張父權是一種系統，指涉家庭系統或全體社會是一種「父長統治」（father rule）的想像，且在特定的、地域的社會文化脈絡下，男子氣概跟移動、家庭關係之間有著動態交織的方式。許多研究都指出父系規範的實踐在家庭制度及運作上仍持續存在，且「有相當韌性」（伊慶春 2014）。父系家庭強調傳宗接代與性別分工，在地域社會歷時性發展下，猶如成為特定的「家庭意識型態」（family ideology）。[9]「三代同堂為一種明確的文化價值」、「傳宗接代與孝道為一種強力的規範」，這樣

9　Ratna Kapur and Brenda Cossman 主張在特定社會中，建構家戶配置與性別分工，同時結合道德規訓與經濟規訓的多種作用，讓女性被安置在各種不同的從屬位置，就像是特定的「家庭意識型態」（family ideology）（轉引自陳昭如 2005）。

的家庭結構如何持續生產與再製，以及此一價值如何維持與生成，都需要學者投入分析（伊慶春、章英華 2008: 3）。不論是分析家庭變遷型態、家庭內的性別關係與性別分工，或地域性男子氣概的展現，學者都陸續指出臺灣父系社會中的家庭型態為「父系傳承」之「特定家庭意識型態」，需要進一步探討這套家庭意識型態運作的內在結構與文化邏輯。

　　因而，在分析臺灣父系繼嗣社會與父系家庭背後的性別結構，如果只用父權體制來解釋，相對難以呈現宗族重視世代相傳等歷時性的時間結構，以及此一歷時性的時間結構如何轉變為文化結構。父權體制理論有助於釐清性別在鉅觀的不同的結構內部與外部如何被鑲嵌於制度與不同層面的運作，所產生不同的性別不平等。而在特定的地域中，以及宗親文化盛行區，把性別放回「父系繼嗣社會」、「父系繼嗣體制」的脈絡來討論，更能透過討論該性別配置與性別秩序，而呈現出父系繼嗣的性別結構與運作機制。此種強調血親男性世系延續與傳宗接代的家庭，不單只是父權家庭，而是由父系繼嗣的文化邏輯貫穿以男性為中心的父權體制原則，構建成為父系繼嗣體制中的父系家庭。也就是說，影響臺灣社會家庭甚深的「父子軸」世代傳承文化結構，對作為身為父親、兒子與母親、女兒都需面對來自父系繼嗣社會對其不同的身分期待與規範，而這些個別經驗背後所隱身的「家庭傳承」結構要素，需在既有的父權體制理論中被辨識與指認出來。

　　曾純純（2014）指出親屬研究、家族研究、宗族研究與性別研究的關係密切，需進行跨領域對話。在理論方法部分，父系繼嗣體制比

父權體制更貼近強調血緣與地緣所形構的在地社會。而父系繼嗣體制的性別關係是什麼樣態？在理論層面、經驗層面與社會層面，有哪些對話與反思？宗族作為一個強調世代相傳與祖先祭祀的超大父系家庭結合體，是典型的父系繼嗣組織。父系繼嗣體制中的性別配置與秩序，以至於各種關係結構、關係狀態，這都是啟動本研究進行的主要核心關懷。早期地方家族組織依靠世系成員不斷的繁衍，進行在地各種移墾、在地發展等，成熟形成與奠定宗族組織，往往歷時百年以上，跟在地政治、經濟、文化等都有緊密關係，包含從內部的性別制度，再到宗族與外部在地的社會互動中，都在此一父系繼嗣體制的性別配置中進行。因而，本研究特別從這兩個面向來進行分析，第一部分探討宗族內部的性別制度與運作，第二部分探討在宗親文化盛行區的在地政治參與如何受到此一結構影響。

（二）從私領域到公領域的交織

從性別看宗族與宗親組織，也是一條從私領域通往公領域的途徑。宗族雖是在地超家庭組織結合體，但通常跟在地關係緊密，成員通過獲得組織節點資源，在此一緊密的地域關係中產生關聯，並與之進行各種社會互動。宗族與宗親組織對成員的種種規範、制度安排與資源分配，形塑而成「性別化宗親文化」，也同時再影響其他社會組織如何與之互動。因而，討論宗族與宗親組織，除了前述討論的第一條內部的性別關係分析軸線，分析宗族內女性被系統性文化排除，特別是百年後回祖塔安置與宗祧繼承相關，第二條軸線就是公私領域的

議題，特別是宗親政治跟在地政治、族群關係的分析，性別處於在地宗親文化結構，往往需發展出不同的途徑與宗親政治合作，才能更有利於在地的政治參與。所以，宗族的性別配置與秩序，不僅影響私領域內的性別分工與資源多寡，也同時影響性別在參與地方政治時的途徑與過程。

在傳統自由主義的論述下，不論是洛克對政治領域跟社會領域的區分，或是受到浪漫主義影響下的自由主義區分社會領域跟個人領域，對社會的分析常以公領域、私領域作為二分（Kymlicka 2001）。古典自由主義多數認為跟正義有關的場域只有公共場域，舉凡由政治、經濟生產等場域都屬於公共場域，而家庭具有的休養生息、生殖生育、照顧等性質都被「本質化」為「自然領域」，排除在公共之外。他們並未否定私領域的重要性，而是認為私領域的性別分工、權力差異等乃由傳統習俗來支配，基本上性別家務分工、家庭場域內的權力、家庭關係、性別階層等，都被視為是自然的、神聖的。後來部分學者（例如 Rawls 等）也同意家庭作為一種社會制度，需要以正義與公平來理解與分析，但關注點仍未從性別角度評估家庭內部的各種不平等。

同樣的，馬克思主義分析近代產業資本主義生產關係時，將焦點放在「市場」，把「市民社會」與「市場」視為同一件事，忽略市場之外，還有「社會」與「家庭」（上野千鶴子 1997: 11）。近代將社會領域（social sphere）分為公私領域的劃分後，許多私領域的部分，被視為「自然」、「本能」或家戶內的事情，並認為公私兩個領域毫

無關聯。近期許多交織性的研究分析（女性與家庭照顧、女性與勞動、女性與政治等），發現女性承擔私領域照顧責任所投入的時間與心力，跟她在勞動市場或公共領域的投入相互牽制，且因在就業市場的性別不友善條件下，也不見得有助於少子化與國家整體照顧現場的改善，在特定區域與條件下甚至形成社會重分配的逆分配效應（王舒芸、王品 2014）。本書討論的軸線認為父系繼嗣體制不僅影響私領域的、個別的、家戶間／內的性別關係，也跟不同公共領域運作中的性別關係有所關聯與影響。從性別來看，公私領域截然二分的效果，除了把家庭界定為私領域，遺漏家庭內部關係的不平等，以及女性需大量承擔的照顧與情緒工作，女性因退出職場而可能產生的職涯斷裂、老年經濟安全、男性與照顧的疏離等的討論之外，同時也限制了性別權力趨向的連續性與連動性的理解與分析。

宗族與宗親組織的性別權力趨向，有著貫穿私領域到公領域的連續性與連動性，呈現以男性主導、男性為核心的宗親文化。父系繼嗣體制內的男女區分，循著傳統男尊女卑、男主女附的性別配置與秩序，強調性別分工跟性別角色為一組性別規範。父系繼嗣體制以世系血親男性的關聯與網絡為主的制度設計，讓男性具有在家庭、家庭與宗親事務間的至高權力。「個人的即政治的」（The personal is political）（Hanisch 2000 [1970]），主張許多女性在家庭內的困境與問題，並非是個人的問題，而是有其所處真實的社會處境。Carol Hanisch（2006）特地指出所謂「政治的」乃指「與權力關係有關的」（as having to do with power relationships），而非狹隘的選舉政治。

因而，從權力面向來討論宗族親的性別配置，來勾勒出父系繼嗣體制如何從私領域到公領域影響性別，是本書想要嘗試的方式。

　　有些學者不反對將社會生活區分為公領域與私領域，但著重於討論性別差異對個體在社會參與或公民身分實踐時，提供了什麼機會或限制，不能忽略性別在公私領域的區分與指派，以及這個公私領域內的性別結構如何影響實踐（Landes 1998）。父系繼嗣體制的性別配置以男性為重，由男性取得體制內部與外部的主要資源，可以加以運用與進行各種交換，通常女性在此結構下，難以占據體制重要位置、節點，也就不易積累或取得各種資源的積累。社會資本跟政治參與、公共參與之間有相互影響的關係（Putnam 1993, 2000），而資本積累、運用也具有性別差異，女性跟男性會因性別社會化與所處性別脈絡的差異，而有不同的資本生成與類型等（Bruegel 2005; Sapiro 2006; Arneil 2006; Hodgkin 2009; O' Neill and Gidengil 2006）。陳素秋（2015: 129-130）在對社區女性的公共參與研究時，另外發現宗親制度十分穩固的社區，在地社團如老人會與父系宗親體制的密切結合，「父系性別符碼體系明顯，讓老人會中的日常聊天，儼然形成村內公共事務的權威性議論處」。

　　性別權力在公領域與私領域之間，並非二元且對立，而是具有多重面向的相互交織與作用。首先，二元且對立分法，讓性別權力的指認斷裂，無法呈現出權力的一致性、整體性與連動性；再來，此一分法所產生的社會效應，反過來再侷限社會對現有「公領域」與「私領域」所包含的事務的理解與討論，鞏固社會領域的刻板印象。公私

領域與女性主義的對話焦點很高比例在探討家庭與性別，有研究顯示女性對於現有的家務勞動、家務分工的分配關係，並非一致同意的（consent），而男性在多數的婚姻家庭，在跟其工作關係、社會網絡、休閒等都有較高的權力展現（Okin 1991）。本書肯認家庭與性別議題在公私領域辯論中的重要性，但本書想指出的是，在特定的社會脈絡下，從父系繼嗣體制的內部權力關係延伸到外部的在地公共事務的權力關係這個面向來講，存在一塊不在既有公私領域與家庭相關討論軸線上的主題，也就是說，有一個性別權力發展軸線的討論較少被提及。本研究並非反對在不同議題分析時有公私領域的區分，而是希望指出結構的連動性，從私領域到公領域之間，性別的處境是具有各種結構下的連動性與交互性，也希冀能以此性別權力的軸線分析，釐清性別與宗族親的各種關係面向。

此外，探討公私領域與性別的權力關係，Carol Pateman（1988, 1989）指出社會中普遍存在女性被男性支配的權力關係的主張，也能證成父系繼嗣體制對男性與女性的支配從屬關係。[10] Pateman（1988）對社會契約、性契約與性別的關係分析，主要回應盧梭的社會契約所指個人進入公民社會遵從共同的社會規則與義務，乃是透過相互同意（consent）的過程，但是這個「同意」社會契約實則有性別差異與不平等的結構。她（1989）認為不論在公領域或私領域，許多看似有

10　Pateman 的男女支配從屬模式，雖是放在公民社會的社會契約基礎，但此一性別權力模式，也是父系繼嗣體制中的男女權力模式。

理性選擇、自主自由與平等的契約結構，實際上都充滿著女性被男性支配的權力關係。公民社會的社會契約是男性之間的一種兄弟契約，而這份契約也是性契約，建置了男人對女性的權力行使。[11] 性契約／性別契約是男人間的約定，每個男人都能通過婚姻契約獲取一位女人，擴展家庭私領域內的父權統治（Arneil 1999）。普遍存在於社會關係中與性別有關的支配與附屬地位，是從被界定為私領域的家庭生活中生產出來的，而此一家庭權力是父系的、父權的。「性／別契約與社會契約攜手鞏固了男性家長的堡壘，也就是家庭」，而男性在身為家戶長享有公權力難以介入的統治權，「而統治基礎是女人無條件的服從和法律的認可」（顧燕翎 2019: 75）。

本研究要強調的是，在特定的歷史發展脈絡下的地方社會是父系繼嗣體制社會，乃是由男性結合父權的與父系制的雙重體制，不斷結合自然的、傳統的習俗，生產關於家庭的、父系傳承的文化論述，取得至高的道德權威，確立宗族、家族與個別的家庭運作的性別法則。楊國樞（1996）注意到了父系家庭以父與子男性代間的支配關係為重，指出華人傳統家庭支配關係以父子軸為主，跟其他國家的夫妻軸模式不同。更早之前，Hsu（1961）就已指出，若「核心家庭的優勢

11　在此，男性同性間兄弟關係立基於同性情誼分享異性情慾而拒斥同性情慾，確立作為性主體的同時也奠定對女性作為性客體性契約的成立。然而 Eve Kosofsky Sedgwick（1985）提出「男同性情誼之慾望」（male homosocial desire）具有界線模糊性，主張同性情誼在以情誼為由揚棄同性情慾之際，同時也開啟情誼與慾望（desire）間延續與互動的界線模糊。因而，同性情誼、兄弟契約間的性慾與性契約趨向可能轉向改變。

關係結構為父子軸」，則會影響親屬體系中的「非優勢關係結構」，同時也會對優勢屬性、非優勢屬性的內涵有所作用。這種父子軸為主的支配關係，影響夫妻關係也會循此「父子軸」延續同宗世系血脈的家庭支配關係，同時發展出先生／夫家對太太／媳婦的支配從屬關係結構。宗族／親作為傳統父系超家庭體的典範，支配從屬關係所構成的宗親規範關係，如同契約般規範參與其中的每一位男性跟女性。支配從屬關係結構是一種深層的社會文化邏輯，而非僅是變項的一連串交互影響效應，也不能化約為行動與關係的後果。

　　成員都在此一支配與從屬的關係進行互動與自我定位，女性成員在宗族內的定位是依附於先生在宗族內輩份而來，承擔父系家庭核心任務生兒子傳宗接代的責任，因而有著第一層來自體制的期待，第二層來自先生與夫家的期待，交疊而成雙重的支配宰制與從屬關係結構。[12] 男性雖身為體制的主要利益者，對丁戶內的女性配偶與子女具有支配關係，但體制要求男性在「宗族裡做男人」也有相應的義務與規範，也就是說，男性雖未像女性從屬於雙重壓迫，但也從屬於第一層來自體制的支配關係。不論是要發展以「特定的父權體制」或「特定的父系繼嗣體制」來分析在地性別權力結構，都難以迴避概念直指的權力核心，父權應被視為是一組結構性的宰制關係（藍佩嘉 2008：

12　宗族成員雖承接來自於宗族體制與夫家的期待，但也會隨成員內部的差序格局或多種因素（例如因移居他處而未身處於此一在地父系繼嗣社會，或是另有不同宗教信仰等）作用而遞減期待的回應。

115），父系繼嗣結構也是。總結來說，父系繼嗣體制內的親屬關係結構，為系統性的支配與從屬關係結構。現代家庭形式的多種可能，讓人容易混淆認為成員家庭內的性別正義，等同於父系繼嗣體制的性別正義，這兩者是不同層面的性別權力關係。不論是法律形式的或實質的經驗，個別家庭內的性別平權，往往掩飾了父系體制對男女成員的支配從屬關係。Pierre Bourdieu（2009: 89）在其研究中，就指出婚姻大事、家庭內大事等，就算有女性真的掌握實權，但「在其行使權力時，需將權力的正式展現，留給男性去作，才能充分行使她這權力」，「女性所行使的權力，是一項屈就型權力（dominated power）」。

因而，特定脈絡下的性別承載了不同的交織，除了有性別、族群與國族的「三重交織」（triple oppression）（Anthias & Yuval-Davis 1992）之外，依特定脈絡的差異，也有公私領域間的交織、歷時性的結構交織等。探討父系繼嗣體制，是性別的、族群的、公私領域的、歷時性的多重交織外，也同時需省思公私領域的劃分合理性與必要性，以及劃分後對性別的效應，是否又再度對性別形成多重結構限制，持續鞏固性別的不對等狀態。本書要釐清的不是宗族乃至於大家族、家庭等，是否從五代、四代三堂同堂，轉為核心家庭、多元家庭等的家庭型態的轉變，而是貫穿在世系血親男性家庭內的權力關係、權力主體所構築而成的權力網絡，以及這個權力關係、權力網絡跟性別間的多重交織面向。宗族內的個別父系家庭或男性成員繼承（inherit）的是，父系繼嗣體制內的支配與從屬的權力關係結構，以

及跟包含體制內成員間的網絡、成員家庭間的網絡、宗族與宗親會組織間的網絡、跨宗族、跨宗親組織間網絡等，所串連起來的社會關係網絡資本。那往往就是男性成員與女性成員立足點的不同，而這個由權力關係結構與權力網絡生成的性別差異，會進一步回過頭來對性別主體造成什麼樣的處境差異，或是性別主體必須以什麼樣的方式或管道重新銜接或轉接這些優勢的關係結構，這些提問都是本書即將探討的議題。

交織性的概念，也同時提醒研究者在使用全稱討論女性、男性時更加謹慎（游美惠 2015）。本書在內容撰述上，雖使用「女性」、「宗族親」、「族群」等概念來進行分析，但審慎使用全稱式的「女性」、「族群」甚至「宗族親」的範疇，僅限定於本研究區域中所指在特定地方社會脈絡中的特定群體。要強調的是，本書探討的性別權力關係，也並非全面的於在地發生，也就是說，同在一個相同的在地場域，同時存在多種性別關係與樣態正在彼此競逐或也相互交互影響著，本書僅指出其中跟宗族、宗親較為密切的一小部分。所以在當地，同時可看到受到宗親政治或宗族影響的男性跟女性，同時也有完全不受這組父系繼嗣體制、宗族影響的家庭，或是宗親政治影響下的政治參與等。

最後，在本研究進行的過程中，也發現父系繼嗣體制下的性別支配從屬關係，有其內部矛盾與弔詭。性別支配從屬的關係，也並非是全然的壓迫與剝削，由男性處在絕對的支配或女性處在全面的從屬狀態，其中仍有相當與相對的空間，可讓行動者在既有結構定位與特定

制度下，運用從屬處境進行特定資源積累，進而翻轉與開創另一場域的性別能動空間。接下來，下節將進行宗族與宗親組織的概況說明，以便於理解本書討論的父系繼嗣體制的結構脈絡。

三、宗族與宗親組織

在臺灣不難找到宗族的歷史軌跡，早期地方以結合血緣、親緣與地緣方式開發是常見的社會發展歷程。許多宗族因發展甚久等因素，常跟地方社會與公共事務關係緊密，扮演地方社會文化關鍵角色，包括早期的移墾、開發聯盟、廟宇祭祀信仰與慶典、婚喪與日常互助、選舉時期的政治動員、在地社會關係網絡等（林美容 2000；劉佩怡 2005；朱家嶠 2007；陳麗華 2010a；王鈞正 2010；羅烈師 2001）。[13] 以下將從宗族親研究、宗族親與社會、宗族親與族群三方面進行討論。

（一）宗族／親研究

宗親族組織是客家與閩南族群的重要傳統社群組織，關於家族、宗親族研究相當豐富，不少學者指出「姓、宗、族等概念都有一定的

13　近期也有受訪宗族成員表示，宗族對許多事務，例如婚喪與選舉動員等活動，已較不見早期影響力。

曖昧性，都包含了一部分的 lineage 的性質」（黃樹民 1981）。[14] 由於各地宗族發展軌跡的不同，學界對於宗族的定義跟起源有諸多主張跟討論，主要的討論點起點由英國人類學家 Maurice Freedman（1958）對中國華南地區宗族形成的分析開始。他認為宗族形成的起源跟地處邊緣所需稻田種植的灌溉系統有關，是一個以族產為主具有社會經濟功能的繼嗣團體。他也主張以「祖先的共同財」來區分宗族和宗親（Freedman 1966: 22），一個單系繼嗣群（unilineal descent group）具有共同財產者為宗族，沒有共同財產者為宗親。David Faure（1986）也以「控產機構」的概念掌握宗族的性質與地域社會的變化。Morton H. Fried（1969: 76）則提出另一種區分標準，也就是以系譜關係作為區分的基本條件，看組織是源自某一共同祖先或基於契約關係結合等，此種「可以證明的關係」（demonstration）來判定。Fried 會著重在系譜間的關係，在於早期民間的宗族組成多以這兩種方式為主，前者多為彼此擁有同一起源祖先的血親親屬世系，後者則多為同姓的宗親團體。

隨著前人移墾定住臺灣後，宗族形式隨之入臺發展，起源與形成的方式也與華南地區的宗族有些不同，宗族逐漸在地化。宗族的在地化，面對各個地域鄉鎮有不同的地理與資源條件，加上需經過家族長時期的歷時發展，也發展出不同的形式。將 Freedman 的理論應

14　關於漢人親屬研究與人類學的關係，詳見朱家嶠（2007）詳盡說明相關理論範式的發展。

用在臺灣宗族的分析，受到許多學者的挑戰：例如 Burton Pasternak（1972）分析屏東打鐵村以及嘉南平原上的中社村的宗族組織，他認為 Freedman 主張的水稻跟灌溉水利系統，以及邊疆社會因素並不足以解釋宗族的發展，並主張村莊因面臨相當的生存威脅所發展出超越宗族之上的聚落團結與聚落聯繫，此種地域性宗族是移民到臺灣的重要結果。莊英章（1977）出版的《林圮埔（南投竹山）：一個臺灣市鎮的社會發展經濟史》一書中，也系統性地探討宗族在臺灣歷史發展過程中所扮演的角色。他指出，在漢人移墾臺灣初期，由於流動性大且性別比率不平均，因此不易發展宗族組織，反之，早期的移民是以地緣關係為主，而以村落的建立為社會組織與人群認同的重要象徵。莊英章主張宗族的發展是移民社會逐漸轉型為土著化社會過程時才出現。

此外，Myron L. Cohen（1976）在美濃地區的研究也發現類似的現象。他指出，臺灣宗族的發展實際上包含了衍分（fission）與凝結（fusion）兩種過程。當某一聚居於一處的父系群擴張到一定的程度，原聚居地限制發展時，自然就會往外另尋他處居住，同時另外成立蒸嘗或嘗會（祭祀公業），因此形成高一層次的宗族，這就是宗族衍分的現象。反之，如果有一個顯赫的家族為了光宗耀祖，也可能捐出一筆財產建立祭祀公業。在這種情況下，與此家族同一祖先派生下來的父系群體，就可以凝聚在此一公業下，形成較為完整的宗族組織，這就是宗族凝結的過程。Cohen 認為衍分跟凝結這兩種宗族發展的過程，並不互相衝突，而更可以完整的解釋 Freedman 的宗族分

枝的現象（徐正光 1997: 10-11）。但是，Hsu（2002a: 80-81）卻認為 Freedman 過度誇大宗族分裂現象與擴大解釋，他指出宗族房系等發展龐大到會在不同地區的祠堂裡崇拜共同的祖先，但「不能把在不同祠堂祭拜祖先，看作是整個宗族的瓦解或分裂」。[15] 宗分為房與族等的關係，「與其說是『分裂』或具有緊張關係（tension），不如說是具有統一（unity）的特點」。而華人將「歷代祖先」或「同姓祖先」寫在同一個牌位上，供奉在神龕裡，這種全面含括的祭祀脈絡，是 Freedman 沒有注意到的。

　　事實上，Freedman 的定義也混合宗族團體與宗親組織的功能與組成，加上以西方概念來理解與分析家族與宗族，忽略宗、家的父系繼嗣思維。陳奕麟（1984）特別指出西方漢學家觀點過於功能論，忽視在地脈絡與意義，沒有理解到漢人的家跟宗是圍繞著繼嗣邏輯運行。雖然，共有財產及系譜都是理解宗族不可或缺的概念，但他認為，宗的意義在於香火的傳承，因此沒有祠堂、沒有族產也可以維繫一個宗族。陳奕麟同時也指出宗族定義模糊的原因，可能來自於將西方語彙套進漢人社會的問題。無論如何，Faure（2009）則認為 Freedman 對宗族理論還是具有重要貢獻，尤其是宗族乃是地域團體、控產組織，也非單由家庭擴張而來。基本上，Faure 認為宗族的出現跟地

15　若從現象來看，將祖先香火分靈（爐）到自家中來祭拜，對許多宗族成員來說並非是自身與宗族關係的分裂與瓦解，而是將祖宗靈如同樹枝狀般延伸至不斷往外擴散的、居住更遠的成員家中，讓成員持續如沐在祖先的庇蔭之下。

緣、資源與關係結盟有關，可能是擁有某一共同祖先，也可能是宣稱性的。

　　再來，若以世系與親屬制度的界說來看家族與宗族：莊英章、羅烈師（2007: 91-92）指出家庭一般被視為社會運作最基本的單位，然而，在學術研究上，家庭的定義卻頗費周章。他們主張應以世系與親屬制度來分析家族與宗族，特別是宗族祭祀行為具有判定宗族是否分家的重要象徵意涵。相對於 Cohen（1976, 2005）以「分家」來討論家庭結構與定義，他們提到由於慎終追遠、祭祖祖先的觀念仍根深蒂固，除非已分家，否則非不得已，不會將祖先牌位輕易「填出」而自成一家庭祭祖單位，可見「宗族祭祀行為」在判定分家的標準上具有重要的象徵意涵。而林美容（1989）在研究草屯聚落與宗族關係時，將宗族定義為『同一父系繼嗣群體』，跟在地聚落發展與祭祀圈關係密切。徐正光（2002: 19）說明目前學界較為接受的，是以是否有祭祀公業、以及是否建立宗祠作為判定是否為宗族團體的標準。

　　臺灣的人類學者多數採用戴炎輝（1945: 231）所區分的宗族定義，他指出臺灣祭祀公業的組成可分為「鬮分制」祭祀組織與「合約制」祭祀組織，兩者雖設立方式不一樣，但都以祭祀祖先為目的。[16]「鬮分制」與「合約制」雖是從祭祀公業的運作來進行區分，但有許

16　鄭振滿（1992: 47）考察明清福建家族組織與社會，將宗族組織分為三類：（1）以血緣關係為基礎的繼承式宗族；（2）以地緣為主軸的依附式宗族；（3）利益關係結盟的合同式宗族。

多較小規模宗族沒有設立祭祀公業，但也可按照這個定義來判斷是哪一類的宗族團體。根據莊英章、羅烈師（2007: 94）與陳其南（1990: 194）的整理與區分，鬮分制宗族為鬮分家產之際，將一部分挪出作為祭祀祖先的共同產業，持有權利的宗族成員都可被視為派下子孫。採合約制的宗族通常是來自同一個原鄉的同姓者，在移墾結盟需求下，用認股方式集資購置田產，祭祀姓氏共同遠祖，此類成員的權利義務僅限於早期出錢者的派下子孫，例如新竹新埔的劉氏家廟、苗栗市的謝氏宗祠。鬮分制被視為是「丁份制」，即所有男丁皆具備宗族成員之資格（基本上有血緣關係）；而合約制則為「股份制」，成立之初，參與認股之人才具有宗族資格（以上溯祖先為主）。

鬮分制與合約制的區分，除了具有成員血親的差異之外，也有成立時間的前後之別。莊英章、陳運棟（1982）在對新竹頭份客家宗族的研究中指出，合約制的「會份嘗」或是鬮分制的「血食嘗」這兩種宗族組織最大的差別是，前者是一種移殖性的契約認股的宗族組織，以在原鄉的祖先為祭祀對象；而後者是當移墾環境已逐漸進入為「土著化」或「內地化」的社會時，為了紀念來臺開基祖或發跡祖而設置的宗族組織，祭祀對象為來臺開拓的祖先，因此，「可說是臺灣土生土長、全新的宗族組織」。謝國雄（2003: 193）研究坪林茶鄉的在地社會構成原則時，也指出丁份跟股份的行事原則，除了是宗族組織的區分方式，「甚至直到今天仍是許多在地宗教活動與經濟活動的原則」。

最後，由於 Freedman 的宗族控產功能論，容易忽略祧、房、家

族觀念，因此，不少學者主張探討臺灣宗族依舊要回到系譜、祖先祭祀、家譜、宗祧來討論。由於像 Freedman 等西方學者多從功能論途徑來理解宗族，陳其南（1990）認為這樣的觀點會造成無法理解漢人世系體系中的房、系等階序關係，他主張「系譜」才是宗族本質，也就是家系才是主體。而林瑋嬪（2013: 354）在臺南鹽水鎮對漢人親屬的研究，主張「從當地人的觀點來思考房或父子聯系的性質，顯示『房』是漢人血脈或骨傳承的重要單位，而不單只是系譜」，房對宗族文化來說，不但是「概念中的親屬單位」，也是在日常互動生活中劃分家庭成員邊界的基礎。

　　這種強調父系系譜血緣性，並進行一系列的族譜編撰、建立公廳祠堂等，是一種將宗族提升到集體意識具體化的行動，而為了系譜與宗祧血脈不斷，也出現了多種擬親屬的救濟方式，例如招贅婚、承嗣、收養等。唯現代社會的家庭組成變化快速，加上性別平權思潮影響，已不見傳統招贅婚、招夫或媳婦仔等方式來維護宗祧房系。而陳緯華（2004: 4）對陳其南認為系譜有「獨立的實在性」有不同看法，他認為宗族團體並不會自然而然的就形成。親屬關係雖是固定的與真實的血親關係，但是並不一定會轉為真實的社會關係。陳緯華主張親屬關係確實具有某種實在性，這種實在性「並不是作為一種經驗性的社會關係，而是較偏向是一種文化觀念」。

　　若從系譜、房份、宗祧來確認宗族的形成，有無祭祀公業及宗祠就不顯得相對需要，基本上莊英章（1984）也同意宗族團體不一定要具有祭祀公業及宗祠，甚至能否建立明確的指標來辨識宗族，都有

其難度。有些血親宗族除了也發展為控產團體之外，同時掌有宗祠跟田產，在必要時也能救助急難與獎助子弟；至於宗親會乃是基於同姓而組成的親緣或擬親緣的自願性聯誼組織，兩者部分功能相近。民間宗族與宗親名稱常有混用情形，因而要確認宗族與宗親會是否具世系血親關係，需逐一確認。莊英章、羅烈師（2007: 98）指出，有些宗親會實際上正是前述討論的宗族，是以同一來臺祖派下子孫為組織成員，多築公廳及祖塔，歲時祭祀祖先。但更多宗親會係同一行政區內，或相鄰兩鄉鎮內的同姓人民所組成的地緣團體。這也是 Hsu（2002a: 87）主張的宗族的模式存在著地理上的變異，但這些模式與發展的差異主要是發生在對外部的調整，而不是在內部或對內部的凝聚。

根據本研究進行的桃竹苗與金門地域觀察，本研究認同陳奕麟、陳其南、莊英章與羅烈師的主張，且需具林美容的性別觀點，分析父系宗族需回到漢人親屬的文化脈絡，以父系繼嗣為核心的「宗」、「家」、「系譜」、「房份」、「宗祧」的發展來分析。而在歷時期的地域發展下，宗族各方面的運作已超越文化概念，不斷將自在的親屬關係轉為自為的親屬關係，讓親屬關係成為在地社會網絡的核心，與在地公共事務交織，進一步形成在地社會構成原則。在臺灣特定時空下的地域社會，宗族不僅是一種文化觀念，且同時具有在地準社會結構的功能，例如北臺灣的客家宗族與金門閩南宗族團體與組織，都是地域社會的重要構成力量。

（二）宗族／親與社會

　　宗族發展出許多不同的組織，名稱種類繁多。尹建中（1981）認為在中國所稱的祠產及其管理組織，以及在臺灣常見的祭祀公業、公業、蒸嘗田、嘗會或祖嘗、宗親會，甚至聯宗會等不同之組織，都可稱為宗親組織。[17] 客家嘗會的成立多數在日治時代以前，以頭份地區為例，會份嘗成立的時間較早，大致在 1780 年到 1820 年間，而血食嘗則成立較晚，約在 1850 年到 1900 年間（莊英章、陳運棟 1982）。日治時期，日本政府禁止民間再設置祭祀公業，此後就沒有新的祭祀公業，現在幾乎少見再成立新嘗會，宗族的大型組織多數轉以「社團法人化」或宗親會形式進行。宗族發展過程雖包含的組織名稱盡不相同，但都以祭祀祖先、互助、結盟聯誼與結盟等功能為主，並持續維繫以父系繼嗣文化與秩序。宗親組織具有「傳承華人敬祖文化」、「舉辦互助福利事業」、「開展聯誼娛樂活動」、與「政治的關係」等四種功能（許家銘 2013）。這四種功能主要表現在喪葬喜慶與生活互助的日常生活領域、敬祖信仰與節慶活動的文化活動領域，以及特別是地方選舉與動員結盟的公共事務領域。

17　以姓氏起源等關聯組成的聯宗宗親會，例如柯蔡、張廖簡、何藍韓、余徐涂佘（俞）四美、烈山五姓的呂盧高許紀、洪江翁方龔汪的六桂宗親會等。這些聯宗也會在不同地域有新的組合，例如烈山五姓在桃園發展為「呂高姜盧紀聯宗宗親會」；而金門早期的姜呂盧許高紀六姓宗親會，在民國 60 年春季擴充為「四岳宗親會」，凡屬四岳姜太公之後的姓氏皆納入為聯宗成員（莊煥寧 2005）。此外，異姓聯宗的宗親會也有發展出控產或集體投資，例如金門六桂宗親會投資之六桂飯店。

　　而彼此具有高度血親性質的宗族（少部分稱為宗親會），與宗親會在日常生活跟文化活動、公共事務等三個領域都有類似的功能形式，但其實兩者間的網絡關係跟意義不太一樣。有血緣關係的宗族最主要的平時運作，即是龐大血親家族組織的運作，多數以公廳與祠堂為地理核心認同空間，最重要的活動則以祖先祭祀為主，少則清明一祭，多則也可能加上過年、端午、中元、中秋跟冬至數祭，端視不同宗族而定。在日常生活領域中，早期不少宗族扮演著日常生活重要事務的推手，例如喪葬喜慶等的生活互助等，但近期社會變遷與喪葬文化的改變，宗族對內部宗族成員的喪葬事務參與跟影響的層面逐漸降低。換言之，宗親會與宗族雖都在日常生活、文化活動與公共事務領域都持續具有某些功能，但涉入的形式、管道卻不一樣，就以祭祀活動來說，宗族祭祀乃多以血親家族的來臺祖為主，而宗親會的祭祀多數在會員大會時，對姓氏祖或最具象徵意義的來臺姓氏祖進行祭拜（例如臺灣鄭姓宗親會祭拜開臺聖王鄭成功）。

　　一般宗族組織因成員眾多，有房、祧、家族、家之分。共同祭祀祖先是宗族重要核心象徵，正廳、公廳、祠堂與祖塔長期以來是宗族成員祭祀的所在地。[18] 觀察桃竹苗客家宗族與金門閩南宗族團體，每

18　祖先崇拜包括牌位祭祀與墓祭（莊英章 1994）。一般祖先牌位祭祀奉祀場所分為正廳、公廳、祠堂三類。正廳是由個別家庭從本家分出去，把牌位安置於自己家中正廳奉祀。公廳是具有同一共同祖先的派下子孫祭拜祖先牌位的場所。祠堂是派下族人於每年時節共同祭祖的場所（戚常卉、江柏煒 2009）。一般家中神龕、正廳與公廳祠堂等的作用完全一樣，前者常存放五服以內的祖先牌位（即同一曾曾祖父的後嗣），後者用來存放同一宗族內所有不在個別家庭神龕上的祖先牌位。但是實際界線並不是

逢清明、端午等重要節慶，大多返回宗族所在地祭祖。[19] 一般，宗祠、祖廟是大宗的祠堂[20]，通常祭拜開基祖、太始祖等。公廳（也稱家廟、祠堂、祖堂等）是歷代祖先牌位、蓮（位）位所在之處，祭拜開臺祖、開洨祖、發跡祖與派下後代，例如桃園楊梅鄭大模宗族的道東堂、桃園觀音武威廖氏家祠、新竹縣湖口鄉張六和祖堂、苗栗縣西湖鄉劉恩寬古宅彭城堂等。一般公廳主要擺設祖先牌位之外，「同時也將宗族來臺始末、公廳修建過程、甚至族譜，鏤刻在大理石上鑲嵌於公廳兩廂牆上」（莊英章、羅烈師 2007: 96）。祖塔或祖墳則是祖先骨灰甕安厝處，通常離公廳不遠。公廳跟祖塔大多是宗族組織發跡後，陸續籌資興建，因土地取得不易、再度遷葬等困難，也有部分宗族未興建祖塔，或依房祧別分散祖墳，桃竹苗地區的客家宗族較常見集中式的祖塔（請參見圖 1-1 至圖 1-6）。

　　部分宗族組織發展龐大，除了公廳祖祠之外，也可能另立房祠、支祠與私廳。沒有公廳的家戶在分家之後，自公廳大牌割出自家派下祖先，自行在其家戶中祭祀，稱為私廳，例如大湖口羅鵬申公派下在

相當清楚，常發生遠祖牌位跟直系祖先混合祭祀的情況，有些未興建公廳祠堂者，也會將已知的祖先牌位都安置於家中奉祀（Hsu 2001: 42）。

19　集體祭祀或分房祭祀與否，端視各宗族大小、正廳、公廳與祖塔的興建時間等而有所不同。以研究對象 FN27 姓宗族來說，在 18 世紀從廣東來桃園落腳墾居，共發展為派下五大房，公共的公廳與祖塔相當晚近才興建而成。興建公廳與祖塔之前，各房各有自己平時祭祀的小公廳，有些較大的房派也有自己的小祖塔。在公廳、祖塔興建之後，才把各小公廳內的祖先牌位集體請回總公廳，禁止各房各自祭祀祖先，但因總祖塔空間位置不充足，也未強制要求小祖塔內的祖先返回總祖塔內。

20　也有部分宗族稱大宗為家廟，小宗為宗祠。

圖 1-1：桃園市楊梅區鄭大模道東堂
資料來源：作者提供

圖 1-2：新竹縣湖口鄉張六和祖堂
資料來源：作者提供

圖 1-3：苗栗縣西湖鄉劉恩寬古宅彭城堂
資料來源：劉鳳儒提供

圖 1-4：金門縣金城鎮珠浦許氏家廟
資料來源：作者提供

圖 1-5：金門縣金湖鎮湖前陳氏宗祠
資料來源：作者提供

圖 1-6：金門縣金沙鎮青嶼張氏家廟
資料來源：作者提供

湖口計有四處私廳，長安張關豪公派下、羊喜窩吳上昆公派下、四腳亭沈開雪公派下、埔心彭俞烈公派下、糞箕窩口陳東陞公派下等（羅烈師 2001: 79）。又如金門古寧頭李氏宗族計為七房，共建宗祠八座，除了大宗的李氏家廟之外，其餘七座皆為小宗宗祠（請參見圖 1-7）。金門古寧頭鄰近三村落林厝、北山、南山，皆為同一開基祖李敬祥所繁衍子孫的主要聚居地。李敬祥共生四子，其中長子以舜生六子，分為四房，分別為「奇房」「進房」「合房」「主房」，其中三子後代未繁衍在古寧頭，四子跟六子合為「合房」。李敬祥的次子以敬派下號「雄房」、三子以忠派下號「興房」。古寧頭另有一房稱為「順房」，來自金門西山前李氏，跟開基祖李敬祥同源自福建同一先祖，所以西山前李氏搬到古寧頭時，就融入了古寧頭的李氏宗族組織。因此，除了大宗的李氏家廟之外，七座小宗宗祠分別為四公祖祠、雄房祖祠、興房祖祠、順房祖祠、進房祖祠、奇房祖祠、南山李氏西林祖祠。其中四公祖祠為奇房、進房、合房、主房之合稱，主要奉祀李氏長房，是奉祀二世祖以舜的宗祠。各房所建的房祠，僅奉祀該房始祖以及派下的祖先，也由此房的子孫負責祭祀（陳炳容 2008: 90-91）。

　　而一般同姓不同宗所立的祖廟為聯宗宗祠，例如金門後浦的金門「陳氏大宗潁川堂」與「王氏大宗閩王祠」、新竹北埔的「彭家祠」、臺北內湖的「全臺葉氏祖廟」等（請參見圖 1-8），士林「鄭成功廟」除了是開臺聖王廟，也是世界鄭氏宗親總會的滎陽鄭氏宗祠等。金門「13 陳」的聯宗總祠「陳氏大宗祠潁川堂」位於金城市區後浦。一般稱金門陳氏宗派為 13 陳，分別為湖前陳、下坑陳、陽翟陳、浯陽

圖 1-7：金門縣金寧鄉林厝李氏宗祠
資料來源：作者提供

圖 1-8：臺北市內湖區全臺葉氏祖廟
資料來源：作者提供

陳、陳坑陳、斗門陳、高坑陳、埔後陳、後山陳、古區陳、金門城
陳、湖下陳、後浦陳。金門陳氏共有 25 所宗祠，其中大宗 12 所、13
所小宗，大約每個村落至少有一個小宗宗祠（金門國家公園管理處
2009）。王氏在金門共有 13 座祠堂，12 座家廟分別位於山后、呂厝、
東沙、后宅、洋山、何厝、中蘭、田浦、尚義、珩厝、後盤山、後厝，
以及供奉開閩始祖閩王王審知的總祠（請參見圖 1-9）。此外，也有
異姓聯宗的宗祠，例如烈嶼東坑「六姓宗祠」（陳、蔡、程、林、孫、
杜），金門後浦的「六桂家廟」（洪、江、翁、方、龔、汪）等（請
參見圖 1-10）。

　　在宗族組織跟成員間的居住關係與型態部分，金門宗族有相對明
顯的宗族村落聚居現象。金門不少村落為單姓村，村內居民多為有血
親的父系世系親友成員，例如山后（王）、南山（李）、北山（李）、
瓊林（蔡）、珠山（薛）、歐厝（歐陽），今日不少單姓村已有外姓
移住，也有宗族世系成員移居臺灣。臺灣雖較少見單姓村，但也有村
落至今仍維持可見的宗族聚居現象，較知名的有桃園市觀音區武威村
（廖）、臺南市七股區篤加社區（邱）、臺南市楠西區鹿陶洋江家聚
落（江），以及彰化縣社頭鄉內蕭氏與劉氏人口占一定比例等。[21] 例
如舊時「新竹平原曾有崁頂曾、新社郭、魚寮戴、楝梇彭、虎仔山

21　根據彰化縣社頭鄉戶政所 2017 年 10 月調查，早期蕭姓人口佔全鄉人口數五成，目前
　　蕭姓人口為 9 千 600 多人，佔社頭鄉總人口數為 4 萬 3 千 200 多人的二成多，「社頭
　　蕭一半」已轉為「社頭蕭 2 成 2」。社頭戶政事務所主任江吉民表示，影響蕭姓人口
　　數下降現象乃因已婚女性不再「冠夫姓」所致（顏宏駿 2017）。

圖 1-9：金門縣金城鎮閩王祠
資料來源：作者提供

圖 1-10：金門縣金城鎮六桂家廟
資料來源：作者提供

楊」，「以地名冠上姓氏的稱呼，顯示特定宗族在該地的昌盛」（韋煙灶、張智欽 2004）。「南部則有布袋蔡、東石蕭、義竹翁、新營沈、麻豆郭、大內楊等，以及臺南仁德太子廟土庫郭姓部落等」（陳延輝 2001: 21）。另外，這種接近臺灣地理聚落屬性所定義出來的「自然村」，是構成臺灣社會的基本空間單位，也可在臺灣堡圖的小字（土名）的聚落位階中看見（施添福 1993: 152-153）。不論是臺灣或其他地區，宗族的聚居跟一姓村、主姓村等村落的形成常有密切關係，包括在地頭人、村落文化、廟會節慶，乃至於今日社區事務的參與與運作等（羅勇、勞格文 1997；林美容 2008；陳瑞霞 2008）。

　　以桃園觀音武威廖氏宗族為例，渡臺始祖廖世崇（1691-1760）於 1754 年在苗栗竹南鎮中港登陸，1760 年逝世後葬於中港大埔公墓，隔年廖世崇妻子張氏帶著四個兒子（四大房）遷至桃園觀音鄉武威村（舊稱塘背）墾荒，此後便在此落地生根，陸續興建宗祠與祖塔等。廖氏家祠最早於 1874 年興建，1990 年再度修建（廖運清 1977）（請參見圖 1-11）。廖世崇宗族成員因世系成員繁多，不少人遷往外地方發展，在觀音區主要聚居於武威村、觀音村、三合村跟保生村為主，其中廖姓在武威村戶口比例高達 84%（楊聰榮 2004）。另外，桃園市楊梅鄭大模宗族今日雖無聚居明顯的單一聚落，宗族成員依五大房系散住楊梅，大房分住水尾（今水美里）、二房跟五房在水尾跟高山頂，三房分在草湳陂（今埔心里）、四房分在高山頂。由大房所建的「玉明邸」與四房的「雙堂屋」是桃園知名古宅建物，都在公廳「道東堂」附近（鄭婕宇 2017）（請參見圖 1-1）。雖許多宗族成員因工

圖 1-11：桃園市觀音區廖氏家祠
資料來源：江宛霖提供

作等因素搬離宗族發跡地，然而桃竹苗部分鄉鎮跟金門還是常可見到
宗族成員至今持續居住在宗族發跡地或公廳附近。

　　宗族跟地方社會關係密切，特別是 18、19 世紀時期對地方鄉
鎮的移墾具有重大影響，例如彰化永靖邱氏宗族的遷臺（湯熙勇
1987）、大甲地區的開墾（黃樹民 1981）、新竹頭份的宗族跟社會
發展（莊英章、陳運棟 1982）、新竹湖口的地方社會構成（羅烈師
1997, 2001）、屏東萬巒客家聚落跟嘗會的關係（黃建德 2004）、金
門后湖聚落發展跟許氏宗族（林俞辰 2011）、金門汶水與黃氏宗族
（黃獻煜 2014）、周邦正與姜秀鑾共組的金廣福墾號共同開發新竹
北埔、峨眉、寶山等鄉鎮（大隘地區）（姜禮海 2013）。另外，18
世紀南部六堆地域聯盟的社會基礎之一，即是憑靠各姓氏宗族及嘗會

在當時透過土地租賃、資金借貸跟祭祖等活動，形成整合而成地域聯盟的機制（陳麗華 2010a）。

　　宗族是血緣、親緣團體、地緣團體，同時也是祖先信仰的核心團體，本身即遵循嚴謹的祭祖祭儀，跟地方信仰也諸多連結（戚常卉與江柏煒 2009, 2010；陳炳容 2008；楊天厚 2011），常在地方中透過廟會的輪值和社會產生連結，每當有重要廟宇祭祀時，常以廟宇或信仰中心為中心，再由在地地方代表家族或重要墾首，將家族公號內的在地成員都納入祭祀單位，形成跨行政區域的聯庄組合機制（賴玉玲 2002）。以新竹新埔枋寮褒忠亭為核心的客家義民信仰來說，「褒忠亭義民節祭典」主要由新竹縣、新竹市、桃園市等三縣市、20 個鄉鎮市區、組成 15 大聯庄祭典區輪值主辦，至今已有近兩百年的歷史，聯庄的各庄總爐主皆為在地宗族。[22] 宗族聚居並與在地信仰關係密切，也可在羅烈師對大湖口研究中可見（2001: 76-77），他指出居住在北窩內各庄之居住者身分，藉樂捐建廟而加入嘗會組織者，絕大多數是周義和、盧電光、及黃六成三個宗族的成員，顯示宗族的地域特性。客家宗族除了在地方信仰祭祀圈扮演重要角色外，宗親內

22　賴玉玲（2002）指出「15 大庄合組褒忠亭（義民廟）董事會，由各庄宗族輪值爐主，值年總爐主由整個家族擔任，維持嚴謹的經營管理制度」。根據賴玉玲研究顯示，「15 聯庄的各庄總爐主皆為在地宗族，包含六家大庄的林貞吉、下山大庄的鄭振先、九芎林大庄的曾捷勝、大隘大庄的姜義豐、枋寮大庄的林六合、新埔大庄的潘金和、五分埔大庄的陳茂源、石岡仔大庄的范盛記、關西大庄的羅祿富、大茅埔大庄的吳廖三和、湖口大庄的張六和、楊梅大庄的陳泰春、新屋大庄的許合興、觀音大庄的黃益興、溪南大庄的徐國和」。

部成員間與外部異姓氏宗親成員間的社會關係網絡進而形構地方的社會互動（social interaction），早期時有成員間的勞動力交換（搢手、交工），以及生命重要儀式中的禮金交換（搭禮）等互助（羅烈師 2001, 2013）。

　　同時，宗族與後期成立的宗親會的在地人際關係綿密，在許多鄉鎮間，宗親政治往往是選舉時期政治動員的社會基礎。宗親會可說是「擬宗族」組織，宗族祭拜開臺祖、發跡祖與歷代祖先，宗親會強調「姓氏祖」與「姓氏本一家」的尊奉祖先信仰一致，兩者不論在成員組成、關係網絡、祖先信仰類型、活動型態等，在許多地方多有重疊，許多龐大的宗族在宗親會中具有關鍵核心位置。宗族的組織屬性是父系血緣、親緣與地緣，宗親會的類型則有鄉鎮、縣市、全國與世界等不同層級，兩者結合之後，就形構成宗族與宗親會相互鑲嵌的緊密社會網絡。在桃園、新竹與金門等地區，宗親政治會影響與改變投票行為（王振漢 2007），有宗親背景的候選者比較容易受到宗親的支持，許多較大規模的民意代表選舉都跟姓氏宗族的勢力有關，宗族宗親對在地政治的形構有影響力（蕭新煌、黃世明 2001；劉佩怡 2005；徐偉閔 2005）。

（三）宗族／親與族群

　　此外，就宗族與族群的交織來講，臺灣早期先民多來自福建與廣東地區，歷經數百年本地化，以及多次歷史關鍵時期的政治、經濟與社會文化上的變化，形成閩南與客家兩大族群。宗族的形成與運作相

當不易，社會中常可見到四、五代內的家族，但要形成長達十多代到二十多代的宗族組織，並非一般早期墾殖家庭輕易就能做到的規模。就宗族跟族群分布來說，宗族組織常見於閩南族群與客家族群，外省族群由於 1945 年後抵臺時間相對較短，以及抵臺後的社會發展結構已不同於數百年前，甚少有外省族群正在形成宗族組織，而原住民自有獨特的親屬結構與部落社會文化，也與宗族的父系繼嗣邏輯不同。目前，閩南族群內持續運作的宗族多為規模較大的宗族，金門是少數至今仍保存完整宗族與宗親傳統文化的地區，許多村落由自然血親的單姓族親家戶與成員構成；客家族群宗族文化的活動則常見於族群聚居的桃竹苗地區與六堆地區，在地常可見到公廳、祖塔與祖墳等宗族核心象徵建築。[23]

　　臺灣宗族親文化的形成，跟先民從中國遷移與移墾臺灣後的在地化過程息息相關，雖 1949 年時也有為數不少的外省族群撤軍渡海來臺，但已無相對應的社會發展條件生成宗族組織，後期多以同鄉會或加入宗親會等方式連結網絡。表 1-1 初步整理姓氏、族群身分跟宗族、宗親會組織的可能類型：第 I 類型跟第 II 類型是我們所稱的典型的宗族與宗親組織，都以血親地緣、姓氏歸屬與想像（姓氏）祖先認同為主要優位；第 III 類型是異姓氏同族群的組織，主要以強調族群認同與文化為主，目前較具代表性組織為客家族群相關、閩南文化組織

23　根據本研究在桃園楊梅、新屋等客家鄉鎮所進行的田野訪查，也發現該區居住的閩南宗族也有興建祖塔（墳塔）現象。

等，金門因地域特殊性關係，金門同鄉會多數也屬此類組織；第 IV 類型組織的組成多為異姓氏異族群，強調以地域認同為主要優位，例如各縣市宗親聯會、各縣市同鄉會等。以下僅先簡以姓氏與族群身分來區分：

第 I 類型：多以血緣、親緣與地緣認同為主。此類型組織包含有血親緣關係的宗族，以及許多傳統鄉鎮的宗親會。前者為具系譜、房祧的宗族組織，通常具有家廟、祠堂或祖塔（墳）等，以祖嘗、祭祀公業等組織形式運作，近期部分宗族為永續經營，有不少改以法人形式宗親會運作。在地重要宗族，也常是次級鄉鎮或聚落宗親會的重要成員。此種宗親族組織，因具有清楚的血親緣關係，所以多數為同宗同族群，客家族群以桃竹苗、六堆地區依舊盛行此種宗族組織；閩南族群，則以金門單姓村中的宗親會與全金門的某姓氏宗親會都屬此類型。

第 II 類型：多以想像（姓氏）祖先為主。多數為非血親緣的姓氏宗親會，但也有部分地方性的血親同宗祖宗親會是此類宗親組織的基本組織。由於此類宗親組織強調姓氏起源想像的姓氏祖，而非血緣的同宗祖，因此成員可能涵蓋了兩個以上的族群身分。桃竹苗客家鄉鎮層級的宗親會，多數仍可能維持客家族群身分，但在縣市層級，就可能同時包含客家族群、閩南與外省族群。此種宗親會的分布地區，從鄉鎮、縣市、全國、亞洲或全球都有，近年來，頻頻返回原鄉祭祖、尋求與東南亞、乃至於全球串聯的多數屬於此類型宗親會。

第 III 類型：多以族群認同為主。此類型為異姓氏同族群，多數

非屬於宗親族組織，目前最多為客家族群組成的各種組織，縣市層級例如臺北市客家文化基金會、臺北市客家自強會、臺南市客家協會、臺北市梅縣同鄉會、新竹縣客家舞獅文化協會等。層級更擴大者，例如臺灣客家公共事務會、亞洲臺灣客家聯合總會、世界客屬總會、日本各地區崇正會、馬來西亞客家公會聯合會、新加坡客屬總會、泰國客屬總會、印尼客屬總公會等。閩南族群與文化為主的組織，例如桃園市文化基金會、金門縣閩南文化協會等。另外，多種金門相關的同鄉會，雖以地域認同為主，但其族群身分又相當一致，因此也將金門同鄉會歸為本類型。

　　第 IV 類型：多以地域認同為主。此類型為異姓氏異族群，常見的有因遷移到新縣市後籌組而成的各級同鄉會，例如新竹市雲林同鄉會、桃園市臺南同鄉會等。近期，也出現以該地域的姓氏宗親會為基底而組成的聯合宗親會，例如新竹市各姓氏宗親會協進會等。族群身分視原縣市族群，族群身分視原縣市族群比例而定，例如臺北苗栗縣同鄉會、臺北新竹縣同鄉會等。

　　本書探討的組織是以具有血緣、親緣、地緣，以及跟想像（姓氏）祖先為主的第 I 類型跟第 II 類型為主，也就是有血親世系關係的宗族、鄉鎮（或縣市）層級的宗親會。在許多特定的地域，不同類型的組織彼此具有高度重疊性，例如部分第 II 類型的宗親組織成員來自第 I 類型內的基層相關組織，另外，不少第 I、II 類型的組織也與第 III、IV 類型的組織維持密切往來與互動，部分第 III、IV 類型的組織成員來自第 I 跟第 II 類型的成員與組織，彼此之間的成員具有高度重

表1-1：宗族、宗親組織與族群身分類別

姓氏歸屬			
		同姓氏	異姓氏
族群身分	同族群	**第 I 類** • 多以血緣、親緣與地緣認同為主 • 血親緣為主的組織：同宗宗族，通常有家廟、祠堂（成員數不見得少） • 地緣為主的組織：傳統鄉鎮層級的宗親會，成員部分同宗，不一定有家廟、宗祠。例如中和范氏客家宗親會 • 金門單姓村宗親會：多數同宗，通常有家廟、祠堂 • 金門縣某姓氏宗親會、旅臺金門某姓氏宗親會：部分同宗，不一定有家廟、祠堂	**第 III 類** • 以族群認同為主 • 客家族群與文化：縣市層級例如臺北市客家文化基金會、臺北市客家自強會、臺南市客家協會、臺北市梅縣同鄉會、新竹縣客家舞獅文化協會等。層級較高者，例如臺灣客家公共事務會、亞洲臺灣客家聯合總會、世界客屬總會、日本各地區崇正會、馬來西亞客家公會聯合會、新加坡客屬總會、泰國客屬總會、印尼客屬總公會等 • 閩南族群與文化為主：桃園市文化基金會、金門縣閩南文化協會等 • 以地域認同為主：金門多數為閩南族群，同鄉會認同以地域為主，例如金門旅臺同鄉會、各縣市金門同鄉會、中華金門旅臺公共事務協進會、馬六甲金門會館、新加坡浯江公會、菲律賓金門同鄉會、香港金門同鄉會等
	異族群	**第 II 類** • 以想像（姓氏）祖先為主 • 鄉鎮姓（氏）宗親會：部分以血親緣同宗為基本成員 • 各縣市姓（氏）宗親會：具有兩個族群身分以上的成員 • 全國性：臺灣某姓（氏）宗親總會 • 跨國性：世界某姓（氏）宗親總會	**第 IV 類** • 以地域認同為主 • 縣市各宗親會的聯盟：新竹市各姓氏宗親會協進會 • 各級同鄉會：新竹市雲林同鄉會、桃園市臺南同鄉會等 • 族群身分屬性，視原縣市族群比例而定：臺北市苗栗縣同鄉會、臺北市新竹縣同鄉會

說明：本表的構成主要以姓氏團體跟族群身分的關係畫出四種不同類型，再標出相關宗族親組織的可能落點，以利呈現其中可能的交織情況。也因討論主題的限定，許多團體跟組織並未收納。

資料來源：作者自行整理

疊性。偶而這種重疊性，也帶來某種新的族群關係的張力，FN23 姓氏在新竹縣跟新竹市的族群身分分別為客家與閩南，在縣市合作的宗親會上就產生如何解釋同一姓氏祖先起源，但現在子孫卻一邊閩南一邊客家的情況。雖然可用歷史遷移的路線不同來進行內部解釋，但往往解釋本身關聯著此時的族群身分與族群文化的關係。曾任宗親會理事長 LA45 說明：

> 最近就爭議一點，我們新竹縣 FN23 姓在爭議說，到底祖先是客家人還是閩南人？因為……他們兩掛，就兩個同姓兄弟，一個在新竹，一個在新竹縣北埔。北埔是客家，在這邊變成閩南，這邊都講閩南話。……所以在祭祖的時候，祭文到底要念客家話還是念閩南話，有時候他們會……很熱心，但是有時候也熱心過度，變成對這種就會有歧見，認為祭祖……那你說是同宗（大宗）兄弟，那為什麼你們是講客家話，另外一邊是講閩南話。他們辦祭祖啊，就說一年你們辦，一年我們辦。

綜觀宗族與宗親組織形成的歷時性（diachronic），在不同的歷史時間與地理空間，以及在地方社會的不同，就會發展出不同的指涉內容，也就是，宗族與宗親組織乃是歷經長期的歷史發展，涉及地區性的發展差異，因此會有不同的組成對象與範圍。這些歧異是多重面向的，至少包括宗族的形成、定義、名稱、成員性質、組織屬性等，除了最常見的有父系血親的世系宗族、同姓不同宗的宗族、宗親組織

之外，另也有父系血親宗族，後期依人民團體法進行法人登記，正式名稱成為「協會」或「宗親會」，也有宗族團體本身並未登記成為正式組織，是以祭祀公業、祖嘗、嘗會作為公產的正式組織。而金門村的宗親會，雖名為宗親會，但有相當高比例由同宗宗族所組成。

宗族組織在漢人社會與文化中普遍可見[24]，而臺灣宗族的發展與形成跟客家族群、閩南族群在各鄉鎮的移墾有緊密的關連。早期許多鄉鎮的開發史憑靠宗親的墾闢，由同鄉、同宗發展而出的宗親網絡，也進而形構當地的族群發展，三者間緊密相關。我們可在不同族群看見宗族事務的發展與演變，但宗族跟族群發展、鄉鎮發展三者經常是在不同層面所形成的社會關係中彼此交織，既是族群的、也是地域的，若再結合不同社會制度，分析層次更為細緻複雜。像是根據現有資料，我們可看出在特定社會脈絡中，宗族遵循的祭祀文化隱然成為族群文化邊界，祭祀祖先的行為常見於閩南與客家家庭，卻不見常於晚近才移住臺灣的外省族群。由於結構交織後增加辨識的複雜度，本研究試圖在宗族的性別配置與秩序中，呈現族群在不同層次所形構的社會關係。因此，關於本書從族群觀點討論性別與宗族的部分，除了第一章的說明之外，將在第二章的宗族運作分析、第四章的客家女性與閩南女性、第五章與第六章的宗親政治中探討族群跟宗族、性別之間的關係，以及第七章對性別、宗親與族群邊界的交織理論分析。

24　例如杜贊奇（Prasenjit Duara）研究華北農村宗族、許烺光研究雲南喜洲鎮的宗族、楊懋春研究山東膠縣南鄉台頭村的宗族等。

用姓氏組織而成的社群團體，是華人常用來串連血緣、親緣與地緣的方式之一，結合起源歸屬與祖先崇拜，形成日常倫常階序。此種父系家庭獨特的組織方式，也可在海外華人遷移到其他國家或異文化地區時可以見到，常成為跟其他不同族裔群體的重要族群邊界（ethnic boundary）。結合家族擴大形成宗族，進行祖先崇拜與祖先祭祀，不僅可在臺灣與金門等地可看到，同時也是海外華人社會文化的重要象徵之一。在沖繩，祖先崇拜是沖繩每個華裔宗族所共有的普遍現象（山川靜香 2010）。Trémon（2010）研究法屬玻里尼西亞華人家庭親屬關係，發現雖因接待國差異而有不同遷移變異性，但華人多數持續發展出家族、宗族與宗親的相關組織，同時與在地社會經濟、政治發展等關係密切。甚至，形成宗族、祭祖儀式與之後的共食唐餐，成為當地華人與原住民、白人間族群邊界的重要象徵。當地華人，經常用此一標準作為是否為華人的判斷要件。

過去分析宗族組織常被歸為漢人親屬研究的範疇，學者已注意到宗族組織相關的性別結構與規範，但尚缺乏從性別研究途徑探討宗族組織的性別結構與體制（gender regime）如何影響成員，以及此一性別結構與體制形構而成的網絡中所生產的社會資本，如何鑲嵌於在地社會的公共領域，使得參與在地的公共參與者需回應此一結構。易言之，許多宗族與宗親會深層相互交織，並在在地政治、經濟與文化具有重要影響力，許久以來，強調父系繼承的宗族組織實是相當性別化的組織，構成原則與運作機制的性別結構，並未被深度的分析與探

討。[25] 準此，本書以性別作為分析範疇，探討性別、宗族親與族群的關係，特別是從宗族的性別制度出發，討論宗族與宗親組織的性別關係，以及對公共領域政治參與的影響。

四、資料蒐集與研究方法

目前家族以宗族形式依舊活躍的地區，閩南族群以金門為主，客家族群以北臺灣桃竹苗、南臺灣六堆為主，中南部的宗族分布較為分散。桃竹苗與金門是宗族親文化發展保留較完整的地區，不論是私領域的性別配置與規範、在地信仰祭祀圈，或延伸至公領域的宗親政治，這兩個區域都能觀察到有系譜且持續運作的血親世系宗族、跟宗族關係密切的鄉鎮層級宗親會，這兩者於在地鄉鎮不僅常具有共同重疊的宗親社會網絡，彼此也常交織形成在地社會文化與政治結構。[26] 因而，本研究地點以桃竹苗與金門的宗族親組織為主，而選取的訪談宗族，是以有父系血親世系、可查證的父系族譜、公廳、祠堂，以及有定期的祭祀行為為主。關於宗族的運作機制、性別配置與秩序，以及其所形成的性別關係的討論，主要是第二章至第四章的研究成果；第五章跟第六章則分析宗親政治跟族群、在地政治等地方微結構對女

25　宗族與宗親組織的名稱與定義上的差異，並不影響本書分析其與性別的交織情況。

26　雖中南部宗族分布較為分散，並未納入本次研究範圍，然宗族與宗親會的互動為動態發展的過程，本研究成果難以論證其他地區的宗族與宗親會之間是否也具密切的社會文化與政治關係，這也是本研究的研究限制。

性政治參與的影響，以及參與者在此一在地脈絡下，所需調整的相關行動。本研究主要釐清宗族親的性別配置，如何從私領域到公領域影響性別，並以此與既有理論對話，採用以下資料蒐集與分析方法。

（一）資料蒐集方法

　　本書寫作資料來自長期相關計畫的積累，包含資料蒐集與質性訪談為主要研究方法。最早始於 2012 年至 2015 年，在對女性參與地方選舉研究（A 研究）中發現，相較於其他縣市，桃園市女性候選者有明顯冠夫姓現象，引起我對宗親政治跟性別、政治參與三者之間交互作用的關注，同時期隨即將研究場域擴展到同樣受到宗親政治影響的金門，進行計畫前期的探訪踏查。較密集的田野資料來自以下計畫的部分成果：2014 年至 2017 年桃竹苗地區的宗親政治（B 研究）、2015 年客家宗親會的文化網絡研究（C 研究）、2016 年至 2019 年宗親組織跟地域社會的調查計畫（D 研究）、2017 至 2020 年分析性別、族群與宗親／族寫書計畫（E 研究）、2018 年至 2019 年大溪宗親會社會網絡研究（F 研究）、2019 年至 2020 年族群跟制度安排調查（G 研究）。計畫經費主要來自科技部與客委會的補助與支持。

　　在前述計畫執行期間，我完成七篇研討會論文 2015〈性別、族群與宗親政治〉、2016〈桃竹苗宗親族組織之文化網絡與資源依賴〉、2018〈女性與客家的家／宗：徘徊在內外之間的矛盾〉、2019〈性別、政治參與與婦保名額：以北臺灣客家選區為例〉、2019〈性別、同婚與宗族：父權婚家體制轉變的開始〉、2019〈客家宗族與社會的關

係〉、2020〈結構之外的重返與創生：女人回家的路〉，與三篇期刊論文〈臺灣女性在客家群居縣市參與地方政治之初探〉（2013）、〈桃竹苗客家地區宗親政治下的女性參政〉（2016）、〈做男人：宗族裡的男子氣概與性別象徵〉（即將刊登）。本書部分內容改寫自於前述文章，再經章節安排與行文脈絡進行修正與調整。而本書僅是此一宗族與宗親系列研究中跟性別議題的部分成果。研究期間，我以研究者身分進入田野，訪談宗族與宗親會相關成員、拜訪宗族公廳／祠堂、參加宗親與宗族活動、選舉造勢場合等，收集各種正式與非正式的相關資訊。

1. 資料蒐集

本研究研究資料主要來源有三方面，首先在 BCDEF 研究期間由受訪者提供的宗族世系族譜（祖譜）、公廳與祖塔重修史、宗族紀念等刊物，以及由受訪者提供跟宗族發展、活動相關的紙本資料。再來是受訪宗親組織提供的會員大會手冊、宗親總會編撰、姓氏會刊等，同時包括部分宗族跟地方開發緊密相關的地方鄉誌。以及本研究長時期對宗族與宗親會議題蒐集的期刊、專書、論文、影音紀錄、網路資訊、相關新聞與雜誌與重要事件報導等。

再來在 ABG 研究期間，依選舉時序進程收集中央選舉委員會之歷屆地方選舉相關之候選與當選實錄、選舉公報、性別統計資料、選舉制度修正等法規變動與公告，以及中央選舉委員會網站提供之選舉資料庫中歷屆各縣市議員選舉公告之個人資訊、政黨推薦、選區與得票數的資料。也包含本研究長時期對歷屆選舉的觀察紀錄，新聞、雜

誌、報紙資料庫對歷屆選舉與候選者的報導，以及相關文獻中對於候選者、政治家族、派系等的研究資料。本研究任何關於選舉的相關比例統計，皆以中選會公告公布之該年度選舉資料為準，事後遞補與補選等不予以計入。其他文獻部分，也包含研究者參與客委會、客家文化發展中心、內政部等舉辦的公聽會、座談會與各種工作會議，所收集到的相關資料與田野筆記。

　　2. 個人訪談

　　關於訪談對象的選取，以有參與或曾參與目前持續活躍運作的宗族成員、宗親會成員、地方選舉候選者為主，部分受訪者在這三者之間的身分是相互重疊的。首先透過人際網絡介紹跟滾雪球方法，再來，則從姓氏宗親會公開的登記資料進行聯繫，包括理事長、會長、總幹事跟一般成員等，詢問他們跟宗族的關係，輔以立意抽樣。宗族與宗親組織的受訪對象包含資深宗長、預定接棒的青壯年與年輕人等老中青三個世代，性別身分則包含永久成員的男性、暫時性成員的女兒，以及嫁入父系家庭的媳婦。田野資料包括受訪者的正式錄音訪談、受訪者的非正式訪談，以及非受訪的宗族與宗親成員進行的非正式訪談。訪談地點包括受訪者住家、宗族的公廳／祠堂與祖塔、宗親會活動會場、候選人服務處、選舉會場等。

　　受訪者共計 108 位，含 71 位男性與 37 位女性，共有 38 個不同姓氏（姓氏編碼從 FN01 至 FN38）。[27] 他們的職業別包括教育人士（含

27　本書分析也會討論到其他未能訪談的姓氏，因而持續進行編碼。未訪談的姓氏編碼從

曾任與現任的國小、國中、高中、大專院校等教師，也包含校長等）、公務員（含曾任與現任的縣市政府部門相關局長、副局長、科長、處長、股長、專員、基層公務員等）、民意代表（含曾任與現任的立委、議員、鎮代、鄉長、鄉代、里長、縣轄市市長），以及農會、農田水利會、社區組織（含社區發展協會總幹事、理事長）、商行、建設工程、保全、工業公司、電力工程媒體、工廠、宗教、農、汽車業、資源回收、運輸、醫療、電子零件、廣告業務、藝文工作、食品業者、貿易行政、科技行政、教育行政等僱員或老闆，部分受訪者為家管與退休人士。多數受訪者受訪時（包括受訪前）都有多種職業資歷，有的同時也有多重身分，例如曾為地方民代，退休後為商行老闆，也同時是社區發展協會理事長或宗親會重要幹部等。

　　以編號與代表保護受訪者是基本的學術倫理，但仍有其限制。不少受訪者處在一個社會關係網絡密切的地域社會，許多資訊的標示都可能使其暴露於研究保護之外。因此，在不改變分析意義的原則下，在附錄一受訪者資料表中我僅以年齡區塊顯示受訪者的真實年齡，以及只以受訪者從事過的一至兩種職業或職務表示，不逐一詳列其曾從事過的職業；受訪者跟宗親會關係部分，僅標示曾任或現任者為理事長者，其餘包含總幹事、理事、監事、秘書長、會員等，則以 V 標示，空白者則是沒有參加宗親會；在宗族關係欄部分，「父親」欄位代表受訪者的父親原生家族隸屬於某一宗族，「母親」表示受訪者的母親

FN39 開始。FN39、FN40 於第五章出現。

原生家庭隸屬於某一宗族，「配偶」表示受訪者的配偶原生家庭隸屬於某一宗族。此外，由於部分民代選區非常小，只要一標示職業、區域，性別，就可被辨識出來，因此，不標示更進一步的地區名，僅標示所在縣市。在文本的部分段落中，必要時也調整性別、職業、選舉選區跟縣市，以及以「受訪者」呈現訪談引文等，盡可能保護本研究受訪者。受訪者的詳細資料表，請參見書末附錄一。

　　研究以半結構式訪談法進行，有參與宗族與宗親會者從他／她們跟宗族親的關係等基本問題開始，政治參與者從如何開始參政等問題開始，再逐步展開不同的宗族與宗親議題釐清。宗族的問題包括發跡祖的定居、系譜房份、宗祧發展、族譜撰寫與維繫、成員如何被族譜收錄、女兒塔（姑婆塔）的設置、祭祀行為、公廳與祖塔相關規定、宗族的日常運作、有哪些運作活動構成組織維繫、與其他組織的串連與合作、成員族群身分、組織與族群的關係等。宗親會的問題包括會員大會的辦理、跟其他行政層級的同姓氏宗親會與異姓宗親會的往來、會員活動、選舉動員相關。政治參與者的問題包括，參政歷程、選民服務的經營、跟宗親會、宗族的網絡與關係等。訪談每次以一到兩小時不等，其中多位關鍵受訪者訪談時間為兩至三小時，少數熱情宗長們也曾以半天與一天時間，帶我跟助理團隊們拜訪宗族不同房系所在，部分受訪者進行兩次正式訪談跟多次的非正式訪談。

3. 參與觀察

　　此外，我也參加幾場宗族活動與選舉造勢活動進行參與觀察，分別是 2015 年 5 月 3 日新竹 W 姓宗親會會員大會、2016 年 8 月 14 日

金門 C 姓宗祠祭祖、2016 年 11 月 20 日桃園觀音塘尾 P 宗族合火進塔、2016 年 12 月 23 至 24 日桃園 L 氏姑婆晉金法會、2017 年 4 月 5 日桃園楊梅 H 氏掃墓、2017 年 5 月 28 日桃園新屋後湖 H 氏端午祭祖、2017 年 10 月 29 日桃園世界 H 氏宗親懇親大會、2019 年 3 月 10 日新北 P 氏宗親大會。選舉場合分別是桃園市四位候選人在 2014 年 10 月 18 日富岡競選服務處成立大會、2014 年 11 月 1 日楊梅競選總部成立大會、2014 年 11 月 8 日富岡後援會、2014 年 11 月 8 日富岡競選服務處成立大會。以及，在跟女性入祖塔有關的部分，我自 2018 年 7 月 1 日起擔任客家委員會性別平等專案小組委員與客家文化發展中心性別平等工作小組委員，得以了解有關部門推動女兒入祖塔的相關行動，也參加客家文化發展中心於 2019 年 6 月 19 日舉辦之「客家社會祭儀姑婆牌、入祖塔及女性禮生座談會」等，收集各種跟本研究相關的正式與非正式會議與活動的資訊。

（二）分析方法

本研究主要以質性訪談、資料蒐集與參與觀察取得研究相關資料，以進行性別與宗族、宗親不同面向關係的討論。也因本研究的進行與本書的書寫，發現了許多研究的侷限，以下僅就研究方法與資料處理兩個部分進行說明。

首先，在研究的方法論上，基於對性別議題的存在論關懷，從宗族運作機制中的性別配置與秩序，到宗族對女性的喪葬規範，再發展到父系家庭、宗親政治、族群對女性政治參與形成的議題。探討這些

議題的主要軸線，是嘗試將性別研究中對「公領域」「私領域」切割
的軸線，重新統籌在「父系繼嗣體制」下進行整合式的分析。而筆者
近期研究都環繞著宗族與宗親組織的各種發展面向，進行多個研究議
題，本書主題是整個研究中的部分研究成果。研究議題重視在宗親文
化盛行區的行動者主體與其所處的在地脈絡，除了蒐集宗族制度性的
運作機制與至今發展歷程之外，特別從宗族親相關行動者的經驗來呈
現性別配置與秩序在宗族系統架構中的位置，以理解研究對象如何認
識與理解本研究議題，以及宗族在其實際生活中的位置與象徵意義。
礙於理論工具與概念視野的侷限，本研究沒有採用單一理論進行分
析，本研究認為宗族的運作機制是一套自我生成的系統，規範成員完
成子孫香火誕生的世系擴展到成為祖先的象徵權力，因而在鉅觀層次
的理論視角採支配從屬理論，進而在與其他結構交織下的細部情境，
在不同的分類議題再採不同的分析概念進行討論。在宗親政治部分的
分析方法，雖是分析政治機會結構理論中的社會結構與文化層面，行
動者乃是處在一個多重結構交織下的在地情境，因而這部分的分析則
採在地性與交織性概念，進行行動者在政治參與過程中所需面對的宗
親政治與不同領域互動交織的在地性分析。

　　另外，在資料處理分析技法部分，本研究以半結構式訪談收集訪
談內容，再將相關資料進行關鍵概念的編碼、意義分類的整理與概念
化分析。交織性理論強調分析以呈現在多重結構交織下的複雜主體經
驗與處境，交織視域下的性別與宗族親，不只是性別「在」宗族親，
舉凡從個別的父系家庭到系統超結合體、婚姻身分的、私領域的、公

領域的、政治參與的、在地的、族群的、傳統性別文化的等，都跟宗族親性別體制影響行動者的多重行動有關。本書盡可能的呈現受訪者所在的情境，將其放回各種情境脈絡（context）分析，並將受訪資料的分析延伸到宗族親系統與整體在地場域的層次，以便於性別與各種子類結構交織下的結構分析。在這種貼近情境脈絡與在地脈絡的觀點下，同時藉由觀察活動本身與參與者的關係，以貼近受訪者陳述其與宗族親的關係與經驗，一來從活動內容與成員參與程度來了解宗族親如何安排與規劃活動，以及活動對宗族的意義與重要性；再來，觀察這些制度與活動安排跟性別的關聯，包括男性參與者跟宗族、女性參與者跟宗族、活動中的工作項目等。而我也在本書論述中除了以研究者身分參與其中外，同時也以家屬身分參與在宗族與宗親文化內，有助於了解宗族與宗親組織運作體制中性別配置與相關規範。

五、本書架構

（一）相關理論與概念

依據前述研究方法，本研究探討性別與父系繼嗣體制在公領域、私領域之間的相互交織，主要對話的理論與概念包括交織理論、父系繼嗣理論、支配從屬理論、父權理論、政治參與、族群理論的核心概念，提出行動者從失序位移到例外狀態，通過「女歸成神」重回制度界線上的曖昧的知識行動的拓邊行動。以下僅簡要說明，詳細理論對話請參見各章的討論與分析內容。

　　本研究於第一章說明交織理論的理論背景，在第二、三、四章的分析呈現父系繼嗣體制對性別在私領域的規範，第五、六章的分析為父系繼嗣體制對性別在公領域的影響，並於第七章進行交織理論對話與分析，一方面呈現性別與宗族、族群、在地發展等的多重結構交織，同時也經由本研究內容指出交織理論的分析框架取向是多層次與多層面的、共時的與貫時的。而藉由本研究的分析，也讓我們再次理解交織理論謹慎使用全稱的知識論立場，使得概念化的分析相對困難。再來，關於父系繼嗣體制（理論）與父權體制（理論）在本書內的運用，本研究認為研究宗族制度與宗親相關組織，父系繼嗣理論比父權理論更能貼近場域中的生活慣習，以及傳宗接代香火延續的文化結構觀。兩種體制都有 Johnson（2008）所指的當一個社會具有某種的男性支配、認同男性與男性中心時的結構性質，但父系繼嗣體制更加著重父系傳承的生兒子規範，兩種體制的力量既有同也有異，同時作用在社會場域與行動者身上。在涂懿文與唐文慧（2016）的研究中，可清楚見到部分男性介於這兩股結構力量中的掙扎與各種協商。

　　此外，本研究分析父系繼嗣體制的權力結構，採兩個面向：第一個面向是採用 Pateman（1988, 1989）主張社會中普遍存在的支配從屬關係。支配從屬的結構，可見於父系繼嗣體制對全體成員的支配規範，促使體制的持續生成與運作；也可在結構運作時，觀察到群體對群體間的權力運作，例如男性對女性、年長男性對年輕男性等。第二個面向是在性別主體與性主體的生命實踐，從 Connell（2004）提出的權力、生產、情感與象徵四個關係面向，論證宗親成員如何循此性

別動力的結構相互互動著。本研究分析宗族的運作機制、宗族場域內的性別關係、結構之外的重返與創生等三章，都採用這兩個權力關係理論來分析。

　　而在繼承代表與橋接認同、宗親政治的在地性這兩章，主要採取交織理論的應用分析指出父系繼嗣體制對女性參與公領域的影響，同時為增加理解的脈絡，也簡潔扼要說明政治參與理論如何看政治參與的性別差異。這兩章的討論進一步指出宗親政治相當重視「在地性」，此種在地性的邊界特別看重「同而非異」的族群身分、母語親近、實際居住資歷，以及跟在地政經權力結構互動的程度等，形構在地政治。而女性在父系社會中獨特的在原生家庭與婚姻家庭的移動歷程，讓她很難成為父系家庭的繼承者與代表者，同時移動的經驗，也牽動前述結構的可能斷裂、轉變與重建，包括社會資本、親屬網絡、族群身分、轉換語言等的在地經營。

　　最後，關於本研究中的概念與名稱使用說明如下：

（1）　女歸成神：《女歸成神》在本書的脈絡用語，其中「女歸」出自易經漸卦「女歸吉」，古時視女子出嫁為吉歸。本書援用「女歸」一詞，輔以「成神」乃指與本宗親屬同升格為本宗祖先神，能在原生家庭、家族、宗族的自在安置，用意正恰好要「翻轉」古時女子出嫁為吉歸之原限定意。本書所指女歸成神包含被婚家體制中排除的各種情境中的女性，包括未婚者、不婚者、離婚者，各種不在婚家體制內者、非異性戀婚姻者等，或已在婚家體制中的女性等，

不需再經由成為「祖媽」這種唯一途徑成為夫家祖先，都能自在的決定在百年後去到她自己想去的地方，也就是說，讓女性不只返歸家族／宗族的「神位」範疇，也回歸「文化系統」的「自主的生命之家」[28]。《女歸成神》一詞也並非要創造母系繼承體制的等同語，也不是推動母權社會的倡議，而是旨在呈現女兒希冀基於本宗血親的「純粹關係」，不一定需進入夫家系統通過成婆成祖媽的社會再生產過程，而能在原生家庭、家族、宗族跟男性手足、父母親一同成為本宗歷代祖先的卑微心願，最終回歸成為社會行動的主體。

（2）　本書內「宗族」、「宗親」、「宗族／親」三個概念的使用：本書調查的地區中，宗族與宗親會在血親、社會網絡與地域關係，有如光譜也具有相互交織的社會事實，例如部分血親宗族為永續經營，登記為宗親會以法人形式運作，而今日社會慣稱的宗親會多數指的是同姓不同宗的社會組織。在鄉鎮間，因宗族移墾開發的特殊歷史性，不少宗親會內都至少有一個以上的在地重要的宗族，使得鄉鎮層級的宗親會具有相當的在地宗族特性。因而當行文脈絡，主在呈現本書探討的宗族與宗親會相互交織的現象時，則使

28　在此，深深感謝兩位審委對於書名的建議與指正，一位提醒脈絡解釋的重要性，一位的部分意見文字則被筆者借用來說明書名用意的啟發。

用「宗族／親」一詞，唯避免妨礙閱讀，僅在標題使用時保留「／」，其餘內文以「宗族親」通稱之。第二章、第三章與第四章的討論的對象主要以有系譜、族譜、公廳祠堂等親屬體系的宗族團體，在這三章內的討論則使用「宗族」一詞。第五章跟第六章探討在地宗親政治，宗親政治概念內容則以宗親會為主，故這兩章會以「宗親會」來泛稱此種跟在地政治、社會與經濟、文化信仰等各種關係密切的地緣組織（內含宗族的親屬網絡）。文中一般用語，宗族指的是團體、系統，宗親指的是成員，依據上下文脈可辨識為宗族宗親或宗親會宗親，特定文脈中，宗族與宗親也同時具有其所包含的文化體之意。內文必要時也以「宗親文化盛行區」來描述宗族與宗親文化活躍的特定區域。

（3） 祖塔與族塔：文獻多用「族」字來指稱宗族的相關物件，例如族產、族田、族譜等，然「族塔」一詞並未被學界普遍使用，可能跟早期較少關注此議題有關。近 20 年相關研究的標題、內文，以及行政院客委會出版品多採「祖塔」。筆者難以分析研究用字是否是從「族塔」轉變為「祖塔」的過程，或是一開始就以「祖塔」稱之，推估「祖」字可能較「族」字更能象徵與祖先靈聖有關，本書也採「祖塔」稱之。

（4） 祭拜祖先的宗祠，本書研究場域中有多種稱法：一般合約

制宗族或宗親會多稱宗祠，但也有部分血親宗族以宗祠稱之，也有稱公廳、祠堂、家廟者，為行文方便，本書多以「公廳」或「公廳祠堂」通稱，但若有特定指稱時，再另行標示。

（5）關於縣市合併的稱法：桃園縣於 2014 年 12 月 25 日升格改制為直轄市，書中引用文獻若有所提及，保留該著作出版時的桃園縣行政區稱謂，若行文脈絡在升格後，則以桃園市標示。相同情況如高雄縣與高雄市（2010 年合併）、臺南縣與臺南市（2010 年改制與合併）、臺北縣與新北市（2010 年改制）等亦然。

（6）田野現場受訪者常使用客語、閩南語交談，部分引文詞目以母語音讀標示。客家語詞目音讀檢索來源為「教育部臺灣客家語常用詞辭典」，https://bit.ly/2J8Vxex，閩南語詞目音讀檢索來源為「教育部臺灣閩南語常用詞辭典」，https://bit.ly/31SkbXr。

（二）章節安排

以下依序介紹本書整體結構的章節安排。第一章概述本書的問題意識、性別理論與宗族、宗族與宗親研究、研究方法與資料來源等。主要包括研究緣起，以及在發現相關現象後，如何開始進入田野現場收集資料。在理論的探討部分，討論性別理論能如何分析宗族的性別關係，以及性別與宗族所涉及到的研究議題，從父系繼嗣體制中的性

別配置與秩序，到在地宗親政治如何影響政治參與者的行動層面，同時包含私領域與公領域的權力與影響的交織。在說明宗族研究部分，討論起源與形成的理論，以及宗族親發展與在地地域社會、族群身分的關係。最後說明本研究的田野場域、研究方法與研究對象，以及所採取的性別與權力、支配與附屬的分析觀點，討論性別在父系繼嗣體制中各種關係的面向。

第二章先從宗族作為父系繼嗣體制的重要代表，探討宗族主要的運作機制，指出其中相關的性別配置與秩序。宗族主要有三個運作機制，包含同宗男性為主的族譜登錄、永久成員的權力與義務，以及祖先祭祀作為核心象徵，這三個機制除區分資格成員與非資格成員之外，也同時構成宗族共同的祖先集體記憶、宗族發展的敘事構框。本章分析成員如何在實際互動中遵循這三個機制，持續形構宗族的性別的配置與秩序，一邊維繫「優勢關係」「非優勢關係」結構（Hsu 2002a），同時面對許多衝擊與挑戰時，如何以實踐行動來擴展與協商既有的性別的配置與秩序。

第三章接續前章宗族運作機制中的性別配置與秩序的討論，在這個性別模式中所體現的性別關係的各種面向。為探討父系繼嗣體制內的性別關係的樣態，本章採用 Raewyn W. Connell（2004）從現代性別關係系統中的四個主要結構的研究模型，分別為權力關係、生產關係、情感關係與象徵關係，分析性別模式在這四個關係結構的演變，個體如何循性別配置進行的互動進而引發不平等，以及可能的抵抗或系統性轉變。本章分析宗族的性別體制為男性為主、女性排除／附屬

的二元對立行動者，以及從深層的支配從屬關係分析體制的權力關係、生產關係、情感關係與象徵關係，具有維繫世系傳承的本質化生產、同宗情誼與網絡、性別作為宗族邊界等的親屬與同宗榮耀的文化結構。除了分析宗族的性別體制可從此四個關係結構來討論外，也同時指出在制度運作、成員關係與因之相應的互動模式與型態背後的文化結構，才得以理解宗族作為社會實體，其關係結構可能影響行動者關係的可能的效應。

　　第四章集中討論女性過世後跟宗族的關係面向。宗族既定的父系繼嗣體制的運作，使得女性在宗族的各種安排與規範，都有別於男性作為永久成員所擁有的關係結構與規範。成員在世系下出生、成長到死亡的循環中成為宗族祖先，是宗族系統自我生成的重要運作機制，但原生女兒卻被排除在成為本宗祖先的生產過程中。本章採取女性、婚姻身分與宗族的探討途徑，首先討論女性原生宗族的關係，經由各種規範讓女性排除在系統之外，自我排除成為女性自我規訓的道德準則，且進一步討論女性因婚姻身分的界定，而與宗族產生多種不同面向的關係結構，包括未婚女性、離婚女性等被視為「失序」於婚姻身分，以及已婚女性跟原生宗族關係的可能樣態，最後討論幾個掉出此一結構邊界之外的例外，以呈現此種因「女性」身分而有的排除情況。而這些例外的行動者，或許在結構困境下未能完全浮現主體性，但在周圍的親屬成員共同行動下，都朝向努力不讓關係結構與情感結構被既有配置限制，而不斷嘗試新的協商行動。

　　第五章與第六章探討宗親政治跟性別之間的關係。第五章採取

從父系繼嗣體制對女性參與政治的影響途徑進行討論，分析原生家庭、婚姻家庭、宗親政治對女性參與政治過程的影響。在父系繼嗣家庭中，女性參與政治常需在與男性手足間的競爭中，爭取家族政治的「代表性」。宗親政治在臺灣政治發展過程中，特別在特定的宗親文化盛行區出現，這些地區多為客家族群與閩南族群聚居區，若有宗親政治的支持與肯定，選舉動員與地方造勢就相對容易。然而客家族群聚居區的宗親政治相當的性別化，女性若要承接相關資源與網絡，就必須以「冠夫姓」進行橋接行動，以爭取宗親政治「認同性」的象徵意義。總結來說，本章的分析軸線是沿著女性跟父系家庭間的身分與資格界定鋪陳而開展，指出父系家庭預設男性傳承為主的文化，使得政治資本的積累與繼承也具有性別差異。

第六章持續銜接第五章對女性參與政治的討論，分析在宗親文化盛行區，女性參與地方層級選舉所必須面對的地方結構，包括宗親政治、在地政治、族群身分與傳統性別秩序等多層面的交織。本章採用在地性途徑進行分析，把政治參與者放回在地的社會文化脈絡與結構中，分析候選者在男女有別的宗親政治的位置，以及如何在地方宗親政治，進行宗親關係的互動。此外，政治參與的在地性，具有各種邊界，包括地域的、仕紳網絡的、族群身分的、傳統性別文化的，這些都對在地參與政治者有所作用，因而需以不同的運作調整其政治行動的有效性。而部分看起來像是障礙的結構，也並非恆常的二元對立，往往經過調整行動的轉換後，即可能轉為優勢的助動力，協助政治參與的過程。

　　第七章作為最後一章，主要進行行動者從日常經驗出發的「性別與父系繼嗣體制的跨域對話」、「性別與多重結構的交織」兩個部分的理論探討。前者討論知識理論分析的情境中心結構，如何影響父系社會中的行動者的行動，以及與親屬體系中的關係內涵。且在此場域結構中，所習以為常的慣習，如何成為常識世界，支配我們的行動。但在現代性的許多面向的穿透下，不得不回應跟行動主體實踐相關的訴求。同時，宗親文化也跟在地多重結構相互交織，形成不同的性別交織情況，而在理論的分析上，本書嘗試以範疇結構次類別的多層面與多層次的交織分析來呈現，但依舊有方法論上的難處。此外，最後說明本書藉由探討父系繼嗣體制中的性別，是帶著女性能走在「回家路上」與「成神之路」的實踐行動觀點，希冀宗族成員能在既有性別配置與秩序下，進行實踐行動達到協商性別權力關係與性別關係結構的文化結構改變的可能。

　　本研究著重在宗族的原生成員間的關係探討，包含兒子跟女兒，特別著重在「已婚女兒」跟本宗宗族間的關係探討。對於「媳婦」，僅在第四章有進行部分喪葬的討論，而缺乏對「媳婦」有關的性別規範與秩序的深入探討，也是本書的侷限與限制之一。[29]本書探討性別與宗族之間的不同面向，主要的核心關懷在於女兒能否跟男性成員一樣被視為是宗族行動主體與繼承者。女兒在原生宗族裡諸多權益的空

29　關於「媳婦」角色的深入分析，可參考連瑞枝、莊英章（2010）主編的《客家、女性與邊陲性》、洪馨蘭（2015）《敬外祖》等。

白，不僅讓擁有宗族淵源的女性難以參與宗族公共事務的討論與運作，連帶也使其許多相關權益受限，包括入族譜、上公廳、入祖塔、派下員等的資格認定等。而近期不論是客家族群或閩南族群，有越來越多的宗族讓本宗女兒陸續返回本宗公廳與祖塔安置，跟男性成員一同在百年後成為宗族祖宗神，在父系繼嗣體制中逐漸開啟《女歸成神》的行動。[30]

宗族以男丁與其家戶成員為主要單位，對開基祖與眾祖先們的長期祭祀敬拜，因其對世系子孫繁衍的深切期待，加上對非異性戀家庭、女性繼承等性別平權議題都較為保守審慎。同時，許多宗族在長時期發展下，不論是內部的成員網絡或跟外部其他宗族親組織間的社會關係網絡都相當綿密，對在地政治影響深遠。本研究僅就其中跟女性政治參與有關的部分進行相關討論與分析。從女兒回家回到公廳與祖塔、到女性冠夫姓參與選舉等，都是一連串有別於宗族男性位居父系繼嗣體制「繼承正統」的性別配置與秩序下的多種現象。本研究主要要指出性別與宗族、族群之間，在許多議題領域跟社會結構的多重交織，但本研究也並未忽略即便男性身為宗族的繼承正統，但並不表示男性就不受限於在宗族做男人的要求與期待，也不否認男性內部之間的權益也可能不均值，或者具有不同的長幼輩份倫常等的獨占所產生男性需面對的結構。

30　例如新竹縣湖口鄉盧電光宗祠於 2020 年 12 月 18 日至 19 日也辦理姑婆牌位登龕儀式。

第二章　宗族的運作機制

　　本章先將宗族放回父系繼嗣組織的社會文化脈絡，呈現「相互依賴的情境中心」（Hsu 2002a）文化結構特性，再從宗族的核心運作機制進行分析，辨識出以性別為區分的差異，進而再呈現行動主體在不同場合的反思行動，以呈現跟場域結構的相互作用。第一部分討論同宗男性為主的族譜登錄，世系延續形成宗族的「集體記憶」；第二部分討論永久成員的權力與義務，區別成員與非成員間的資格；第三部分討論祖先祭祀作為宗族核心事務，生成的敘事構框持續維繫祖先香火的連續性。而這些運作機制在歷代成員持續進行互動實踐中構成慣習，成為宗族祖先崇拜的神聖場域。

　　華人社會中「最重要的次級團體是宗族」（Hsu 2002a: Xi），具有舉足輕重的地位，許多東西方學者投入宗族研究，分析宗族跟地方社會的政治、經濟與文化發展間的緊密關係，臺灣本土的宗族研究也相當豐富。[1] 宗族發展鑲嵌於在地社會的時間與空間結構上的性質，

1　如 Wittfogel（魏復古）1938; Freedman 1958, 1966; Fried 1969; Pasternak 1972; Cohen 1976; Faure（科大衛）1986, 2009; 科大衛與劉志偉 2000; Duara 2003; 王崧興 1991；鄭振滿 1992；馮爾康等 1994；錢杭 1994；楊彥杰 1996；羅勇與勞格文 1997；林耀華 2000；陳支平 2011；楊懋春 2001；Hsu 許烺光 2001, 2002a；莊孔韶 2004；陳啟鍾

不但對整體社會也對地方公共事務、家族發展，乃至於參與其中的個體都有深遠影響。前述宗族研究多數從鉅觀視角，分析宗族跟地域的政治與經濟等結構關係，本章將從微觀視角，呈現宗族成員如何以實際行動維繫宗族，以及實際互動中的宗族運作機制如何浮現，進一步形構宗族的性別的配置與秩序，也就是 Hsu（2002a, 2002b）對宗族研究中所提出的「優勢關係」「非優勢關係」的結構。

　　我們社會在現代的民主教育下，越加認同不同群體間的對等、平權與民主化的關係是多元文化的基礎核心，但是既有的社會文化結構有很大部分來自於傳統「宗」與「族」文化的「相互依賴的情境中心取向」（Hsu 2002a: 72）的文化淵源。Hsu 對比華人社會跟印度的超自然中心取向與擴散性文化後，指出華人社會是「相互依賴的情境中心取向模式，對個人的主要影響是凝聚性，及人際間的向心傾向」，也有「更大的互惠性」，在此一重視社會交換與互惠的依賴情境與「向心的世界觀，會引導人們停留在家庭之內」，若要跨出原初團體的家庭，最直接向外的延伸，就是進入與停留在宗族的親屬網絡，而不願「超出這個範疇」（頁 72-74）。雖然在就業模式與產業型態由農轉工商、資訊，跟生活方式的都市化後，年輕個體慢慢跨域跨界的

2017 等。臺灣本土的宗族研究如莊英章 1977, 1984；陳奕麟 1984；林美容 1989；陳其南 1990；黃樹民 1981；李亦園 1985；謝繼昌 1986；羅烈師 2001；韋煙灶、張智欽 2004；徐正光 2005[2000]；朱家嶠 2007；戚常卉、江柏煒 2009；李玉珍 2010；莊英章、羅烈師 2007、陳麗華 2010a 等，以及對單一宗族發展的探討，如楊聰榮 2004；王鈞正 2010；姜禮海 2013；鄭婕宇 2017 等。

向外擴散，但此一「向心傾向」與「家族範疇」的傾向，在宗親文化盛行區依舊是多數年長世代的世界觀。由日常生活「慣習（habitus）成型所循的邏輯裡面，必然暗含滯後效應（hysteresis effect），此一結果就是慣習」（Bourdieu 2009: 163）。據以行動的行動趨向與屬性，在集體與多數的「協作效應，便產生『常識世界』（commonsense world）」，實踐感貫穿於行動與常識世界的相互調和形成共識，便「賦予常識世界客觀化」，生活在其中的行動者如果有違反實作的常態，也容易引發「負面制裁」（negative sanction）（頁 163-165）。

　　宗族的父系繼嗣組織特性與運作機制環繞著父系組織的延續與生存，「父子同一」的「優勢屬性」使得親屬體系關係的比重多放在父子軸（Hsu 2002a: 63），Hsu 認為，由整個親屬體系中的優勢關係與非優勢關係所相互作用的屬性的總和，就是構成此一親屬體系的內涵，優勢關係形塑優勢結構與內涵，也形塑非優勢結構與內涵。換言之，在此一依賴為中心的整體情境關係中，家庭內的「父子關係」、「母子關係」、「夫妻關係」、「父女關係」、「母女關係」，以及家族內的「親屬關係」等多種關係，都以父子同一軸線的傳宗接代為核心基礎。宗族成員推崇與遵循父子同軸，以及其所形成的家庭關係型態，也就構成了 Bourdieu（2009）所主張的「實踐知識」、「實踐邏輯」（logic of practice）與「常識世界」。然而，此一父子軸慣習在成員跟生活經驗、社會互動過程後，行動者對其「一定要」但「也可以不要這樣作」的反思行動顯而可見，父系繼嗣結構並非毫無缺口的死死箝制住每位宗族行動者，端看行動者如何在其社會再生產過程

中，開展他的行動主體。

宗族作為一個「父系繼嗣群體」（林美容 1989），從現實世界的運作機制到象徵世界的祖先崇拜，是一個具有自我生成的系統性循環。宗族以男性為永久成員的特性，限定男性才計為「丁」[2]，成員的權利、義務與權力軸線沿著此一資格定位開展，因而，成員的權利與義務乃循同宗男性族譜登錄、交丁錢上牌位與入祖塔、祖先祭祀三個宗族事務的運作機制制定。宗族的性別配置與秩序，主在鞏固與生產男性成員的權力傳承，確保組織持續能在不同世代間生成與再製。父子軸傳承的屬性，使得其在性別配置與秩序的彈性相較其他組織較難立即調整。以下就先從三個運作機制結構進行分析，呈現行動者所處的結構場域，再討論行動者如何採取不同的策略因應。

一、同宗男性為主的族譜登錄

首先，宗族父系繼嗣體制視具有同宗世代血親男性為永久成員，從其出生、成長、就業、嫁娶[3]到死亡，都是宗族的核心成員，不因生命階段變動而改變或喪失永久成員的身分與資格，計為宗族男丁。

2　北齊書・卷四・文宣帝紀：「丁口減於疇日，守令倍於昔辰，非所以馭俗調風，示民軌物。古時「丁」指成年男子，「口」指女子及未成年男子。丁口指人口。「丁口」概念持續在民間流傳，特別是宗族計算人口時。

3　為便於呈現傳統婚姻男娶入女嫁出與雙方共同締結平等婚姻性質的差異，本書簡以在上下文脈以「嫁娶」、「娶入」、「外嫁」與「結婚」、「婚後」等概念進行不同婚姻性質的區辯。

女兒屬暫時成員，成年後將外嫁離家，歸入夫家家庭，與未成年男性同計為口。宗族會增加的女性成員為入門媳婦，被計為先生丁戶下成員，婚嫁後首要任務為傳宗接代，生下男性子嗣，完成父權家庭內的妻職與母職規範等，進行家戶再生產勞動（請參見表2-1）。宗族能形成需有世系成員的登錄載入，計算通常從男性渡臺祖／開臺祖或發跡祖開始記載，收錄歷代男性子孫，宗族在臺灣本土化之後，僅少數宗族視唐山祖為宗族祖先，也就是說，「宗族公廳的共同特色是，所供奉的祖先包含來臺祖以下所有的派下子孫」（莊英章、羅烈師2007: 96-97；楊聰榮 2004: 23-24）。因此，以同宗男性為主的族譜登錄至為關鍵。

表2-1：宗族的成員定位

	資格	定位	死後
兒子	計為丁，載入族譜，享有權利與盡義務	永久成員	升格成為歷代祖先之一，上牌位、入公廳祖塔
女兒	不計為核心成員	暫時成員，日後將「外嫁」進入夫家，成為夫家成員	外嫁日後，成為夫家祖先。未婚者，牌位與骨灰甕外寄佛寺或廟宇等，無法返家成為祖先
媳婦	計入先生丁戶下人口	傳宗接代、家務再生產勞動	與先生一起升格為宗族祖先，上牌位、入公廳祖塔

資料來源：作者自行整理

　　凡能稱族譜，就會記載著至少一位開基祖（開臺祖、開浯祖等）從原鄉哪個村落出發、登陸何處，日後定居地與發跡地，有多少世

系與男丁子孫名字，若世系龐大，會再分房祧等。[4] 事實上，由於族譜乃為歷時性的登錄與記載，貫時性長，早期文書記載、紙本保存不易，加上若有子孫遷移外地，又交通不便、聯繫不易等因素，因前述多種因素導致有所遺漏或短缺情況普遍，但就系統的完整性來說，族譜仍是父系血親系譜最具系統性的紀錄。族譜登錄、編撰與修撰的作用，召喚著宗親成員的敘事「構框」（framing）。構框為某種組織邏輯或原則，以提供給設定事件與情境定性的過程中，能有多種不同的情境定義類型（Goffman 1974: 10-11）。進而將日常經驗的互動情境轉為認知框架，形塑宗族的集體記憶（mémoire collective）[5]，促成成員湧生深層的起源與歸屬的連帶情感，創造親屬文化的過程與意義。平時熱心於宗族與社區事務的 LA78 翻開厚重的族譜，指著開臺祖先五位叔姪名字說：

　　我們是 22 跟 24 世，饒平客家。八德那支是漳州永定閩南人。

4　多數宗族以開臺祖或開浯祖的移墾與定居在地開始計算世系，在臺的發跡至今大約介在 9 世到 30 多世之間。部分宗族後來與原鄉同宗血親比對昭穆世系後，也會再加上自原鄉祖先起算後的世系，例如 LA50 的宗族開臺祖 ○○ 公 1740 年來臺灣，至今 28 世。先前一直認定為第 6 世抵臺發展，1989 年宗親回廣東比對族譜後，更正為第 11 世祖開臺。而 LA78 跟 LA79 的族譜分記三個世系，分別是由其姓氏始祖監明公起立、廣東始祖宗法公起立，以及臺灣始祖奇、華、璞珍公起立，例如邦字輩的成員就具有 162 代、22 世與臺 7 代三個輩份、得字輩為 163 代、23 世與臺 8 代（劉興鎔 2004）。

5　集體記憶由參與者共同構框與創造敘事，成為群體共有的記憶，有別於個體記憶（Halbwachs 1950）。

FN20 姓在桃園，就我們家族最大。當初我們祖先叔姪五人（A、B、C、D、E）來臺，C公有 4 個兒子，有兩個出來頂其他兩房沒生兒子的，我們△△公過房給這個 A 公跟 B 公，這邊有寫，這邊有寫，妳看，這邊有寫！二三房過繼 A 公跟 B 公。那我們跟 A 公、B 公跟 C 公三個都拜，就拜這三個祖先。

　　受訪者敘說祖先故事時，經常夾帶著感動的神情與激動的情感，族譜上紀錄著開基祖跟著哪些親人，從彼岸辭拜祖先與親人後渡海抵臺與定居，到自己與子孫的出生，是宗族走了數百年的時間才可能達到的發展現況。另一個已退休的宗長 LA60，他的宗族 FN27 姓也是桃園在地知名宗族，他看著族譜，說著開基祖大模公 1716 年出生於廣東惠洲陸豐，19 歲時登岸北臺落腳南桃園墾拓營盤腳的開墾故事。他順著族譜內一世世男性祖先的名字，找到五房系譜中，指著名字說：「這是我，第七世，這是我爸爸，我阿公，都在這」。

　　祖先遷移路線，除了直接從福建、廣東抵臺的方式之外，金門的宗族最常提到宗親成員從金門出發，延伸到澎湖移墾，後又移居臺灣這條路線，形成遷移跳島鏈。例如臺南學甲中洲的一桂公（陳桂記大宗祠），開臺祖一桂公與鄭氏太孺人（鄭成功的姑姑），祖籍來自金門湖前的陳氏宗族，其派下子孫至今都還會回到金門參家祭祖。「那年這裡很風光出了 3 個立法委員都來進區，金門兩個，臺中龍井新莊仔的一個。OOO，妳知道嗎？以前是立委，後來當臺鹽董事長嘛！他就是學甲的子孫，今年有來一桂公祠去祭祖」（LA26）。族譜記

載血緣關係與房祧世系，只要有登錄，沿著遷移軌跡下的血親關係都能找到，金門另一個大姓 FN04 有不少成員移居澎湖，至今也會回到金門祭祖。LA05 說：

> 澎湖姓 FN04 的都是從金門去的，像以前澎湖縣議會的議長OOO。他就是這邊過去的，回來祭祖好幾次。有一些從金門過去臺灣的、澎湖的，還有一些國外的都有。新生出來的都會回來登記名字，當然要，要放在族譜裡面……能追得到的，都寫進去。

目前宗族成員登錄的型態有：（1）僅登錄男性成員與男性子嗣；（2）登錄男性成員、女性配偶與男性子嗣；（3）目前少數宗族已取消女兒不入族譜限制，合併紀錄生卒年、婚配（適O）與子嗣等。[6]正式族譜編修為長期連續與非經常性出版，內容包括多時代的子嗣紀錄，因此，前述三種登錄型態都可能混合編修在同一本族譜內。此外，宗族男性成員的名字常循昭穆[7]命名，強調左昭右穆永序天倫，

6　有關女兒生卒年、婚配與子嗣資訊大都登載於家譜，而非宗族族譜中。近年已有部分宗族族譜跟房系家譜收錄女兒全名，但不收錄女兒的後代子嗣。臺灣宗族歷史悠久者如金門有 5、600 年歷史，普遍約 2 百多年，短則有百年內，有些會整理各自房派下或數代親近親屬的家譜。

7　昭穆為古代宗廟制度，天子七廟，諸侯五廟，大夫三廟。以天子而言，太祖廟居中；二、四、六世居左，稱為「昭」；三五七世居右，稱為「穆」。祭祀時，昭穆也是墳地葬位的左右次序，子孫也按此規定排列行禮。《禮記‧祭統》：「夫祭有昭穆。昭

尊崇法典上下尊卑，女性非核心成員命名無昭穆必然之需。[8] 因此，姓氏、昭穆名，再加上地域，常讓男性能藉此辨識彼此親等輩份或親緣地緣關係。[9]

　　跟其他宗族動則百年歷史相比，LA59 的 FN27 氏宗族來臺僅 8 世，族譜中為 24 世，昭穆是男性認親與尋根溯源的重要線索，FN27 氏老祖先從廣東焦嶺來，來臺祖是 18 世，抵臺後定居楊梅秀才路，宗族在臺約有兩百多男丁：「蕉嶺我有回去過，我爸爸啦、我叔公都有回去，回去好幾次了，還去那邊做我們祖先的骨骸。我們跟大陸那邊親戚世代差不多，昭穆沒有差很多」。去原鄉尋親祭祖是宗族近期常見的文化交流，「我們 10 多年前就去過中國，用昭穆有跟那邊家族對起來」（LA78）。LA26 對宗族與家廟事務如數家珍，念著昭穆「……希尚時文德，民元弘崇敦，鼎甲聯芳慶，溢宗邦家宣……。像

穆者，所以別父子、遠近、長幼、親疏之序而無亂也」（萌典，讀取日期 2019 年 10 月 14 日。http://bit.ly/34QhdSy）。

8　桃園楊梅鄭大模宗族的昭穆表為：「大仁承德，玉生石瑞。紹祖勤賢，奕世榮貴。宗良尚創，嘉興水美。業經謀成，永在恩惠」（鄭婕宇 2017）。桃園觀音區武威世崇公派昭穆：「國泰民安逢景運，文經武緯振家聲」（廖運清 1977）。金門浯江夏興村陳氏，自 23 氏至 38 世昭穆表為「公侯可期，詩書為上，用是振拔，千載垂芳」（陳永錄 2003）。金門浯江湖前碧湖穎川陳氏，自 1 世至 40 世昭穆表為「光汝敬同，添希尚時，文德民元（文世克應），弘崇敦鼎，甲聯芳慶，溢宗邦家，宣儀揚正，昭顯綱常，咸懷博偉，淳士式良」（陳宗炯 1970）。

9　2020 年 2 月我在花蓮鳳林進行另項田野工作，一位 92 歲受訪者談及日治時期他父親從西部新竹關西翻山越嶺遷移到花蓮定居，當時交通不易甚少返鄉，遂跟親屬斷了聯繫。直到受訪者就讀大學時，曾依家中男性昭穆「家興邦得」四個字回鄉尋親，順利找到同宗親屬。他說：「我到關西街上後，就問人說你們這邊有沒有人名字叫做家的、興的、邦的，有沒有這樣？就有人回答說是誰誰誰」。

塔后沒有跟我們分，昭穆就跟我們一模一樣。去臺中那支跟我們一樣，臺南那支也跟我們一樣」，用昭穆找人找線索是跨時空的。

姓氏、昭穆加上地域鄉鎮，既是百年易地尋人的線索，但也「容易被辨識」，許多宗親成員不再依昭穆為子女命名。他們採取了許多變通的方法，來降低身分與輩份暴露的可能，也彰顯為兒女命名的行動自主性，例如找讀音相近的字、取兩個名字等。以亞洲標槍王鄭兆村來說，他是楊梅鄭大模家族五房「紹」字輩，近期五房幾位年輕男生都不再選用「紹」而改用「兆」字，「一來因客語『紹』『兆』音近，再來，父母比較想取自己希望的名字」（LA106）。也有其他宗族成員乾脆取兩個名字，LA106 說她去拜訪宗親發現：「上次去拜訪新竹城隍廟那房，他們乾脆取兩個名字，一個昭穆名，一個登記的名字」。至於宗族女兒的名字，宗族文化認為女兒日後將嫁娶入夫家，不需也不用排昭穆，父系族譜歷經百年代代的書寫紀錄，女兒常與原生家庭斷了線索。也屬金門知名宗族成員 LA19（姓 FN05）說：「女生沒有照輩分，那個男生才有」。

雖族譜登錄與排昭穆是男性成員權利，近期已有許多宗族開始打破以往不收女兒入族譜的規定，不論是金門宗族或臺灣宗族，陸續將女兒收入族譜，另一個姓氏 FN04 的 LA05 說：「現在要！現在我們女生也要登記。就看妳個人。就是……從我們上一次修那個族譜開始，就有接受女生也可以」。「以前沒收女生，那是以前，我們現在這樣想，女兒也是我們 O 家的小孩，當然也要收進來」（LA87）。而早期媳婦的名字，都以 O 氏、O 媽、O 孫人登錄在先生旁邊，

平時資料收集與重編時未加以注意，就容易延續既有的紀錄框架。LA107（FN25 姓）的父母親來自桃園觀音在地宗族，他們宗族十年前才剛新重編一次族譜，未料依舊沒有編錄媳婦的全名，他說：「我家族譜 2010 年才重編好，我媽寫在我爸旁邊，寫成 O 媽孺人這樣，沒有名字，我媽自己都說這樣很怪，這樣誰知道我的全名」、「我媽很生氣，說要去抗議，下次重編時要把全部姓名都寫出來」。

　　宗族在族譜紀錄媳婦全名，是宗長們跟族譜編修者對「成員邊界」的有意識改變，讓以往僅能以姓氏代碼出現的媳婦，在族譜上也開始出現全名趨勢，加上陸續收錄女兒與所適夫家姓名、地區，也是宗族肯認女兒的主體行動展現。以目前族譜只收同姓不入異姓的規定，很難再收錄女兒後代，但族譜登錄的用處在於可查證的親屬淵源，收錄端與資料端在科技與軟體的協助下，應可有多種呈現方式。將媳婦全名與女兒計入族譜，是宗族長期傳統下未能正視女性的行動的轉變，說明規範作為場域結構，是不斷的生成與變動中，可視為趨向成員對等的起點。但是父系宗族的運作即以父子軸世代為核心，從女兒與媳婦的姓名收錄看來，宗族能否隨此調整或改變，有其難度。至為關鍵的是「能否被計為永久成員的丁」，丁才具有涉入宗族事務權力、權利與盡義務的身分與資格。女兒能否能被計為丁或是看成「擬丁」，傳承宗族事務？這部分將於第四章進行討論。

二、交丁錢、上牌位與入祖塔

父系宗族基本計算單位為「丁」，由男性肩負起傳宗接代為維持祖先祭拜與擴充繁衍更多丁戶興旺，男丁權利跟義務相應而生，主要包括交丁錢、進祖塔、上牌位、祭祖資格、收益分紅等。「交丁錢就是登錄，就是你也算一份子」（LA36）。男丁享有宗族公共事務的決策權、參與權、發言權，有資格成為宗族幹部與派下員。男丁應盡的義務，財務上包括以丁為單位支持宗族祭祀活動、修建宗祠祖墳等費用。若宗族相關控產組織有收入，則享有收益。活動部分，男丁以參加宗族最重要的祖先祭祀為主，女兒婚後為夫家人，一般不得參加原生家庭祭祖中的正式儀典。進入公廳祠堂進行祭祀行為，專屬於可追溯的父系親屬成員，「除有特定理由或受到邀請，其他家庭或宗族的成員是不能參拜的」（Hsu 2002a: 54），金門的部分家廟規定更為嚴格，只有可辨識的男性血親成員可入宗祠，包括收養不同姓氏的承嗣者或是招贅的女婿都不能進入（陳炳容 2008: 92）。

以數男丁人頭數來收丁費修建宗祠與祖墳，是宗族最基本的經費來源。收丁費處理宗族公共事務是基本，LA19 的宗族成員居住區涵蓋附近三個村落，說：「現在蓋宗祠要一千多萬，固定男丁都要出錢。就是一個男丁幾千塊，六千或一萬都有，不夠的再來募捐啊。……男丁是基本費啦……10 年前我們男丁將近 4 千 500 多個，從這裡出去的，不管住臺灣住金門收得到的都會收」。公廳宗祠建築規模幾乎等同廟宇等級，費用動則千萬起跳。LA78 的 FN20 宗族有兩千位成員，

前段時間也花兩千多萬興建了「帝寶級」的祖塔「追遠亭」。在凡男丁都要收費原則下，「大部分都會交」，且只要男丁興旺，即使只收到半數，總額也相當可觀。宗祠重建丁費若有剩餘，多持續投作祭祖與掃墓公基金，未來每年祭祖費用可再攤得更少。LA78 宗族共有 10大房，日後掃墓時，每房僅再需收一萬元即夠支付祭祖費用，他算給我們了解：「每年掃墓收十萬塊就夠，一大房一萬不多啊，像算到我爸爸才六百多塊，到我才一百多塊，我有四兄弟啊。你家裡男生生得多，除下來就會付很少」。

　　興建公廳與宗祠，是作為一種象徵行為與認可的儀式，展示性、示範性的「動則千萬」的興建費用，也取得在地社會的認可此一宗族的重要性。除重建收費外，為了告求祖宗賜福添吉與告慰先祖子孫功名的奠安，也會重啟整修而收丁費。不論是重建、整修或奠安活動等，宗族都會開會決定活動預算，再除以男丁人數，推估每人需繳交丁款額度，一般約介於五千至五萬之間，視人數跟事件規模而定。宗親成員多居住在新屋跟楊梅一帶的 FN10 姓，跟其他大宗族相較之下，是一個比較小型的宗族，因而每次的丁費分攤，額度就比較高。由中生代即將邁入資深年長世代的 LA87 說：「我們人少，公廳重修每個男丁出到五萬」。公廳宗祠作為宗族核心空間象徵符號，重建與整修都能引起成員重視，男丁興旺可分擔丁費，或平時宗族有收益，也可降低丁錢數額。宗祠位於金門金城中心的 LA05，跟兄長兩人相隔 36年分別主辦宗祠奠安活動，他很有榮耀感的說：

像幾年前，我正好碰到宗祠整修奠安。當時我們宗族有些租金有錢，所以一丁只收兩千塊，意思一下。一般都不會收那麼低啦！最少都收到一萬塊或以上。像我們家廟呀，它是 36 年前，民國 64 年有奠安過一次，當時是我哥哥擔任總幹事，他辦的。隔了 36 年後，我當理事長，是我辦的呀。所以我們兩個兄弟就真的很有福氣。有福氣碰到家廟奠安。正好是我們兄弟負責，就很巧呀！

交丁錢重建整修宗祠公廳或祖塔，也跟男丁百年後能否進塔、上牌位與祭拜權益有關，為防止男丁不繳費貢獻，宗族多將丁錢跟權益相互綑綁，若有不繳交者就取消權益跟優惠。例如，不交公廳修建費，就不能再回公廳祭拜祖先；不交祖塔修建費，日後無法入祖塔等。LA78 解釋他們蓋祖塔所收的丁錢就是入塔位的資格，他說：「你現在不來繳的，我們就罰，我們當時開會有個罰則，到 2017 年 9 月 11 日以前沒繳錢的，以後要進塔位就取消優惠，要進來就以一個人為單位了（原含夫妻兩塔位）」。LA87 的 FN10 氏宗族也以「不繳丁費，不能再回公廳祭拜」規定，鼓勵成員繳交興建公廳丁費。LA87 以他二伯父跟兩個堂哥的例子說明，分火在家自拜沒有比入祖塔方便。LA87 的二伯父跟兩個兒子共三個男丁，該次公廳重建需繳交 15 萬，故想說暫時不繳，若百年後就在自己家裡作個「FN10 氏歷代祖先」牌位自己拜。後來，二伯父過世，神主牌就安置放在大兒子住的新屋老家裡，家住臺北的老二不管是春節或清明要回來祭拜，都需跟哥哥

全家協調時間。沒多久，他們就乖乖補繳了 3 份丁錢，但已過了第一段優惠繳交期後，「已經不是每人 5 萬，漲到 10 多萬了」。

　　取消優惠或禁止再回公廳祭拜，能否有效阻止大家不繳？對此，LA78 有自信的說：「我們還是比外面塔位便宜，況且你的祖先跟親戚都在啊，你爸爸媽媽爺爺奶奶都在這裡啊」。雖現在人對身後事多自主安排 [10]，但這也不必然成為男丁不繳交丁費的理由。許多人繳費乃基於親人網絡團體的約束力、分擔成員經費壓力，以及幫祖先貢獻己力的念頭，而非單只為了一個塔位或上牌位，一位宗族朋友這樣表示：「這是兩件事，我家、幾個伯父、堂哥堂弟他們都繳，是大家一起幫忙出錢這樣。我也有繳，但以後不會想進去……想樹葬或海葬」。三十歲的年輕世代 LA107 有兩個姊姊一個弟弟，宗族親屬與姻親成員都散居在他老家附近街道，他目前正在外縣市工作，因生活圈跟生活形式日漸不同，對日後是否如同宗族祖先入祖塔，抱持猶豫態度，「要看工作在哪裡」。但是 LA107 的父親身為一家之主，且是爺爺唯一的兒子，平時代表爺爺這房處理事務，因此在祖塔翻修收丁費時，已幫全家四人 [11] 繳好丁費，LA107 說：「全家塔位都買好了，……他們說現在繳比較便宜，如果以後出事才要買，就會比較貴。其實我

---

10 有許多原因讓成員不進入公廳祖塔或進入後又遷出，像 LA105 受訪者家裡的大部分親屬都遷出祖塔，主要因姐公會經常性的家暴，家人紛紛拒絕往來，因而姐婆、二舅舅都沒進入家中祖塔安置。

11 LA107 所指的「全家」範圍是父親、母親、LA107 自己、LA107 的弟弟，並不包含兩個姊姊。女兒沒有買塔位的權利。

爸媽買好才跟我們講，我們被告知說買好了」。

　　相較男性成員需盡權利義務，那女性呢？宗族裡女性有兩種身分：婚嫁媳婦、宗族女兒，宗族多數沿用傳統父系社會慣習（social habitus）規範之。媳婦歸在夫家丁戶下，完成丁戶的生產與再生產勞動，身後能與先生入塔，登上宗族牌位，成為夫家祖先。女兒由於不具成員資格，因此不具交費、塔位跟牌位等的權利義務，死後更嚴守女兒不進祖塔，無法返回原生宗族登上公廳神主牌位，成為本宗祖先。這個慣習也跟民間民俗（folk customs）對女性死後的規範一致，女性需「出嫁」才能持續在漢人親屬秩序中有位置，若未婚死亡則不得入宗祠，也就是臺灣民間社會裡的「尪架桌（神明桌）頂不奉祀姑婆」、「厝內不奉祀姑婆」的慣例（黃萍瑛 2008a: 23）。女性僅能以眷屬身分隨著先生入塔，宗族在桃園大溪的 LA90 說：「姑婆沒有，不能進塔，祠廟也不行。女的只有『媽』可以，跟他先生一起來」，他進一步以林家子孫「拜媽祖不拜林默娘」為例，說明民間習俗慣性：「家裡不能服待姑婆，家裡不能拜她們。你看姓林的，會拜媽祖，但不服待林默娘」。受到傳統性別觀與漢人祭祀神鬼觀等雙重影響，宗族排除未婚女性死後回家，近年受平權思潮影響，許多宗族開始改變此一規定。若新建祖塔則增設新空間（如 LA78, LA50 宗族），現有祖塔則整理騰出空間（如 LA70 宗族），讓姑婆返回宗族，接受後代子孫祭拜。但多數宗族尚未處理此一議題（如 LA49、LA51、LA58、

LA59、LA60、LA74、LA75、LA87、LA90、LA91、LA100、LA106等），[12]
而姑婆能回祖塔上牌位，固然並未讓宗族改變對其成員身分與資格的
認定，但已是宗族事務面向性別的重要關鍵性改變。

三、祖先祭祀

維繫宗族的第三個核心運作機制為祖先祭祀。「共同的祖先祭祀
行為是維繫宗族團體繼續存在的重要條件」（莊英章、羅烈師 2007:
97）。祭拜歷代祖先的公廳祠堂莊嚴肅穆，規模較完整的公廳祠堂牆
上，都會縷刻歷代祖先們的移墾事蹟、修建過程，男丁名字也都一
一標示在牆上。公廳家廟是宗族祭祀傳承的神聖場域，開臺祖跟歷
代祖先牌位坐在主神位[13]，每次祭祀遵循嚴謹儀式，祖先名字會一再
被唸出，請出祖先牌位，以示慎終追遠緬懷歷代墾拓的祖先（頁 96-
97）。除了請出祖先外，同時也會逐一唱名宗族內現有成年男丁名，
象徵香火延續的再次承接。「從文化上看，宗族的祭拜祖先是自成一
體，不會與超自然崇拜相連，或合而唯一」（Hsu 2002a: 59）。宗族
最重視的主要活動為祭祖，公廳宗祠祖先牌位由專人（必為男性後代
成員）每日奉香敬茶，年度重要祭祀日包括除夕、清明、端午、中元

---

12 女兒返回祖塔將於第四章深入討論。
13 例如金門盤山村翁氏宗祠，男性祖先在主神位置，左右分別為文魁星君與福德正神。
   桃竹苗地區公廳將歷代祖先牌位位於主神位，主廳多數不會再多安置其他神明。

與重陽，也有增作祖先生日忌與忌日，也有另加中秋與冬至兩祭。

對宗族文化來說，與祖先溝通與聯繫是持續的進行，並非僅在年度祭祖時節才進行。宗族重視現世子孫跟祖先之間的各種連結，除了繼承血脈與姓氏的基本淵源之外，平時以通過每日奉香敬茶進行訊息傳遞與溝通，在年度重要時節則以祭拜與跟祖先團聚的方式進行。Hsu（2002a: 50, 273）指出，人即使死了，但跟家庭的關係不會就此終止或消失，「死者每年都定期被『請』回家中，跟家人『團聚』，或出席特別的儀式」，我們文化中至少「有兩個與祖先團聚的儀式，分別是農曆新年期間與清明祭祖」。過年與清明時節回到公廳祠堂祭拜祖先，往往是宗族成員在這兩個日子的重要活動。

各地公廳宗祠祭拜時間各不同，以金門陳氏大宗祠來說，每年固定農曆正月 18 日與 10 月 18 日舉行祭祖儀典，與 13 股春秋兩祭錯開時間，各股也會再增加房祧祖先的紀念日祭拜。如，南海公陳顯，金門下坑（夏興）人，為陳六郎派下第九世孫，1372 年登科經魁，有「開科第一」稱號。因而，每逢九世祖紀念日農曆 4 月 28 日，住山外、夏興、東州、小徑的陳氏子孫，遷移到澎湖二崁的，分布世界各地的宗親都會回來（請參見圖 2-1）。另外九世祖第三兒子紀念日 7 月 12 日，和 5 月 23 日、10 月 23 日都是陳氏祖先日，會舉行祖先祭拜。其他宗族也會在年節、清明、中秋與冬至祭拜祖先，「除夕、初二、端午、中元，都要準備祭品去公廳那邊拜」（LA87）、「年節、清明、中秋、冬至這種大家都會一起去拜之外，我們四大房祖先非常多，就輪流每大房一季『作生忌』拜拜」（LA62）。許多客家宗族掃墓祭

祖在農曆年過後就開始（農曆1月16日）「過完年就去拜」（LA108），
農曆 20 日天穿日也是祭祖日，「以前我小時候是過年後天穿日就拜，
天穿日那一天一定要休息，不做農事。後來，我們祖塔（民國）57
年改建時，統一改成清明拜，固定節日就比較多人可以來」（LA78）。

圖 2-1：金門縣金湖鎮后園村陳顯古墓
資料來源：作者提供

　　每年清明前後的祖先祭祀是宗族一年中最重要的活動，至今仍有
金門的閩南宗族跟臺灣北部客家的宗族祭祀續採大三獻、小三獻與古
禮進行祖先祭祀。數百男性眾子孫站在祖先牌位前，由宗族資深長老
擔任主祭，帶領大家進行祭儀，逐一唱名男丁子孫名，被點到名的就
默默點點頭，彷彿跟祖先說：「我來看您了」（20170405, 0528 田野
筆記）。固定交丁費但偶爾才回去祭祖的 LA87 說：「只要這戶父親

還在，就不會算成分家。……分家是算父親在不在，像我二伯有兩個兒子，他們丁戶長就是我二伯，唱名就唱到二伯」。嚴格儀禮肅穆繁瑣，對直系尊親屬的叩頭禮與跪拜禮，至今民間持續沿用，「這邊祭祖是用古禮，攏用大三獻禮，我們要跪拜，像我每一次祭祀下來都跪到爬不起來」，LA05 一邊說著古禮的繁瑣，也同時表示對以古禮祭祖是經典細緻的祖光榮耀。

男性宗長主祭、男性子孫出席參與，祖先祭祀也是性別化的宗族活動。在父系法則與他者化女性下，女性被系統性限制參與在宗族祖先祭祀有兩個部分：一個是無法擔任主祭相關，第二部分是婚後無法返回原生家庭祭拜祖先。宗族祭祀主祭主由男性宗長擔任，女兒或媳婦都擔負輔助角色，協助牲禮、祭品等的準備。由女兒或是媳婦擔任祖先祭祀的主祭官，至今已有幾個知名個案陸續，例如蕭昭君（2008）爭取擔任彰化社頭蕭氏宗祠斗山祠主祭，過程曲折多年，她說：「父親興匆匆跑去問祖祭主委，『女兒考上博士可以當主祭嗎？』對方卻回答，『博士可以，女兒不行』」，一開始宗長還有「以後如果家族出事，祖先怪罪下來怎麼辦」的擔憂，花了許多時間才逐漸接受由「宗族女兒」擔任主祭。女兒能「順利」成為本宗主祭，需要許多宗族成員在不同的多重環節中的意識與認知都需到位才可能促成的行動。首先女兒必須意識到女性不在宗族人才庫中，在提出異議的同時，她自己的資格能力也需到位，再來，她需說服自家雙親，再由父親出面與宗長們懇談，取得多數同意後，才進行規劃與排練，從「意識」、「感受」、「徵詢」、「說服」到「行動」，涉及多個親屬關係的互動與

交涉，也是行動者把自己的女性主體挪移走向與被接納進入父系神聖場域的過程。

宗族成員不一定是被動遵循父系古禮，也是主動採取行動的能動者。近期也有宗族主動邀請媳婦擔任祭典禮生，桃園新屋范姜宗族二房殿高公派下媳婦羅金珠，擁有客語薪傳師資歷，對客語掌握程度高，分別於 2017 年、2019 年受范姜瑞理事長邀擔任宗族祭典禮生，「負責春祭祭祖會員大會儀式的祝文唱誦」（何金樑 2019）。相較於臺灣本地陸續有女性擔任宗族主祭跟禮生，金門宗族尚持續遵循古禮古法的相關規範，LA09 身為資深教育人士，關心教育與文化事務，同時也對在地公共事務如數家珍，他說：「金門到目前為止沒有女生主祭。宗族大老就是男的嘛，因為阮叫……阮叫老大，啊老大一定是男的，不能是女的，啊選出來的宗親會理事長，也是男的！」金門雖然祖先祭祀還沒有出現女主祭，但在公共的宗親政治事務變動非常的快，2012 年時，金門金湖鎮鎮代表李秀華已就職擔任「金湖鎮李氏宗親會」第一屆理事長，成為金門第一個女性的宗親會理事長。[14]

陳金燕（2013: 146-147）考察七項指定民俗，指出「限制女性參與顯得相當普遍，男性擁有社會制度所授予的諸多權力與權利，包括與神明溝通、互動權利，因此，許多民俗活動決策與科儀主事者等均以男性為主」。宗族成員一般雖也會帶未婚女兒或孫女前往祭祖，但

---

14 宗族雖介於私領域，但宗親政治等公領域的變動較為快速，這個部分將於第五章跟第六章進行討論。

非像男性子孫般賦予規範性要求與期待，且「不樂意見到」已婚女兒回宗族正式祭拜。[15] 已婚女兒究竟能否回娘家宗族祭拜？本研究詢問到的，都是已婚女兒不回宗族公廳祖塔祭拜祖先（包括自己父母親）：「一般傳承就這樣啊，就女兒嫁出去了就是拜他先生的祖先啊。這是一個以前的，不成文的倫理啦」（LA59）。已婚女兒不正式祭拜原生宗族祖宗，是普遍性的民間習俗，LA107 的父親宗族在桃園觀音，母親的原生宗族就在隔壁鄉鎮新屋，自從母親從新屋嫁到觀音之後，除了姐公姐婆的「喪禮有去拜」之外，「我媽媽沒有再回去她家拜過」、「我媽都拜我爸這邊」。

　　雖然訪談收集到的案例大部分都是已婚女兒無法返回宗族祭拜祖先，但場域結構並非鐵板一塊，本研究也找到家廟邀請外嫁女兒回去參與祭祖的宗族。住在新竹的 LA56，她的父親並未讓自己的女兒遠離宗親事務，在女兒還小的時候，就常帶著女兒到家廟掃地、參與家廟活動，促其自然而然成為「場域中的行動者」，沉浸於宗族事務中。LA56 出身新竹在地知名的宗族 FN27 氏，身為宗族女兒，在父親有意的導引下，平時積極參與原生宗族的公共事務。LA56 雖已出嫁，但常以「FN27 氏宗親」名義出席各種宗親場合，甚至是跨區域、跨國的宗親尋根或族譜親緣辨識活動。而 FN27 氏家廟不僅不拒絕女

15　本研究蒐集到的已婚女兒回本宗參與的祭祀活動，主為到場不持香、以雙手合十祭拜等，是近期宗族可接受的「非正式祭拜」形式（LA53, LA61, LA78, LA87），形成某種介於正式與非正式之間的曖昧場域。

兒回去祭祖，還「主動邀請」「女兒全家回來一起祭祖」，她說：

> 哈哈哈！對啊，對啊，都嘛媳婦拜。像我們那些宗親就說，「啊姓 FN27 的那些祖先齁，都嘛外姓的人在拜」。那個查某都外姓的嘛，因為我們媳婦都是外姓進來的。那我自己本身是 FN27 家廟的，我爸爸平常就會講這些 FN27 家的故事給我聽，我也會跟我爸去掃地呀。它一年有兩個祭拜，我們家廟有特別邀請外嫁女兒帶全家大小回來一起祭祖。

LA09 以一句在地話「Tshing-bîng bô tńg-khì，bô bōng；tang-tseh bô tò--khì，bô tsóo（清明無轉去，無墓。冬節無倒去，無祖）」，指出宗族跟社會文化中的祖先認同、生命歸屬息息相關。宗族為民間自發性組織，以父系繼嗣為基礎，「成員資格很清楚，以父系關係的網絡相聯結」，結合宗法制度、性別配置與秩序等規範，「於是此類漢人親屬組織呈現『有關係而無組織』的社會結構特性」（莊英章、羅烈師 2007: 98）。[16] 跟宗族有關的公廳與祖塔，不論在運作機制、祭祀儀式、認同歸屬或空間配置上，都是一個男性親緣專屬的暨神聖又親密的性別化場域。父系宗族傳男不傳女的性別階序至為關鍵，男女性在宗族相關權利、權力、資源與利益的有無，都循此一軸線開展。

16　宗族組織性質雖介於私領域，但跟在地公共事務關係鑲嵌甚深，跟公領域交織的部分詳見第六章。

同宗男性為主、交丁錢上牌位入祖塔、祖先祭祀三個運作機制，體現在宗族平時的運作中，也對個別宗族家庭形成認同性的規範力量。單一個家庭的父系權力傳承，會因諸多可能而斷裂或中斷或有所改變，而宗族網絡中的父系家庭，根據父系繼嗣傳承的規範，強調傳宗接代與父系世系持續不斷生產與再生產。父系社會運作機制是系統持續生成的場域結構，讓宗長既感榮耀又同有沈重的責任義務，面對諸多的規範與限制，將原本被排除在外的成員納為系譜中的一員，將女兒跟先生姓名、媳婦的全名收錄入族譜內，還有邀請外嫁女兒參加本宗祭祖活動等，都是宗長們作為行動者嘗試以實踐行動不斷撐出可能的空間。

四、小結

本章先分析父系宗族的三個運作機制，分別為同宗男性的族譜登錄、繳交丁費與上公廳入祖塔、祖先祭祀，這三個機制構築「祖先崇拜」持續生成的過程，再進一步指出宗族成員作為行動者，一方面要遵守祖訓，另一方面又有不同於過往的規範與秩序時，採取不同行動所撐出的主體空間。透過定期祭拜行動不斷地跟祖先的聯繫，宗族成員的關係網絡也連續不斷的維繫與生成，就像一個父系文化意義網。在此一強調祖先香火延續、傳宗接代的運作中，雖有著「宗族裡做男

人」的「主導文化腳本」[17]位階，但回到個別父系家庭時，另一方面又有平權思潮的衝擊，在現世生活安排上，宗長們開始展現行動主體，依舊敬拜祖先，但又不願全然妥協「祖先的交辦事項」。

　　首先，傳宗接代責任重大，是榮耀也是規範的壓力：父系宗族由男性成員（與媳婦）肩負起傳承責任，包括生子承嗣、祭拜祖先等，也就是說，父系文化要求的男子性，強調以傳宗接代為核心。生下兒子成為宗族房系家庭中的慶祝之事，如果沒有生下男性子嗣者就需另找替代方法，雖在族譜上有多種擬制可彌補，但「一定要生男的」、「要不要找人來承嗣」成為耳提面命的壓力。即便後來許多家庭已無宗族網絡，但這個「家」是由兒子傳承的文化結構，可從子女姓氏、土地財產贈與等統計都可看出至今仍影響甚深。許多人認為找人承嗣已是古早時期的事情，但在宗族地區「有子才有後」是普遍認知，只要尚未達到符合標準，周圍親人也會顯露關切的態度與行動。一位男性受訪者分享他自己還在經歷傳宗接代規範的壓力，因為他只生女兒沒有兒子，他的兄長們多年來持續關心這件事，常在家族聚餐時建議要把小兒子分給他，「說要把兒子放在我這房」。這樣的建議，其實造成「很大困擾」，「不是收養，是族譜上的那種繼承，這對我跟我女兒很不公平」、「家人一再施壓也沒有用，我有我自己的想法」。

17　「主導文化腳本」概念主要參考藍佩嘉（2014）分析中產與勞工階級的親職論述時，家長順服於親職論述作為「主導文化腳本」（dominant cultural repertoire）所具有的規範性，讓他們認為身為父母應該這樣做才能符合完美現代父母的構框。

他表示，他並不打算完成族譜上的承嗣或兼祧，因為他無法告訴他女兒「因為妳是女的，所以無法替我執幡捧斗」，對於將來自己過世後，也無意願進入公廳與祖塔，因為根據宗族規範，「我跟我老婆如果進去了，我女兒就無法來看我們了」。「生子」是宗族世代得以自我生成最核心的關鍵，過去許多家庭想盡辦法生出兒子來「繼承祖宗遺訓」。但是並非所有宗親成員對於「生一個兒子」有著使命必達的熱衷，也沒有意願重回早期的擬制承嗣。

再來，宗族祖先祭祀文化結合民間信仰，不同信仰的宗族成員自己敬祖：隨著社會變遷，以及個人生活情境脈絡與接觸經驗的機會，許多成員有著不同於民間信仰的宗教多元選擇。祖先祭拜的相關儀式、物件，乃至於對祖先成神的看法跟其他宗教觀不同，讓信仰不同宗教者難以親近公廳與祠堂。田野訪談中，我總會問哪些人不再回宗族來？許多資深宗長都很有信心的說：「公廳祠堂就在這裡，這裡是他生命的發源地，到了老時，一定會回來的」，唯獨改信其他宗教者，就不會再回來。LA78 的宗族中就有一房成員因移居澳門，改變信仰，連同之後的子孫就不再回來祭祖，也不再將牌位跟骨灰甕放回公廳與祖塔，但是 LA78 還是很樂觀的表示：「如果他們想回來，隨時都可以再遷進來」。另一位未正式受訪的客家宗族媳婦，住在新竹湖口（原生宗族在新屋、夫家宗族在苗栗），因工作職場機緣接觸其他宗教，改信其他宗教多年。不論是上班時或下班後，教友跟教會活動是她最主要的社交圈。對於返回原生宗族公廳祭拜雙親，她就很爽朗的表示，因為是「外嫁女兒」，本來就沒有再回去祭拜的機會，對

她影響不大，「我都是用自己的方式敬祖」、「也會用自己的宗教幫我爸媽祈福，相信只要是善的，都會恩澤滿溢」。至於先生這邊的宗族，也因媳婦僅有輔助身分，最大的幫忙就是協助準備祭拜牲禮，公開的公廳祖塔「宗族那邊的祭拜就都是先生的事情，我不用出面，他們都很尊重我的信仰」。倒是對於日後百年後的喪葬問題，對於一般媳婦將隨著先生進入夫家祖塔的規定，她表示「希望是以自己的宗教來安排」，這部分也已獲得先生跟家人的支持。

　　總結來說，社會變遷下，宗族雖面臨許多挑戰，以父系系譜傳承為核心的宗族文化底蘊，不只是家庭文化結構，也形構許多在地「權力的文化網絡（culture nexus of power）」[18]，是重要的民間文化資產。宗族成員身處在地由多個宗族形構而成的場域結構中，日常生活就在宗親文化網絡中展開。父系繼嗣體制的運作雖有其規範原則，但並非以文字或法律形式書寫與嚴格限定，而是通過某種「沉默的」、「難以言明」、「理所當然」的「從以前就這樣」、「大家都這樣作」的方式出現在互動行動情境中，成為宗族文化內的行動慣性作用與慣習。本章從父系繼嗣社會「相互依賴的情境中心」屬性，說明宗族的祖先崇拜與香火延續，成為成員繼受祖先象徵時先於認知的「實踐感」，持續的生成、維繫與運作，讓場域、慣習與

18　杜贊奇（2003: 5, 65）研究華北農村的權力形式，指出「權力是由各種無形的社會關係所合成，這些關係包括來自宗教、政治、經濟、宗族等各個領域內」交錯的社會關係，很難明確分割，他將之統稱為「權力的文化網絡」，且由於「宗族的某些組織、儀式等特性，使它成為權力的文化網絡中的一個典型結構」。

常識世界形成和諧一致的整合。雖我們可以用 Bourdieu（2003）場域與慣習的概念來看宗族成員的，可從行動與結構的爭辯中「暫時脫離」，而在迴避「屈從」與「抵抗」的抉擇下，被劃定了「被支配文化（dominated cultures）框架」，但 Bourdieu（2003）也進一步指出，「被支配者無從擺脫的困境，是自身合作的結果」，也是某種「合謀現象（collusion）」。

而宗族成員的這種慣習，以及他們身處在宗族文化關係網絡中，在公廳祠堂、家族與家庭等生活場域的實踐場域之間，不斷地進行某種實作。身處場域與實作，如同「無意識的契合關係，深深地寄居於社會化的身體內部，體現了『社會支配關係的身體化』」（Bourdieu and Wacquant 2004: 25-26）。但是宗族成員行動者的具體實作，標示了成員並非僵守在被支配的結構位置，也非單一的接納運作機制的規範，接下來第三章將進行宗族內「非優勢群體」與「非優勢關係」中的女性成員的場域關係結構進行討論。

第三章　宗族場域內的性別關係

　　本章討論宗族作為父系繼嗣體制的重要組織，在其所運作相關的性別秩序與性別配置下的性別關係所體現的各種面向，主要先呈現場域結構中的關係結構，同時進一步辨識出行動主體的施為。第一部分討論男性為主、女性排除／附屬的二元對立以及深層的支配從屬關係結構，以呈現體制的權力關係；第二部分討論為維繫世系傳承、香火延續的生產與再生產，以及同宗網絡與資源積累的交換關係，以呈現體制的生產關係；第三部分討論父子軸、同宗兄弟情誼為主軸的情感關係，疏離／拒斥其他情慾可能，以呈現體制的情感關係；第四部分討論性別作為宗族的邊界、構成同宗榮耀與「祖先崇拜」、「祖婆崇拜」的親屬結構與文化結構的象徵關係，以及兩者所共同指向的支配從屬關係結構，以呈現體制的象徵關係。

　　宗族相互依賴的情境中心場域屬性，讓宗親成員在家庭生活、工作場域之外，持續有一個龐大的親屬體系在支持著他。這個親屬體系中「父子軸」的優勢關係形成了優勢結構，排擠了非優勢關係，也影響非優勢結構，進而犧牲其他的多種親屬關係，例如夫妻關係等（Hsu 2002a: 269）。對 Bourdieu（2003: 200-201）來說，親屬關係的背後常隱藏不致被察覺的人與人之間的支配形式。但是宗族男性成員雖享有

著優勢關係與優勢結構，但不表示他們對被排擠的非優勢關係與非優勢結構無感，例如本身經歷深刻的「母子關係」與現代教育較為重視家人關係等，都可能使其改變對非優勢關係的實踐行動。他們同時也為人子、人夫與人父，在互動中可貼近交互關係中的主體如何被結構排擠的感受，以及在各種性別平權與對等的思潮影響下，他們不必然會完全占據著優勢位階。行動者因而在優勢結構與非優勢結構之間，進行行動創造與各種例外的嘗試，試圖進一步啟動結構扭轉的機制。要理解宗族的性別配置與秩序，需分析宗族的性別配置與秩序下的男、女成員行動者間的關係結構，以及他們作為行動施為者主體，如何在層層結構中的支配從屬位置，重新調整與改變既有的模式。

　　分析父系繼嗣體制牽動個體作為性別主體與性主體的生命實踐，性別動力循 Connell（2004）分析的「權力、生產、情感與象徵」這四個緊密的關係面向而成形、發展與變化，宗族男女成員依附（are attached to）於這份多層次的支配從屬結構，持續生產不對稱的性別關係，強化性別階級（gender hierarchy）。在此要先指出的是，由上而下統籌這四個關係面向之間的交織政治（intersectional politics），即是在其上位的、更高階的支配與從屬關係結構。也就是說，在體制之內，關係中有關係，結構中有結構，有待層層細緻的揭開與分析。接下來將分別從權力關係、生產關係、情感關係與象徵關係，來分析驅動此一宗族制度的深層的性別文化結構。

一、權力關係

　　宗族的父系繼嗣超家庭結構，將男丁家戶以同宗血親原則納入到同一整體並形成結構的過程，而「結構化」的概念在本書的脈絡為何？一般宗族父系家庭的結構內，除了有結構化的人之外，還有超經驗性場域中的祖先，以及失序於親屬結構的未婚者、不當死亡者等。我們可參考丁仁傑（2013: 156-157）對漢人民間信仰的分析指出「經驗性場域」與「超經驗性場域」兩個場域的「結構化」分析，了解「結構化」所指的是：

> 在明確界線原則下將個體納入到一個結構，也就是以賦予個體某個特定「位格」的方式，將個別個體納入一個關係性的「整體」當中，這個「關係性」背後，根據某種明確界定的原則，可以清楚的規範出個體與個體之間的互動方式與位階。而且，隨著新的成員參與進那個結構裡面，這個「整體」並不會擴大，因為它是一個虛擬的一套固定化的象徵性秩序，因此是相當穩定的。

　　宗族是一個系統性的父系繼嗣體制，運作乃是規範男丁組成父系家庭一代一代的延續傳承，串連直系、旁系與支系所共同組成的男性世系網絡（male lineage network），形構一系列對男性出生、成長、死亡（後）的親屬結構與性別秩序的規範。如同前一章表 2-1 所述，宗族成員僅視男性子孫為具有永久（permanent）資格的成員，除了

少數特殊情況，多數不因生涯的各種階段週期變化而改變權益；有血緣的女性子孫被看成為暫時性（temporary）成員，日後長大將「外嫁」離開原生家庭與宗族系統，進入夫家家庭／家族／宗族秩序；[1] 進入宗族的女性為外姓無血親關係的媳婦，入門後被計為先生丁戶內成員，主要定位為傳宗接代與主掌家務運作，進行各種社會與文化的再生產勞動。

父系宗族的運作自然以男性的傳承為主，在其成員權利、義務與權力，以及祖先祭祀等運作機制都環繞男性為中心，也就是說，根據宗族制度，「女兒」在前述運作機制中沒有相應的角色，自無義務與權力，普遍來說「自然」也就不具被族譜登錄名字的權利，沒有繳交丁錢義務，過世後沒有把牌位登上公廳與進入祖塔的權利。[2] 本研究田野中，幾乎每個受訪者都異口同聲表示：「一般女兒都不會寫到族譜去，收丁錢也沒有算她們，女生不算」[3]，目前已有數個宗族開始

1　在此需細緻區分，女兒因婚姻離開原生家庭所類屬的宗族，非指斷除一切跟原生家庭的種種關係，而是指離開宗族體系認定的範圍，宗族在結構上不再視未婚女性為成員。本章主要著重在男性成員、女性成員跟「本宗」的關係，因而主要從「已婚女兒」與「本宗」關係層面進行討論，部分討論也會從「媳婦」與「夫家宗族」關係進行討論。

2　過世未婚女兒與離婚女兒一般都無法安置於公廳與祖塔，已婚女性則需以夫家安排為主，宗族不接受已婚女兒過世後返回祖塔與公廳。用「家戶主體」與「婚姻主體」作為界定女性成員的界線所衍生的權利相關，將於第四章進行討論。

3　從拿族譜複印開始？女兒不被視為宗族正式成員，除了名字無法被收錄之外，過去幾乎沒有取得族譜正本的可能。LA49（女）在大學任教，父親跟母親都出身桃園新屋宗族，說起她如何取得宗族族譜：「記得有一次上高中，忘記哪一科作業，我突然有一種好奇『我們祖宗是什麼？是誰？』當時還問我爸爸、問我哥哥、問我媽。我說，『欸我們有沒有族譜？』他們就說『有啊！我們有族譜啊。』我說『可不可以借我

採取不同以往的行動，紛紛提及「最近開始把女兒寫進來，會寫她嫁哪裡」（LA11、LA19、LA26）。早期族譜的紙本編撰原即有難度，加上觀念深信女兒不屬本家，要將女兒登錄到族譜中相當不易。近期許多宗長思維改變，「看到族譜中沒有自己的女兒，有點怪怪的」（LA87），「凡事問祖宗」、「擲筊」成了實踐行動前置作業的轉換平台，因而「祖宗通常不會反對」，「祖先現在也不會反對」下，把女兒姓名跟她先生的姓名、居住地登錄進族譜。跟女兒有關的另一個祖先祭祀的權益跟婚姻身分有連動關係，女兒婚前可跟著父親進入公廳、祖塔祖墳祭拜歷代祖先，一旦婚嫁後即被視為夫家人，預備日後將升格為夫家祖先，沒有返回原生宗族祭拜原生祖先的權利。[4] 民間普遍盛行已婚女兒年初一回家過年與回家祭拜祖先，會帶衰家庭的各種說法與習俗（蕭昭君、蘇芊玲 2008）。雖然「帶衰」的普遍說法盛行，但許多宗族開始邀請女兒全家回到家廟公廳清明祭祖（如前章新竹 FN27 氏家廟），至於在新年的團聚部分，許多父系家庭陸續創新方法，由兩邊家族相約共同團聚聚餐，或是輪流方式進行，都在以實際行動改變此一「女兒帶衰論述」。

看？』，他們就說『妳是女生，看那個做什麼？不借』。是後來，最近有重新編重新印之後，給每個男生每人一本。我就跟我哥哥講我想要，我哥就 COPY 了一本給我（笑）……「我是女生，只能拿複印本」。LA49 說她手中的族譜是從影印本開始，希望不久的將來，女兒也可拿正本。

4　「猶如神龕上的公媽牌，在漢人文化中，女子只有已婚為人婦、為人母、死後成為祖媽，才可以在夫家享有祭祀。這是女子享祀的原型，無論是成祖或成神皆然」（林美容 2020: 37）。

宗族男女性成員的資格認定跟他／她成為「家戶主體」有連動關係。「家戶」所指為何？在宗族文化傳承下，與「當家」有關的「家戶」單位向來與「婚姻」相互綑綁，被當成是同一件事情、同一個結構，事實上，這是兩個不同結構的重疊與結合。在此一重疊與結合下，「婚姻」形式的家庭型態成為「家戶」結構的單一方式，「婚姻主體」轉而成為「家戶主體」。在宗族中，可分為積極的與消極的形式：積極的，「家戶主體」取得婚姻身分結合「婚姻主體」，建構有妻有兒女的家庭，成為丁戶的家戶長。消極的，「家戶主體」不一定取得婚姻主體位置與身分，只要生下或擁有男性子嗣，也能成為家戶主體。[5] 不管有無婚姻事實，只要有一個兒子，男性必然晉身為父系繼嗣體制內家戶主體，當上家戶長。男性擁有成為家戶主體的權力配置，讓我們思考女性能否成為家戶主體？要什麼樣的條件，女性才能成為體制內的家戶長？本研究共訪談 38 個不同姓氏，目前已有一個宗族開放讓本宗女兒，與其姓母姓的小孩（不論婚姻狀況）回到本宗成為宗族歷代祖先。身為宗族祭祀管理人的 LA70 說：「現在時代變很快，我們也改啊，像是不管女兒有沒有結婚，只要她生小孩，姓我們的姓，就是姓母姓，她死掉就可以回來入公廳上祖塔，她的小孩姓我們的姓，就可以來祭拜」。LA70 的 FN28 宗族，不僅將從母姓的母親跟子女都接回本宗奉祀，也將未婚女兒、離婚女性接納回宗族，同坐公廳祠堂成為祖先之列。在實踐行動上，一則挑戰了本宗女兒不

5　或在系譜上有承嗣或收養等，也可達到認定成為有後代的家戶長。

能當自己祖先的規範，也打開了祖先神聖場域的性別化邊界。

　　另外一個性別有權力差異的部分是公共事務的面向，特別是表現在宗族團體進行的投資與收益部分，由於女性不具備宗族成員的資格與身分，也就無法參與宗族相關的投資、收租等效益分配。「一般祭祀公業女生不能當派下員，因為她不是丁啊，有聽說有的有要爭取，但一般沒有」（LA45）。宗族團體的控產團體多為祭祀公業、祖嘗會、蒸嘗會等，「臺灣宗族常採用的鬮分制（丁份制）、合約制（股份制），兩者在股份、分配產業與收益計算方式不同」（莊英章、羅烈師 2007）。早期僅男性成員具有擔任派下員資格，近年關於女性爭取當派下員資格，「在文化傳統與法律繼承上有不少衝突案例」（陳昭如 2004；王保鍵 2005）。[6]

　　宗族主在維繫組織運作與男性世系成員之間的資源與關係網絡。簡結來說，體制中性別關係充滿兩層權力關係，第一層權力結構呈現「男性為主、女性排除／附屬」的二元對立關係，對成員來說，男性承載由體制對作為宗族男性的規範結構，女性承載由體制對作為宗族女性的排除結構與個別家戶內的附屬共兩道結構。第二層深層的權力結構則是組織作為有機體，歷經長時期制度性的安排與運作，「祖宗

6　關於女性不得成為祭祀公業派下員所形成的差別待遇的積極行動，民間持續不斷提出疑慮。最著名的 728 釋憲案，是由新北市中和望族呂氏提出，其中一房的呂進榮過世，長女呂碧蓮無法認同家族祭祀公業之女性不得擔任派下員規約，進而申請釋憲。然 2015 年司法院釋字第 728 號解釋，認定祭祀公業規約係設立人跟其子孫是民間私法的結社跟財產處分行為，很難認定有違憲法第七條保障性別平等之意旨，也無法確認女兒的財產權是否受侵害。

靈力」（ancestral magic）的擴張與延續動力具有高度支配張力，「祖先香火如聖火，不能滅斷在自己這代」，此一支配從屬的張力作用於每位成員身上，順服於宗族制度安排甚難啟動調整。也就是說，遵從祖先崇拜與世系延展形構了體制整體權力關係，其深層的文化邏輯是來自「祖宗靈力」的支配從屬結構。

祖宗靈力統攝寬廣，除了支撐靈力靈驗的祭祀活動要熱絡火旺之外，核心任務就是要求大家擴展世系，成為有後代子孫的人，日後也加入祖宗團體。祖宗靈力期待成員要有後代子孫，尤其是男性子嗣，因而，生命最重要的目的在於延續香火，依賴婚姻生育為籌組傳宗接代家庭的重要程序。「有兒子」是「當祖先」的充分條件（sufficient condition），若生不了可收養領養，若收養領養不成，最終，還有過繼、過嗣與兼祧等方式可解決。體制也包含少數例外，男性早夭者自無立嗣必要，另外，對無子嗣者的過嗣與兼祧施壓越來越少（不代表沒有），這兩者也都能升格當祖宗。當然，宗族成員雖作為「結構的承載者」（bearers of structures），但本研究也在田野中，看到組織成員在父系結構化下並非僅作為一名「沈默」的行動者，他們處於性別結構的快速轉變階段（婚姻平權、自主性、家務協商等），同時可能受到其他父權結構對性別主體／性主體的友善日增（多元家庭、組織性別友善環境等），以及個體介於組織結構與行動之間的能動性（agency），在不少議題都在嘗試（小幅度）改變此一支配從屬權力

結構的可能性。[7]

　　宗族的多重支配從屬結構，在現代社會的各種發展下有可能受到抵制（contested），與之抗衡的力量是如何運作？抵抗的條件有哪些？強抵制是離開系統。形式上的強抵制，除了衝突等自主強離開之外，更常見受到社會結構變遷以及因就業等因素的弱離開的挑戰。現代社會結構改變，賦予個體經濟自主、就業、生活支持系統與信仰等各種發展機會多元，個體往往可不需依靠宗族群體與其網絡也能過上一輩子，因而離開系統有著各式各樣的誘導因子。熱衷於宗族與社區事務的 LA78 說：

> 我們現在開始問到就有人就不想要回來了（指骨灰罐跟牌位）。對啊，比如說他在美國念書或工作定居了，他可能就不會送回來了。我們在澳門也有一支，這支全部都有回來，就是回來放祖塔，也有放回來。但是就是澳門這一支的大哥沒回來啦，這一支大哥他們信基督教，他們全家就不回來。

　　牌位與骨灰甕沒有進入宗族公廳與祖塔安置，這部分是可跟族譜編撰分開處理的，LA78 接著說：「葬在外面的就只有宗教的，就是我講的澳門大哥他們，就他們那一支啦！因為信教就是一整個家庭。

7　許多新的性別配置與模式，可在個別家庭內獲得承認與肯認，但對宗族來說，因涉及到組織與制度面，需更長時間來重新安排。

對對！所以他們就沒有再放回來。辛字輩下來就沒進來了，他上面有進來。但是族譜還是會繼續編他們的名字進來，是只有牌位那些沒進來」。一旁同年齡的 LA 79（按宗親輩份是叔叔）還是有信心的說：「我們都在這裡，公廳啦祖塔啦，他們要回來還是可以回來」。

在「回來」與「不回來」之間，有太多可能讓行動者在這兩端游移，特別是像金門的宗族，面臨的是成員移居臺灣定居後，後續的第二代跟第三代逐漸遠離宗族文化，也很難承接宗族事務。LA06 提到金門雖盛行宗族文化，但更常受到族親遷移定居臺灣「不回來報」的衝擊，他感嘆即使他們家的宗族已經是知名的大宗族，但還是有發展危機，他說：

> 啊，祭祖是照輪的。就是輪到每一個男丁，……有結婚的都要去報。報了以後才列入那個輪流的一個順序。啊現在很多，都不願意報了。假如有新的結婚進來，啊老的就退休啦。因為很多都跑到臺灣去了，不回來報越來越明顯，最近……最近的時間吧！因為有些在臺灣已經落籍第二三代了。……這些也很少回來。他也不曉得家裡面有這種事。啊都是老的在替他們子女在做啦。……老的假如凋零了，那年輕的也就沒辦法。所以這個會慢慢凋零啦。隨著人口老化，然後老了慢慢凋謝以後，其實這個後續要祭拜的，要交流的這個祭拜，會面臨斷層。

弱抵制是自有天空。宗族是龐大的父系血緣超家庭結合體，成

員各自有自己家庭單元，單身、單親、離婚、核心家庭、三代同堂、多元家庭等不同型態的家庭，都不會影響男性在宗族世系中的位置，兩者並不衝突。成員平時依舊可在宗族規範下弱參與宗族活動，如祭祖、交丁錢等維繫宗族運作，但實質生活面向維持不多互動的平行線，如日後過世後的自主安排等。此外，成員有越來越多的自主行動，「男性拉扯、女性爭取」，開展越來越多的例外狀態。

並非每位宗族男性都高度投入或對宗族事務有興趣，像清明等特定時刻與文化情境，雖然有親屬力量持續牽引與拉扯著，但行動者也會找到自主空間。幾位受訪者不是那麼熱衷宗族祭拜事務，各種安排都有：「跟宗族我比較淺，不愛這些東西，但還是會『拉扯』，像是清明祭祖的時候，祖塔啦，姓氏啦，爸媽跟祖先都在祖塔裡，這會一直拉著我……」、「……擠在一起清明回去祖塔太多人，塞車又花時間，有時候我排連假出國去」、「提早自己去拜就可以」、「其實都是形式，家裡有人去就好了……」。從思考「男性能當什麼樣的權力主體？只有傳宗接代一種嗎？」「女性能否成為權力主體？」這些都是在跟受訪者訪談時，他們也不時浮現的提問方向。總結來說，宗族雖依傳統的「性別二分」、「男主女附」等性別權力配置與秩序邏輯運行，但從多種宗族事務處理來看，已逐漸回應男性、女性與多元性別如何作為宗族運作的權力主體，與給予相應的權力、權利義務。

二、生產關係

　　宗族在性別面向的生產關係，主要為香火延續的本質化生育關係、維繫世系傳承的再生產，以及同宗網絡與資源積累的交換關係，這些都影響宗族內的性別實踐與性別互動。宗族的生產有賴於生理性別的自然化，性別的自然法則轉化為制度運作法則，維繫世系繁衍為前提的關係結構。知識領域區分社會性別（gender）與生理性別（sex）的差異，一般普遍依舊認定生殖器官為性別區分的核心指標的想法仍未全然的改變，除了特定祭儀或表演所需，否則人的性別不會改變，且也需在性別二分下擇一從之（Kessler and Mckenna 1978: 113-114）。此一從生理差異進行的性別二分，在目前婚權法案正式給予同志法律權益之外，同時肯認多元性別的主體存在。多元性別的存在與同婚議題也逐漸在宗族內被討論。

　　宗族的性別來自於將男女性別二分的生理差異固定化與功能化，鞏固性別既有刻板印象的再現與再製，包括性別氣質、興趣的、身體的、權力的、家庭的、互動等，維繫內部對性別權力制度差異的持續運作，主要用意在世系的延續，讓祖先香火永續傳遞到未來。男性成員承接世系的持續擴展與生產，換言之，「不能絕嗣」成為祖先交辦宗親男性的生命任務。「不能絕嗣」的方法很多，親力親為自己生兒子，除能保持「血統純正」的想像，達標之際不需協商支援。受到生子觀念支配的保守者常有不同的解決方法，「一定要生男的，小三生的也沒關係」（LA01）。根據伊慶春（2014）調查，「至少要生一

個兒子」觀念是最典型成立家庭的權威性孝道觀，雖家庭場域的性別友善環境日增，但仍可覺察對生男生女的隱晦期待。同宗親屬都住在附近的 LA66 跟太太、兒子、媳婦與孫子三代同堂，對於自己已有兒子與男孫血脈相承，用著很放心的口氣說：「我們都不會講啊，她自己嫁進來會知道，那她就要生啊，男生女生一樣好。……對啊，我這邊沒問題，有孫子……」。

　　血統存續是一種「文化價值」，「若中斷常會被民間視為悲劇，應竭力避免」（高永平 2006）。文化日久成為結構，宗族成員的行動鑲嵌於此文化脈絡與意義結構上，若無法自生兒子，領養、收養，甚至由女兒招贅約定「從母姓」，都是早期民間繼承家系發展「不能絕嗣」常見的方法。LA23（女）的爺爺即是被奶奶家族招贅，奶奶共生了 10 男 1 女，其中僅一男繼承爺爺姓氏，就是 LA23 的父親，其餘 9 男 1 女都跟著奶奶姓。LA23 提及因為姓氏不同，日後來往的關係網絡與祭祖等家庭活動，自此區隔開來，「到我這代後來都跟我爸爸這邊的親戚比較親，拜拜也是拜這邊」（LA23）。然而有些宗族嚴格敘明女兒招贅生孫依舊無法入族譜（例如 LA26 的 FN01 宗族），讓出嗣承嗣男丁更顯普遍。女兒招贅既已生下子嗣，完成繼承姓氏，但為何依舊不能載入宗族世系？不承認女兒招贅生下的男性子嗣，深層的性別意涵在於否認女兒具有擔任「家戶主體」的可能，同時堅守本宗血統純正的想像。子嗣中的父系血統唯一正統，需出自本家男人，不能是外姓男人的血統。在宗族視角，每位男性等同一支延續祖先的「血脈」。

父系繼嗣體制的制度安排與設計，隱含著對無法自然生育的許多救濟手段，進而發展出過繼、兼祧等不同方法來接住無子嗣的男性成員。翻閱各宗族譜常可看到早期族親內的收養、出嗣、承嗣頻繁，近期已少有因考量繼承房系採實質法律收養兒子的情況，「生兒子」與「領養兒子」的規範效力日益變小，多數較常採形式上的、族譜上的、象徵意義上的「有後」，例如「孫子給弟弟頂房，不是領養，就頂個房這樣」（LA87）、「找親近同宗兼祧，一般是兄弟姊妹的兒子[8]，幫忙拿幡跟死後祭拜」（LA09）。無論是哪種形式的「有後」「有兒子」，都跟「祖宗香火」不能滅絕有關，「宗族做男人」的生命循環，在於生下子嗣，養育待其成年結婚生子後，日後人生除役晉身當祖宗。組織則提供各種交換關係，包括關係網絡、節點（nodes）位置、資本積累等。

宗族文化持續生產祖宗，生產關係是祖宗靈力的複雜文化結構中的社會關係，包括男丁家戶長制供應子嗣的生產與再生產、宗族網絡在生產過程中的地位和各種網絡與資源的交換關係，以及活化祖宗靈力的各種文化活動。環繞以世系延續為核心的各種生產關係，支配男性也同時壓迫女性的生育關係是第一層生產關係。「生下兒子」成為家戶內與家戶間關係的核心，男性被要求生子展現男性雄風，女性

8　此處口誤為受訪者快速表達所致。一般兼祧主要由兄弟的兒子或同宗其他男性子孫擔任。兼祧若由姊妹的子女擔任，需先通過收養方能成為嗣子。民間偶有在男方無其他兄弟情況下，由外姓姊妹的兒子協助執幡，但不協助死後祭拜。

被化約為生育工具，侷限雙方發展「互為主體」（intersubjectivity）親密關係的可能。而為生產宗族祖宗靈力所同時創構的同宗男性網絡與資源積累的交換，為第二層生產關係，這常在第一層世系延展生產的過程中被遮掩起來。[9] 這些關係網絡與資源跟在地各種領域關係密切，多由宗親男性「自然」繼承，女性若要獲得相關資源，需經由特定的性別橋接行動進行轉換。「生育的」與「交換的」的生產任務在生產過程中形成各種社會關係，包括內部成員之間，也包括跟外部的各種組織團體之間的各種關係，這些對宗族男性、宗族女性的作用都不一樣。

祖宗靈力衍生相當多的文化活動，重要時節的祭拜儀典、掃墓、吃頭與聚餐、尋根溯源交流等，表達慎終追遠之情也活絡宗親情誼。相較於其他社團活動，宗族活動並未顯得特別頻繁，但宗族許多文化屬性成為「可辨識」（recognizable）男性身分的標誌，彼此之間也形成龐大的「可指認」（identifiable）親屬網絡。在某些地域，通過姓氏與昭穆倫序辨識彼此的親疏輩份，「論輩不論歲」往往就能初步確認彼此社會關係網絡的位置／地位（social status）。昭穆能讓男性被輕易辨識指認親屬網絡，也讓男性在宗族的輩份位階輕易暴露，但是女生通常不需要排昭穆，「女生不用排昭穆，一般沒有女生在排輩份」、「要排也是可以，但沒有女生在排」（LA05）。昭穆是專屬宗族男性所特有的特定名字文化。宗族原定傳男不傳女，以昭穆命名

9　對部分控產的團體來說，各種經濟交換活動也都被隱藏在這兩層生產關係底下。

與辨識，不論早期是「不能排」、「禁止排」或「不用排」，原本就沒女生可以著力的空間。現在在成員多自主為兒女命名，越來越少採用昭穆命名，「女生排昭穆」也更沒有討論的迫切。

此外，宗族的親屬網絡生產，也是成員社會資本（social capital）積累的管道。在特定的地區，早期宗親關係網絡與資源成了提供各種生活的互助支援系統，婚喪喜慶、信仰節慶、農忙勞動等，在農會擔任要職的 LA45 表示：

> 宗親來幫忙，抬棺都要自己出人，除非自己姓不夠人才去讓外姓來，幫忙收禮什麼都是宗親，是以前早期，現在比較沒有，早期宗親來幫忙，最後還從奠儀中抽一點給宗親當費用。對啊，現在像關西他們都還有這樣……（LA45）。
>
> 也有在減少，要同宗的來抬，別姓的還不能去扛，就看你做人如何，像金門以前有個警察很有名，伊『烏鐵』啊，就是……（LA19）。

受訪時 29 歲的 LA107 高中時，因宗族不同房的伯公過世，代替父親而有抬棺的經驗，他說：

> 好像是不同房，但他可能地位蠻高的，可能是大房的，我要叫他伯公了。他們那種誰去抬都是點名的，我們這邊他們說點名，就是可能今天誰家過世，他說可能抬棺木要多少人 6 個人，他就點

誰誰誰，你被點到你真的不能不去呢！那時候他是點我爸，我爸被點到，就說叫我去，他說這樣子沒關係，就說讓我去至少認識宗親，但是我真的都不認識。

近期宗親關係網絡逐漸退出個人私領域，但許多在地公共事務依舊由宗親網絡來體現，男性也「自然繼承」與獲取了宗族在地方文化權力網絡與資源。李英明（2005: 25）主張「人或個體是鑲嵌在具體的網絡中，並且通過其在的網絡位置來表現行為或行動」，而非直接鑲嵌在制度、規範與結構中。制度、規範和結構通過網絡來制約、影響人或個體，網絡是制度、規範和結構與人或個體進行制約與理性選擇的競合的場域。宗族與宗親組織關係綿密，結合為某些特定的社會連帶（ties），不少宗族男性擔任宗親團體的重要幹部，進入各種內聚社會資本取得網絡資源，早期女性被拒絕於外，難以直接鑲嵌在此一宗親網絡結構，現已有不少女性經由進行各種橋接行動（bridging action），進行資本的轉換，得以親近宗族資源與結構。

女性不入族譜、名字不依昭穆倫序、嫁娶後逐漸跟原生宗族活動疏離等前述種種宗族男女有別的情況，長期下來終將與原生宗族關係斷裂，無跡可循，也沒有紀錄。檢視早期不同宗族的族譜，能理解宗族男性的起源、親屬關係、世系表等，卻對族譜內的女祖宗們一無所知，「夫人媽」「孺人」附屬在男丁家戶內，沒有紀錄名字，也不知她們從何而來，在公廳祠堂上的位置也附屬於主祀男祖宗神旁。女性跟宗族的關係是通過「男性配偶」所建立起來的姻親關係，也是隱性

化女性主體的長期過程。總結來說，宗族性別體制的生產關係，不論是從生育的生產關係或交換的生產關係來看，男性成員作為承襲的與繼承的主體，女性被本宗排除，設定進入其他宗族，兩者都是宗族結構下的被「限定的」行動者，在今日的「生產關係」正在轉變，從生育的生產到資源網絡的生產，「不一定要生男」、「女性也可當宗親會會長」是宗族成員逐漸從實踐行動來轉換既定的性別秩序。

三、情感關係

宗族在性別面向的情感關係，呈現出「父子同一」、「同宗兄弟情誼」為主，易產生疏離／拒斥其他情感關係的走向。宗族組織屬性為血緣／親緣／地緣，宗親會也具「擬親」、「擬血緣」與「地緣」性質，強調血緣、親緣與地緣在社會關係與社會互動佔據的核心結構位置所提供的關係強度的屬性與狀態。因而，在父系繼嗣關係中，男性的親密情感並不單只是情同手足，也包括清楚標示出彼此的血緣親親性（lineage nepotism），與血親男性的親密情感凝聚。宗族家庭內的父子軸「優勢關係」，影響其他「非優勢關係」的內涵（Hsu 2002a: 269），使得其他的情感關係相對不受重視，簡言之，父系繼嗣體制內的情感關係，是由父子關係與男男間的兄弟情誼（brotherhood）為主軸。

不少宗族的聚居地域的親親性跟龐大的親屬網絡，增加日常往來的機會，龐大的姻親網絡常是家族生活中的關係一環。「苗栗象山村

很多都姓 FN23，都是親戚」，「有時候學校的同學就會說，哦，他們都是一家族的」（LA108）。另一位家住觀音的 LA107（姓 FN25）解釋他們家的經常性往來的親屬網絡包含六等堂親說：

> 對，都住附近，我家對門、隔壁鄰居都是親戚，我國小同班同學是我堂侄子，但他都不會叫我叔叔。……我叔公孫子（同輩的 6 等堂親），我叫他弟弟他叫我哥哥，跟我同輩，他現在國小二年級，跟我姐小孩差不多年紀，我姐小孩要叫他舅舅，他們都一起玩。……還有跟我大姑結婚的姑丈，其實是我的舅公。……所以我姑婆（80 多歲）叫我的姑丈（60 歲出頭）為舅舅。

宗親血親跟姻親的世系源長龐大，「姻親又再姻親」交叉的親屬網絡在宗親文化盛行區很常見。另一位受訪者 LA105 也提到因為她父親相當在意整個大家族的往來互動，所以他們家經常有旁系四等親屬間的探望，「我爺爺很早就過世，但我爸爸一直會帶我們去探望姑婆跟姑丈，後來姑婆過世了，也都一直有去看姑丈公，姑丈公有個妹妹沒有結婚，我們也都會去探望，每個月都去……」[10]。

宗族網絡提供男性成員的家庭循此一男性親屬關係網絡開展，

---

10 LA105 的三等親親屬網絡也是家庭關係網絡跟生活的一部分，她說：「我伯母回娘家（在桃園）時，會帶我去，就是帶著全部兒子輩女兒輩的小孩這樣，……我嬸嬸要回娘家（在新北市十分寮），也會帶我去。我們還跟我二姑姑高雄夫家的那邊的親戚很熟，會包遊覽車下去找他們玩」。

男性親屬間的情誼與親密情感是由祖先崇敬的號召下凝聚而成。Hsu（2001: 7）在雲南喜洲鎮研究重視祖先崇拜與重視宗族祠堂的地區，「父子同一」與「大家庭的理想」互為支柱，這兩個是宗族文化偏好的親屬體系運行的方式，由男性親屬網絡形構為一個緊密的共同生活體。而這種藉由共同團聚凝聚與積累的情感，不論是在活著的人，或跟過世的祖先團聚，都是宗族人喜愛的情感互動模式。LA60 講解早期社會尚未大幅接受火化前，逝者都需經「二次葬」撿骨後，才能安置入祖塔，回到宗族祖塔與最資深的祖宗們團聚與安息。在 LA60 的世代，從「一次葬」的掃墓到「二次葬」的祖塔祭拜，儼然就是宗族內的最重要、最熱鬧的聚會日，他說：

> 二次葬是一個非常重要的環節，二次葬弄起來然後再進到祖塔。那這個祖墳發揮什麼效應？我們客家人掃墓的時候，還在一次葬階段時你需要去掃你們先人的墳墓，其它的都是到祖塔來。這個掃墓的過程就會變成你有一個機會去聚會。掃墓時間，為了子孫方便就把它定在每年農曆二月的第一個禮拜天。對，所以這個二次葬就變成說所有的相關的子孫至少會派代表來，即便沒有全部來，也都會派代表來，就變成有一個就是聚集的機會。

如同父執輩、親兄弟般的同宗男性情誼，在年度祭拜祖先的神聖場域，儀式崇敬的氛圍、紙錢焚燒的氣味，最後鳴炮恭送后土神與祖先，引發「感覺很神奇，旁邊的幾百個人都不認識，但跟我都有

血緣關係，有時看著他們那種感覺很奇妙……就是很神奇的感覺」（LA87）。在宗族祖先祭拜的文化下，成員「認為自己的祖先跟他有特別關係，與他人的存在不同」（Hsu 2002a: 59）。年齡相近的同宗同輩情誼，世代相近之際也可能都是成長階段的玩伴，LA87 分享他阿公這支下來同輩的堂哥堂弟這代正好有 13 個男的，他們之間再次結拜再次排自己的輩份，以「老大、老二、老三……老么」相稱「就像堂哥的父親也都被我們看成是共同的父親一般」，「不要看我們現在只有一年回來祭祖 2 次，我們這支 13 個男的從小一起玩到大啊」。「華人家庭是由父親和兒子的關係定調的」，兒子與父親以及跟同性長輩們，很早就會對現實生活建立一種「禮尚往來的」的方式，「在感覺、商品（貨物）和服務之間保持親密的且持續性的接觸，而非僅有單方向的關係」（Hsu 2002a: 69-70）。男性宗親間的親密形成同宗情誼，也有祭祀空間與祭祀文化性別化的加成作用。幾乎宗族祭祖的正式儀式全由男性宗親主持，包括主祭、陪祭、禮生等角色都是宗長們擔任，現場穿梭著女性大多只有媳婦跟未婚女兒兩種身分，擔任協助者角色。部分宗族的家庭成員至今嚴守女性不得參與祭祖相關，LA49 八十多歲的母親出身新屋知名宗族，自己嚴守「出嫁」女兒不再回門祭祖（除雙親喪期），也要求女兒跟媳婦不得靠近公廳祖塔的規範，「女兒都不准去」、「連媳婦都不准去」、「只有兒子跟孫子可以去」。[11]

11　女性跟宗族的關係詳見第四章深入討論。

除了血緣與祭祀場域引發的共感共應，可凝聚宗族情感與同宗兄弟情誼之外，祭祀後的「吃頭」也是同宗「男性限定」的共食共餐場域。金門的吃頭文化主在慶祝兒子結婚的「新婚頭」、生兒子「新丁頭」，以及慶祝兒子成婚自己升格成為老大的「老大頭」，是男人轉老大「通過儀式」（rite of passage）（Van Gennep 1981 [1909]）系列慶祝活動。LA05 解釋「我們是下午兩點祭。祭祖完，晚上吃頭」，「阮一年吃頭就吃兩次嘛。就清明嘛，卡大姓攏吃兩次，卡小姓可能一年只吃一次」，「一般……女生袂來」是普遍的現象，吃頭不僅是男人慶祝文化，也是男性間的聚餐活動。吃頭結合祭祖後的聚餐，近期金門有多位參與公共事務領域的女性，未婚的她們以「本姓家人」開始向族親提出參加吃頭的訴求，都獲得宗族正面回應。資深宗長 LA19 說：

> 最近有改啦，像李氏有開放女生吃頭。OOO 議員啦，她講說我沒結婚，就是本姓的啊，所以我欲來吃頭，ē-sái iáh bē-sái（會使抑袂使）？不管怎麼樣，我們是有血緣關係的才會吃，才會吃頭。你要同一個祖才可以（LA19）。
>
> 時代在變，說子女子女，都是子女啊，不讓女生來吃頭，說不過去（LA09）。

LA14 身為宗族女兒，她說，「男性轉老大」的吃頭文化，是金門相當重要與特別的傳統閩南文化資產，其實在其他宗族開放讓女生

參加吃頭之前，她自己就在「父親的順帶（by the way）」去參加吃頭，認識宗親裡的長輩。處在父系文化結構與脈絡，宗族成員每個跟傳統不一致的行動，都會受到周圍的關切與檢視，許多宗族的父親運用公領域的身分帶著女兒進入傳統拒斥女性的場合，在「承受那麼一點點壓力」下，撐開女性在男性空間行動的正當性。

宗族情感關係在男性同宗兄弟情誼的形塑，有昭穆排序、生命歸屬與認同、祭祖儀典、吃頭團聚、龐大親屬網絡、同宗榮耀等多種主軸關係的增強，但在遵守延續香火的生子導向下，另一個情感關係的面向則是順應以異性戀／慾關係模組為主，疏離其他的關係與情慾的可能。強調血緣繼承式的宗族內男性成員，多數彼此都有親屬與血緣關係（除了少數領養），在具支配地位的異性情慾與禁止同性情慾、亂倫禁忌下，男性肉體是不可欲／慾的性主體。父系繼嗣體制的性慾取向與家庭組成構面，是由異性戀家庭常規與父系繼嗣兩條性別階序軸線相互交織作用。Stevi Jackson（1999）分析一般父權家庭的運作，主要「結合異性戀規範，使其取得規範性地位」，進而「形成異性戀常規性（heteronormativity）」。異性戀的常規性日漸普遍，對其他性實踐者與不同性慾特質者相對排斥與邊緣化。宗族多數的年長世代成長於一個同性情慾被壓抑與看不見的時期，對他們的來說，認識「同志群體」幾乎不在日常生活的經驗脈絡中。親屬體系中一旦有同志親友現身出櫃，將挑動性主體可慾性的敏感禁忌，「家族裡知道姐姐的性別氣質不太一樣，但沒有人去問她，她也沒有提過……」一位受訪者說。

　　宗族「同宗兄弟情誼」比「同性社交」（homosocial）有著更多真實的血親關係，親屬結構排除「同性情慾」（homosexual）發展的可能性。Eve Kosofsky Sedgwick（1985）指出同性性交跟同性情慾應該被視為難以劃清界線的連續體，同性社交同時也存在著同性情慾的可能，是一種「男同性情誼之慾望」（male homosocial desire）狀態。男性的成年進入「轉大人」階段，意味著同時成為性的主體，尋求其他「性的客體」。主體成員間一旦混入同性情慾的念頭，性的客體化便會導致「階級混亂」，因此性的主體間必須嚴禁、壓抑和排除將另一方性客體化的念頭（上野千鶴子 2015: 32-33），形成對同性情慾的厭惡與排斥。性別多元與友善程度日增，同性社交漸漸打開同性情慾的可能性，然而對宗族同宗男性來說，同宗兄弟情誼有助於確立與鞏固性主體與性別主體的位置，在亂倫的禁忌下，同性社交與同性情慾是往外投射的。

　　多數年長男性受訪者對「同性情慾」是陌生的、難以言說的、無法想像與理解的，長久以來他們「身」受被當成僅能作為性主體的規訓與期待，對親密關係、家庭組成、家庭分工等的關係理解，多依傳統的男女二元對立與性別分工範式影響，對「同性情慾」的看法，不僅難以啟齒，同時也呈現想像的貧乏與理解管道的不足。父系家庭內的性主體只能有一位，若有第二位就一定是作為傳人的下一代，而不是另位一位性主體。出身在地知名宗族，曾任宗親會理事長、民代的LA97 說：「男生娶進來，家裡兩個男的，……這很奇怪，這樣會亂掉，家庭會亂掉」。傳宗接代觀念同時隱含著對各種非異性情慾、非

異性戀婚姻、非異性戀家庭的可能排擠，特別跟異性戀常規性比較起來，同性性關係也如 Gayle Rubin（1984）所指出的，常被視為是「污名的性實踐」。

根據美國的研究發現，大約有三成的女同性戀家庭有小孩，3%至 5%的男同性戀家庭有小孩（Cherlin 2010），而無論在孩子的學業、情緒與社交等各方面表現，異性戀家庭的小孩跟同志家庭的小孩的身心健康與能力表現都一樣優秀（Knight et al. 2017）。但這些數據的顯示，短期內都還難以改變普遍的看法與態度，不少人認為異性戀的戀愛、婚姻與生育才是最好的選擇。其中反對最深的即是傳宗接代與血親的斷裂，「兩個男的兩個女的，要怎麼生小孩？夫妻自然就要生孩子」、「領養的不一樣」（LA87）。連帶的，也較無法接受將生殖科技應用在同志群體，「不論是合法或不合法的同志生殖科技或代理孕母，都被視為不自然」（何思瑩 2014）。認定自然生育為佳，無法生育與絕嗣會使世系沒落，對同性性慾與同志家庭的抗拒至少有兩方面考量：無法生育、血緣想像。曾任里長，也是宗親會副會長的 LA91，平時活躍在先生的宗族內，她說「對啊，同婚也可收養頂房這些，但血緣就不對了，血緣就不是我們這支」。父系繼嗣文化對不同的生養子女方法有著階序態度：最好是親生的，如果無法親生，至少要有血緣關係，最後不得不的選項才是無血緣的收養，才能使得成員間的血緣連帶關係繼續維繫。

對同婚的態度也很幽微的、難以啟齒的跟「財產繼承」有關。宗族傳男不傳女的規則，尤其在財產繼承、擔任祭祀公業派下員資格部

分，這連帶影響對同婚的抗拒。許多拜有祖先牌位的民間家庭對財產的傳承，受到男性是家庭香火傳承者的觀念影響，將房產土地視為傳家的信物分配給兒子，女兒經常是被分配現金。[12]「兒子領房產，女兒領現金」一直是民間常見的贈與與遺產的安排。一位受訪者這樣表示：

> 想想，兒子如果死了，那我兒子財產就變成另外一個男人的，如果他們有收養小孩，財產會變成兩個沒有血緣的人拿走了。……以前（兒子死掉）媳婦不會跑掉，媳婦要改嫁她老公那份就拿不到，現在這個男的如果再婚，家裡財產就變成別宗的……。

　　除了前述的男男婚所可能的演變情況，女女婚也不一定受到歡迎，如果是兩位女生結婚，小孩無疑就「姓母姓」，倘若兩人生兒子又具有血緣關係的話，就可能影響到兄弟的房產繼承優勢，「連帶的，整個家族財產權益可能將受到影響」（LA26）。成員之於父系繼嗣體系，既是目的也是持續積累與看守父系財產繼承者，家族／宗族的社會界線，不只是文化規範的界線，同時也有物質性基礎的邊界需要維護。[13]

12　事實上，財產傳承分配的性別權力不均是常見但很難啟齒的部分，本研究中也收集到幾位女性（兩個案例都無男性兄弟）因受「兒子領房產，女兒領現金」觀念影響，在繼承父親遺產時受到伯叔家庭認為房系財產需由家族中男性成員繼承的特殊互動。

13　關於財產繼承、自己、兒子跟家系之間的關係討論，另可見楊懋春（2001）與高永平

總結來說，宗族文化中，異性戀男性和其他類別的男性相比，明顯具有雙重優勢—他們既在性別階層中，也在性階層中佔據支配者的地位。宗族相關制度旨在確立男性為核心的運作機制，在獨尊男性世系延續下，重視培力同宗男性兄弟情誼，推崇男女有別、男尊女卑的性別分工與傳統婚家模式。宗族首要任務的傳宗接代與不能絕嗣，形塑宗族裡做男人的規範，對同性情慾呈現疏離與排斥。而在同性社交（homosociality）與同性情慾（homoeroticism）這兩條曖昧交織的閾限空間（liminal space），鑑於宗族血親與亂倫禁忌，這兩條軸線在宗族內，反而是反方向的作用著，一端提供比同性社交更為親密的血溶於水的親屬關係，另一端卻又禁止碰觸同性情慾的想像與擴張，兩端拉扯成為抗拒同志愛／慾／婚極大的張力。在此，男性親密情感的凝聚，既是「同宗的」也是「禁慾的」。

四、象徵關係

宗族體制的核心價值強調男性傳承，因而，宗族男性的象徵，與其說是重視現世的陽剛或勇猛氣概，不如說是「通過生命轉化為永世祖宗，象徵男性靈魂永生不滅」的一系列經由維繫世系男性資源與生產祖先神明的文化。女性在宗族文化符號中，擔任輔佐的、噤聲的、消音的性別符碼。象徵關係是社會與文化關係內部具有隱喻的關係結

（2006）。

構。宗族文化是父系繼嗣體制的象徵實踐，也就是，性別是宗族的重要邊界。各種結構雖具有客觀結構與要件，都是通過政治、經濟社會與文化面向的相互建構逐漸構成的（constructed），Bourdieu（2003: 79）指出這些都不是「被動紀錄的」，「這一構成原則是有結構的和促成結構化的行動傾向系統（système des dispositions），即是習性（habitus）」，這個系統在各種實踐行動中被建構而成，因而相當傾向實踐功能。因而，宗族性別關係的象徵關係至少可分為兩層面來討論，行動者成員的（指向性別屬性的界線）、祖先文化的（指向親屬結構與文化結構的實踐施為的），兩者全都指向掩藏支配與從屬權力的象徵意義。

就行動者來說，宗族體制目前僅承認男性為制度下的行動主體，藉由其所組成的家戶單位進行實質生產與象徵生產。宗族男性的「現在」擔任時空節點串連「過去」的祖宗與「未來」的子嗣，構成「父子軸」（father-sun axis）與「祖先生產」共同交互的歷史縱深。一切維護行動者主體的生產行動，都被其安排為重要的運作制度，宗族性別屬性（gender attribution）規則，採男女界線清晰的二元與對立軸線發展，讓異性結合的家庭轉為體制的生產與再生產（reproduction）結構。在此前提下，非典型性別屬性的行動者都難以現身於宗族文化內，不論是改變的（changed）、跨越的（crossing）、超越（moving）的或穿透的（through），都不在理解與經驗的範疇。性別作為宗族邊界（boundary），性別差異既作為內部規範「本質化」之用，也同是跟其他宗族的外部差異的區辯。

　　但這邊要指出的是，事實上，雖宗族文化採用性別屬性、性別界線作為宗族性別範式與模組，男性需透過延續香火完成祖先生產系列行動，但同時也為延續香火生產廣開收養與承嗣等多種彌補行動，顯示並未真正關上成為祖宗唯一途徑的門。在此，並非要忽略宗族認定凡男性即是祖先繼承者的結構，而是要強調生下子嗣所具有的行動能量，將可能提供非繼承者的女性成為祖宗的途徑，這也是新近宗族正在推動的女兒返回祖塔實踐行動的趨向。因而，這邊導出的延伸性問題是，若宗族唯一核心關鍵主在子嗣誕生與世系延續，而非性別模式與體制的運作的話，那由宗族女性（女兒）加入祖先生產行列，就是有可能的。也就是說，由同性婚姻帶出來關於宗族的象徵權力挑戰是：一旦宗族女性加入繼承香火的行動，由子嗣姓母姓繼承宗族血脈與香火的話，女兒就可能升格成為宗族祖先，強調女性無法繼承的邊界，可能在此一發展途徑模糊化。

　　宗族性別關係的第二層象徵關係，要從祖先文化的生產來討論，也就是指向親屬結構與文化結構的實踐施為。文化客觀結構的再製需行動持續構成，「社會要成為意義世界，需在社會世界中經由意義設定、行動與行動者」三者所共同構成（Schutz 2012），經由文化構成現象，因而文化的意義詮釋，是要透過回溯其意義構成才能理解，也才能被行動者認知與承接。祖先、公廳祠堂、族譜為宗族重要的文化象徵，由行動者子嗣以及在公廳祠堂的特定空間，經由系列性的、長時期的對歷代祖先的祭祀行動，構築成祖先崇敬的文化，成為「人神共振的神聖靈力場域」。LA63 的 FN28 宗族是桃園在地知名宗族，

他對於開基祖能渡海來臺，在惡劣的環境中能存活下來深感佩服：「祖先他一個人過來，一個人可以到現在這麼多人」，另一位 LA50 的宗族 FN15 也是新竹在地知名宗族，他曾在鄉公所服務，長期投入宗族事務，認為公廳祖堂具有的召喚力是穿透地域空間與時間的，他說：

> 我們這支是 OO 公，在這邊已經住了一、兩百年，一年要拜九次祖先。……不，不用聯繫，時間都固定，他們自動會回來，帶著小孩全家一起回來拜。
>
> ……宜蘭、桃園，全臺灣都有我們宗親。昨天還有一個花蓮專程來上香。苗栗以前大湖鄉長 OOO，是我大伯父的孫子啊。呵呵呵！他們也是從這裡搬出，也是這一個派下。我寫過一篇文章說「祖堂就是凝聚力」，不用通知，他們時間到了自動就回來。

渡海移墾、胼手胝足、祖宗靈力等，「成為一再傳頌的性別化祖先敘事」（簡美玲 2015）與宗族記憶汲取的素材，逐漸演變為宗族的集體意象。祖先敘事並非死板或僵化的，許多祖先敘事中未明的事項，成了今日祖先崇拜的驅動力。[14] LA78 與 LA79 的宗族，當初乃由

---

14 根據鄭婕宇（2017: 7）分析楊梅鄭大模宗族發展，提及 1999 年鄭氏宗親曾回廣東陸豐尋親，了解鄭大模乃屬鄭家寨（今改名為：陸豐縣鄭厝樓東社）第二房，根據族譜記載，1736 年鄭大模帶著兩位年幼弟弟泰榮與泰耀，辭別鄭家寨親友渡海來臺。然而臺灣鄭氏族譜卻找不到兩位弟弟的任何紀錄，族譜中都是以「大模公隻身來臺」形容開臺祖。再者，也有宗親曾看到有些文獻撰述關於楊梅「鄭太模」開墾楊梅的歷史，故，究竟是開臺祖是「鄭大模」抑或是「鄭太模」，何者為對？況且「太」

叔姪五人一起抵臺打拼，其中只有三人成為祖先，他說：「另外兩房就不知道下落，不曉得在哪裡，找不到。我們就一直有在找，看桃園宗親會，找外縣市的，只要有族譜的就拿來對，我們就想辦法要找這兩支的人，一直都沒有找到」。另外，住在大溪的 LA90 家的開臺史蹟也是由兩兄弟一起在宜蘭登陸，「我們是哥哥這支。弟弟那支不見了，到現在還沒找到」，最神奇祖宗庇蔭事蹟，是他們的祖先說是在原鄉參照了風水堪輿，從廣東「帶了五個祖先骨骸來臺灣作墳墓，說有看地理風水，就分開埋了五個地方，像慈湖那邊、高原那邊都有，是我們家風水」，分五個位置分埋祖先骨骸，也就圈出了 LA90 家族最初在大溪的移墾區塊，讓親屬成員得以發展。

　　不只宗族組織崇敬祖先，擬親的宗親會也有著祭拜同姓祖先的「祖先崇拜」。尋找祖先，也是同姓不同宗宗親會組織的許多祭祖尋根活動的驅動力，LA44 自身並未有來自父系或母親宗族關係，在做生意之際受同姓宗親邀請加入宗親會，此後宗親文化開啟他對姓氏祖先的崇敬。LA44 說：

　　　　我們在金門有一個子安公的墓，第二代的，六、七百年前的古
　　　　墓，差不多七百多年。我每年都會去拜，跟宗親那邊一起去。聽

與失聯的兩位弟弟「泰」榮與「泰」耀的讀音更相近，抑或者「大模」應為「泰模」？鄭家人就此也像 LA78、LA79 跟 LA90 的反應一樣，只要有機會就持續在附近鄉鎮、桃園鄭氏宗親會跟其他縣市的宗親會，找尋是否有泰榮與泰耀兩位先祖的後代子孫，試圖填補族譜上遺失的一角。

說子安公他去跟他舅舅在那邊當鹽官。就是有一個宗親，他就是民國五十幾年當兵的時候找到的，3月20在沙美找到。……（指著宗親紀念刊）金門島尋獲子安公墓，這個德昭、忠賢、鄭國這三個人現在目前都還在，這個就是小我一輩，這個跟我同輩，這個也小我一輩。[15]

宗族性別象徵關係，不論是行動者成員的或祖先文化的都呈現「男性獨占」（male monopoly），男性成員鑲嵌於世系結構上，獲取組織的與親屬的關係網絡與資源，同時不斷增生與回饋體制的再生。宗族性別模組與祖先文化制度，通過象徵關係，被認知為客觀的形式邏輯而確立支配關係，再轉回由成員自身主觀意義承載與接納的從屬，取得父系繼嗣體制的客觀屬性與結構地位。不僅體制制度安排對成員具有支配關係，也在親屬關係與祖宗文化結構「隱藏了人對人的支配」，Bourdieu（2003: 201）認為支配的基本形式，是透過「人支配人的形式才能行使」。「支配不能公開實行，必須隱蔽於中了魔的關係之中」，親屬關係等就是支配關係的正式範例。

宗族世系親屬階層、祭祖活動等實踐活動，隱蔽了宗族之於男

---

15 南寮彭氏二世祖子安公隨母舅馬氏擔任泉州府同安縣浯洲鹽場司令，1392 年歿，與祖婆羅氏合葬於浯洲沙尾村（金門金沙鎮），但年代久遠早已失去祭掃。直到 1965 年南寮族老囑咐三位在金門從軍的宗親尋找，才又重新找到遺址。並於 1994 年重修古墓動土時，挖出埋入地下數百年的紅磚墓誌，今收藏於新竹南寮彭氏祖祠（中國閩臺緣博物館 2019）。而對照各家族譜內文分項內容，遂有開閩始祖究竟是天祿公或子安公的討論（韋煙灶、張智欽 2004: 99）。

性成員與女性成員，以及男性成員之於家戶內的女性配偶的「象徵暴力」關係。在親屬關係、夫妻關係中的支配從屬運作，被溫和的、隱蔽的象徵暴力所掩藏，「就是由信任、義務、忠誠、好客、餽贈、感激、恭敬帶來的暴力，榮譽倫理所奉行的一切德行產生的暴力」（Bourdieu 2003: 202-203）。簡言之，「支配變得不可辨識，才會被人接受」。因而，行動者成員的性別屬性與性別界線、實踐祖先文化的親屬結構與文化符碼，兩者全都指向掩藏支配與從屬關係的「象徵暴力」。

五、小結

本章主要以宗族為例，分析父系繼嗣體制性別關係在權力、生產、情感與象徵等關係面向的表徵與結構，分別是男女主從二元與支配從屬的權力關係、生育與交換的生產關係、父子軸與血親同性情誼為主的情感關係，以及性別屬性、性別界線與親屬結構、文化結構的象徵關係，以上全都指向體制與成員之間、成員與成員之間的性別關係是具支配形式的支配從屬關係趨向。而這四個關係面向並非獨立分別存在，而是彼此互有重疊、關係緊密的相互交戶作用。經由前述討論，又導引出幾個跟前述性別規範跟制度安排間的議題，值得深思父系繼嗣體制的構成原則與文化邏輯間的關係。

第一、女兒也能成為宗族行動主體：由於不被承認為行動主體，女兒在宗族的資格與定位，幾乎是完全空白，舉凡男丁繼承的永久成員的各項權益，包括族譜登錄、祭祀祖先、死後上公廳與入祖塔、派

下員、宗親網絡與資源等，女兒幾乎是相對的沒有權益。在女兒不改變從屬身分下，這幾項權益層次中，只有族譜登錄跟死後上公廳與入祖塔幾乎是最具有改變可能。以族譜登錄來說，把女兒納入與登錄到族譜並非難事，目前已有許多宗族族譜、房譜、系譜、家譜陸續載入女兒姓名，已婚者也載入女婿姓名與居住點，但女兒所生的子女，因是外姓人，尚無法入族譜。因而，「女兒入族譜」與「女兒入祖塔」雖在尚未成為宗族永久成員，無法繼承宗族房系的前提下，陸續由宗長納入與接回宗族，宗長們立於結構下的受支配位置卻未失去施為者的能動性，具有打開性別邊界的實踐行動的主體能動意涵。

　　早期民間有招贅婚，贅夫冠妻姓，得具妻之家族內男性子嗣應有權益[16]，當時法律規範贅夫所生之子冠母姓者，也具有祭祀公業派下員資格。[17]然，依舊有民間部分宗族不承認招贅婚之冠母姓子女為宗族世系後代，不載入族譜，也不具相關權益。後期法律廢除招贅婚，改由夫妻雙方約定子女姓氏，已多無因招贅衍生的相關情境問題。因此，若女兒子嗣無法登錄於族譜是因為外姓之因，如今法律已提供子女姓氏協商權給雙方，所以女性若生子從母姓，對宗族來說，是認還

16　根據內政部戶政司統計，時至今日，全國近 120 萬冠配偶姓的人口中，有 2,195 名是「嫁妻隨妻」的男性，其中兩名男性年齡甚至僅在 20 至 24 歲之間（黃天如2017）。

17　由於祭祀公業派下權與普通家庭繼承不同，並不以家屬身分為要件，故，贅夫後對本生家享有派下權（內政部 51 年 8 月 20 日臺（51）內民字第 91056 號函），且派下員之女與贅夫所生之子冠母姓者，得取得派下員身分（內政部 54 年 9 月 17 日臺（54）內民字第 182814 號函）。

是不認？這裡涉及到宗族能否肯認，是指女性跟男性一樣能成為姓氏傳承的行動者，跟男性成員享有一模一樣的權利與義務。

認了，族譜上將出現同姓同宗女性祖先，女兒不再是以眷屬（媳婦）或附屬（姑婆）的地位進入族譜跟祖塔，而是將成為「宗族傳承者」。若認了，女兒配偶的安置與定位，又是一個待釐清的問題。若女兒的男性配偶有意隨她入祖塔上公廳（非入贅），也會違反祖塔僅收同宗男性血親的規定。若女兒的女性配偶也有意入祖塔上公廳，情況跟男性配偶遇到的阻力會一致？或者會較小？宗族這種接受從母姓的子女跟其母親返回本宗，是否表示女兒能藉由子嗣姓母姓的途徑而成為宗族祖先，也就是「繞道而行」是否可能？目前雖然只有非常少的宗族開啟了提供這個跨世代的繞道途徑，確立女兒在宗族內的地位，但宗族有意面向「女兒能否成為本宗祖先」與「女兒能否成為宗族行動主體」的討論，進而採取行動，也將改變女兒是附屬與排除的宗族地位。

第二、「血統純正」與「姓氏純正」的規範／迷思不再？前述由女兒之子繼承宗族身分與相關權益，即能打破女性無法繼承姓氏傳承的規範，且同時承認女性為宗族行動主體以及丁戶家主體。對宗族來說，跨子世代進而承認女生為宗族行動主體象徵著，成員家屬間實質的親屬關係的內涵將超越以往重視的「宗族血統」資格，也是宗族踏出傳統的性別位階秩序的重要一步。宗族一貫只承認由男祖先傳承下來的血脈關係，即使這個關係在數代之後已經相當稀薄，但此一血脈關係的物質性資產就是奠定男性成員能構成宗族的核心象徵。宗族僅

認同宗血親男的「血統資格」規定，也是宗族一時難以回應同婚者的資格要件。雖然這個困難絕非僅是公嬤牌上考妣如何寫的創新，而是原本維繫宗族運作的性別機制與同宗血統純正想像，將開啟不同的想像。每一位宗親男性等於祖宗主體的延伸想像，因而同婚男性配偶的族譜登錄、入祖塔與登上祖先牌位，都將改變宗族的男性成員只能是「同宗」的規定。其實，仔細深入宗族世代子孫發展史，宗族過往已有因傳宗接代之需，而收養、領養的外姓男孩，他們也都非「本宗」血統，但只要靠著長時期的養成與通過歷程，即能成為同宗人，顯示宗族在血統的邊界上也極富結構調整與更替的空間。

　　前述討論是從女性的宗族主體位置的變動出發，因主體位置與身分的改變進一步也會引發體制內的性別關係的轉變。而思考這個變動的可能性的同時，也可從另外一個角度進行提問：在目前既有的男女資格限定下，若在不改變女性主體位置的客觀條件下，體制內的性別關係的可能改變嗎？如果有，會由／有什麼樣的中介或轉接行動來促發？以及會在權力、生產、情感與象徵面向，呈現什麼樣的不同關係結構？也就是說，若男女成員皆為體制主體，也是丁戶主體，那在組織的、制度的、家戶的、關係上的結構，將會以什麼樣的型態進行宗族的發展？以及那會是什麼樣的性別關係樣態？像宗族此類父系繼嗣體制，過往常依循異性戀家庭生育與性別權力階層的兩條軸線交織纏繞，前者重視異性結合生育養育，排斥其他許多非異性戀性慾傾向與非異性戀家庭型態組成的多元可能，對性別多元議題的態度相對保守；後者維護男性權力的積累與傳承，在運作上多限制女性參與，

難以開放機會跟資源給女性。近年臺灣已修法的子女姓氏、同婚家庭等，對族譜的登錄跟成員的認定，都提供了再思性別結構的機會。宗族的永續發展，在宗長們陸續打開性別邊界的同時，也正在進行運作機制與結構生成的實踐行動。

第四章　結構之外的重返與創生

　　宗族作為父系繼嗣體制，強調以男性繼承為核心，相對於男性具有的永久資格，女性在宗族內的定位為暫時性成員或輔助從屬的角色，因而，女性與宗族在不同領域跟議題會發展出有別於永久成員的男性不同的關係結構。成為宗族祖先，是宗族自我生成的重要結構，原生女兒多數被排除在成為本宗祖先的生產過程，因此，本章將集中討論女性跟公廳、祖塔等過世後安置有關面向，特別在與其他兄弟手足相較下的女兒跟本宗的關係，第一部分討論女性跟原生宗族的關係，探討藉由各種規範讓女性在系統內的被排除，以及女性自身的自我規訓；第二部分討論被界定為「失序」於「婚姻身分」的女性與宗族的關係結構；第三部分討論女性在「婚姻身分」下，跟宗族的多面向關係結構；第四部分探討掉出此一結構邊界之外的例外，凸顯結構性的漏接如何困住行動者，最後再以邊界之外的例外狀態轉而呈現宗族成員的自我行動的趨向，以及擴張結構的可能。

　　宗族具有血緣、地緣與親緣性質，其運作機制的性別規範是基於儒家倫常原則，五倫具有支配地位，規範著行動者彼此間的關係。金觀濤、劉青峰（1993: 31）指出此一「宗法性家族組織不是簡單的血緣團體，而是以儒家倫理為原則所建立起來的基本單位」。宗族作為

父系繼嗣體制的型態之一，儒家倫常具有支配父權、夫權跟男權行使支配從屬關係的原則地位。儒家倫常在現代家庭興起後，雖依舊具有支配地位，但在法律持續對家庭親屬、居住關係、子女姓氏、財產繼承等面向的平權修法，逐漸培力出家庭內不同行動者的自主權與協商權力。而宗族超家庭結合體似乎看起來也跟著現代家庭的變遷軌跡，成員結構看似有鬆解跡象，規範成員的支配力逐漸薄弱，然宗族就像一個具有自我再製的系統，持續生產出構成系統的基本元素。系統也並非一再僵固地再製支配從屬結構，成員在與宗法間持續既有倫常邏輯的維繫之際，也會「順便帶入」各種不同於既定的秩序與規範的實踐行動，企圖在場域結構中呈現行動主體與能動，以回應現世生活的經驗情境與感受認知。

　　宗族組織在權力關係、生產關係、情感關係與象徵關係上，無不持續促進延續父系香火並同時有更多祖先的形成、同宗網絡與各種資源交換關係的積累、親屬結構與文化結構關係交織等的「自我生成」的再製。[1] 宗族系統的運作猶如魯曼所指的社會系統具有的「自我生成的再製」（魯顯貴 1998；高宣揚 2002）性質，包括自身（制度與機制）以及周邊（與在地社會的政經、文化領域等的結合）。宗族是社會的次級團體系統，以生育與持續生產祖先的機制，透過下一世代

---

[1]　我們可援用魯曼（Berghaus 2016: 24）指出社會領域中「不同的社會任務，都被個別的特殊系統所承接」的社會系統理論，所具有的系統基本性質來理解宗族作為一個系統的運作。

的出生與祖先形成的循環，構成宗族本體的自我再製。自我再製系統在「系統自身的邊界（bourdary）與組織內部的結構，都是自我組織的（self-organizing）」（Ritzer and Goodman 2004: 465-467）。

也就是說，「同宗男性血親」與「男丁家戶長」兩個軸線，作為組織界線也作為組織的結構。這些性質都讓系統保證運作的相對獨立性，並能視情境脈絡因素隨機應變，因而「系統的自我參照（self-reference）也是封閉性（closed system）」的（高宣揚 2002: 198）。外部成員的加入有兩種可能，一是將作為修正絕嗣困境而領養、收養的男性繼承人，經通過儀式轉化成為血脈繼承者，再者就是將加入男丁家戶內協助生產與再生產的女性配偶，這兩種方式皆為定義的自我修復與生成結構的自我生產，持續穩固結構與關係網絡，協助系譜的延展性。

因而，宗族系統的自我再製的封閉性，在界線與組織結構上都具有自我參照與自我生產的特性，在此一結構面向的另外一面，即是被疏離與排除的種種，包括「非生育的」、「非男性的」所共同交織出的各種可能，例如女性、非生育的、同性戀／性慾的等，加上傳統文化結構至今都把「生育」與「婚姻」結合成為同一結構，交織出「生育」與「婚姻」相互作用且作為判斷的倫理位置。以性別與婚姻身分發展為「邊界」的標準，如同 MacKinnon（1989）所指出，性別是權力問題，而非差異問題。本章將討論宗族作為一個系統，有哪些排除原生女性成員的相關性別規範，再以「婚姻身分」別，從「未婚女兒」、「離婚女兒」、「已婚女兒」，到「入門媳婦（婆婆）」的宗

族位置，探討這些女性過世葬期合火後的安置，特別是跟宗族關係密切的上公廳入祖塔，以呈現女性因婚姻身分在這個面向被體制系統性的安置與排除，同時也將指出部分行動者並未當一個「沉默的」受苦者，總是透過不同的反思行動（或指示兒女行動）與安排，撐出行動主體與宗族結構間的自在場域。[2]

一、女性與宗族的關係

宗族以男性為尊的制度歷經相當長時期的歷史發展過程，雖因地域或在地文化等而有多種不同形成類型、發展型態與性質上等差異，但基本上是一個穩定的文化系統結構，具有結構與邊界的自我生成的封閉性。Bourdieu（2009: 329）在討論結構、習性與權力時，指出「限定式社會構成體裡面，客觀結構越是穩定，在行動者的性向裡面再製得就越是完整」。西方性別體制研究對現代家庭內的關係、分工、規範等各種性別平等議題已有許多經典研究，本土經驗的探討有其複雜度，王曉丹（2012）曾指出若要「分析華人家庭，須放在以『家』為核心的中國傳統文化來觀察，尤其需考量到家內的階級長幼之別」。王曉丹所指的階級長幼即是儒家倫常所構成的階序規範，年長的、資

2　本章主藉由宗族女性（女兒、媳婦）過世的安置（葬）相關，討論女兒被系統性的排除，媳婦被系統性規範的關係狀態，以及她們如何跟宗族內男性家屬成員協商，共同改變僵化的規範，而非單純討論個體過世後的安置問題。

深的、男性的，往往具有較高的權力位階，所有成員間的權力關係也在此結構下有所差異，年幼的、資淺的、女性在「行使權力時的相對處於『屈就型權力』」（Bourdieu 2009: 89）。

　　父系宗族因是同宗血親男丁家戶結合體，發展也遵循此一宗法倫常對性別的配置與秩序，因而在第一層的成員定位就無法將女兒安排為傳承者，且重視婚姻對於家庭的功能，進而在第二層的權益上以婚姻身分再次排除未進入者。宗族的親屬關係來自於一個共同祖先的繼嗣，同時也由世系男丁（男丁戶代表的世系）跟外群體之間透過婚姻連結形成關係。現代人類學之父 Claude Lévi-Strauss（2002 [1967]）分析親屬關係的基本結構，指出「親屬關係就是一種交換女人的關係，男性透過婚姻關係交換女性，藉此產生親屬關係」，「男性藉此建立起彼此的關聯性」，再發展政治、經濟與社會等不同連結。[3] 羅烈師（2001）在大湖口地域社會研究中指出，「土地跟女人都是家戶重要財產，藉此生產貨品、勞動力與生產女人，以便加入人的交換市場，藉以取得可以結婚的女人」。現代婚姻交換關係的部分，已漸由其他專業、專門所發展出的各種關係漸漸取代，婚姻功能回歸為親密性的結合關係。然而宗族經由成員與「婚家體制」此一外在結構所共同交互形構的資格界定，依舊持續對女性有系統性的排除作用。排除的進行，多是通過各種「規範」的進行，從規訓、懲罰到禁忌，往往群體要相對的排除異者時，甚少展露絕對性的權力張力，而是「特別表現

3　早期男性在交換關係結構中，也會以奴隸、勞工的身分被交換。

在『規範化權力』（normalization power）的訓育主張上」（葉永文 1998: 73-74）。

先前東西方人類學者都曾指出，在父系繼嗣體制下的「女性幾乎可說是不被任何一個繼嗣群認可，向來都在個嗣系間游移擺盪無所適從」（Wolf 1974; Watson 1981; 曾純純 2014）。男性在宗族內具有的永久成員資格，不會因生命階段變化而改變或喪失成員資格權益，若有離開系統者，皆為自主意志下的離開。[4] 相對於男性具有的完整權益義務，女性在宗族內的定位，可分為未婚女兒的暫時成員與入門媳婦的配偶成員。若以婚姻身分來看，未婚女性為暫時成員，雖宗族事務是「男人的事情」，但女兒平時也可參加宗族的各種事務與活動，若未婚過世，則被視為「失序」（anomalies）於漢人親屬秩序法則，不得回到宗族公廳與祖塔，多外借寺廟、墓園安置。[5] 在臺灣的漢人社會，女兒是被排除在原生家的宗祧之外，「早夭未婚女子『生而無依，死而無所』是為一種未獲妥當安頓的『失序』狀態」（黃萍瑛 2008b: 280）。

若女兒已婚，宗族則視其歸入夫家系統，為外家人，平時不得回來祭拜本宗祖先，過世後，將與先生同入夫家公廳與祖塔，成為夫家祖先。依宗族規範，若女兒離婚除了離開夫家系統，本宗宗族也大都

4　僅有極少數發生類似殺害等重大糾紛，整房子孫被逐出宗族（鄭婕宇 2017）。
5　早期非常態死亡者，例如夭折、自殺等也不能入祖墳。早期未婚男性只要有過繼延續香火，即可入祖塔祖墳。

無法肯認離婚女兒在宗族內的位置，因此本宗多不歡迎她們回到公廳祠堂祖塔等祭拜，而她們過世後也同未婚女兒一樣，不得回到宗族公廳與祖塔安置，大多外借寺廟、墓園。離婚女性，所經歷的是本宗跟夫家系統的「雙重排除」關係（請參見表4-1）。如同連瑞枝（2010: 247-248）在對北部童養媳研究中所指出「女性在家庭裡的身分並不是與生俱有的」，女性獨特的必須「跨越家戶界線」的規範，讓她們在父系繼嗣為主的家庭結構中會經歷在兩個家庭中移動的過程。失序女性死後被兩個父系繼嗣系統排除的處境，也正是女性在「移動過程」中掉出規範軌道的狀態。

表4-1：宗族對本宗女兒相關規範

女兒	定位	規範	過世
未婚	暫時成員	可參與宗族相關祭祀活動	不得回到宗族公廳與祖塔，多外借寺廟、墓園。目前已有部分宗族開放入公廳與祖塔
有婚	歸夫家，視為外家人	勿回原生宗族祭拜	歸夫家，入夫家公廳與祖塔，成夫家祖先。不得回到本宗宗族公廳與祖塔
離婚	離開夫家系統，本宗宗族也不承認	勿回原生宗族祭拜	不得回到本宗宗族公廳與祖塔，外借寺廟、墓園。目前已有部分宗族開放能入公廳與祖塔

資料來源：作者自行整理

　　規範具有規訓的力量，特別結合對女性德行論述形成道德與倫理的文化規範，成為行動者自我參照架構，以用來建構與詮釋「性別化的真實」（gendered reality）（Johnson 2008: 98）。LA49（姓 FN10）

目前正在大學任教，父母親原生家庭都有宗族世系，母親出自新屋在地知名宗族。母親本身嚴守女性不得碰觸宗族祭祀祖先事務相關規範，不論是對夫家宗族或原生宗族，都令自己女兒勿靠近公廳宗祠，以免落人口實。LA49說：「她（母親）通常會叫我們三姊妹去拜（私家自拜），好，我們就去拜。獨獨回到宗祠不會叫我們去。……一定會是我爸爸去，或是我哥哥他們去，就不會讓我們女兒碰到那個地方」。女兒出嫁後，就不得再回娘家公廳祠堂祭拜祖先，除了喪期間家內的祭儀相關，LA49記得唯一一次跟母親回她娘家祭拜，是她大一時參加外婆喪禮：「我姐婆姐公[6]過世之後，我從來沒有看我媽拜過。只有唯一是我考進大學那一年，我姐婆過世，我母親也不算去祭拜她，她只有參加過喪禮啊。但是我媽她也不會想說為什麼她不能去，她直接就會講說『那些都是男生跟嫂嫂的事』」。

對有宗族網絡的男性來說，身後事不僅僅是自己家庭內部的事情，也是宗族的重大事件。宗族成員生命完成的終點，是在撿骨後或火化對年合火後移入祖塔，此時其名諱也將刻登入公廳或私廳牌位上（羅烈師 2001: 80）。亡者的對年祭是家庭內事，入塔就是宗族事，前者女兒當能參加，後者外嫁女兒就「不用」出席（LA51, LA54, LA59, LA74, LA78, LA91）。對於無法親自參加父親入祖塔，LA49難堪又痛苦地說：

6　客家稱母親的父母親、外公外婆為「zia´ gung`（姐公）、zia´ po（姐婆）」，父親的父母親、阿公阿嬤、爺爺奶奶為「a⁺ gung`（阿公）、a⁺ po（阿婆）」。

我父親對年是今年作的，我們在家拜的時候，我媽媽沒有意見，就是周年忌日嘛，女兒也拜、媳婦也拜、兒子也拜、孫子也拜。拜完之後，要合火，要去祖塔，要跟祖宗說「我們有一個新成員要到您這邊來」。但是我媽就很傳統，她就直接一句話講說，「女兒都不准去，只有兒子跟孫子可以去」。她堅持女兒絕對不能去，甚至也不讓媳婦去，而且罵得、是用罵的。我媽媽就罵得很難聽說，我們去，等於是說什麼……呃……「糟蹋、糟蹋娘家的人啦，糟蹋祖宗啦！」，「丟祖宗的臉，怎麼女兒也去干涉這件事情。」我本來想要送我爸爸一程，那是最後一程了，但是那個現場我就沒有辦法看到，因為我媽媽就很堅持。

「血親男性本宗」是宗族事務認定的範圍，因而女兒與非同宗男性血親者這兩者，即使跟宗族日常關係再緊密，也不便／不能參與本宗事務。這幾年的田野現場收集到幾個繼親家庭案例，這幾個案例正好反應了宗族對性別規範的空白處。住在桃園的 LA74 的家庭由母親帶著前段婚姻所生的兄長們（姓 FN10），再嫁 LA74 父親（姓 FN23）所組成。同母異父異姓的兄長們雖非 LA74 父親的血親子女，但共同生活 60 多年，在生活層面與家庭關係，如同一般家庭的父親與子女間關係。由 LA74 父親跟母親再組的繼親大家庭總共 10 多人（含 LA74 的阿公阿婆）一直住在同棟透天厝，近 30 年來隨著阿公阿婆的過世，同母異父異姓兄長們跟自家弟弟、妹妹陸續結婚搬出，家中人口結構才回到 LA74 這支男丁戶的狀態。同母異父異姓兄長們

雖然結婚搬出，但其實就住在隔壁戶，同宗弟弟結婚後也搬到隔壁巷子居住。快60歲的LA74前幾年當了阿公，跟父母親一家四代同住（含父母親、子女、媳婦、孫子女共九人）。兄長跟弟弟們幾乎是天天回家探望父母親，整個大家族的聚餐約每個月一次，每每重要年節、端午、中元節慶或生日慶祝時，更是全員到齊。由LA74父親跟母親再組的繼親大家庭，60多年來家戶成員們在生活層面一直是相當緊密連結。

2015年LA74父親過世，隔年2016年過世對年，需進行進金安座儀式，在進祖塔之前，先於家中進行「還老願」跟「合火」儀式。雖LA74身為FN23姓家長男，但跟父親對年相關家祭儀式仍由整個家族中最年長的異姓兄長（姓FN10）聯繫與安排，唯合火後進FN23姓宗族祖塔，就由LA74前往全權處理。按宗族規範，LA74異姓兄長跟同姓妹妹都不在能前往新竹湖口FN23宗族祖塔的名單中，LA74說：「大哥他們不同姓不同宗，當然不能跟來，小妹也不用來，女的不用」。LA74進一步說，他異姓大哥雖知道父親牌位與骨骸安置的地點，但礙於宗族祖塔規範，至今無法親自前往祭拜。而LA74的小妹雖外嫁，住家距離老家約20分鐘路程，平時固定每週回家探望父母，父親過世前的照顧跟住院事宜也多由她協助，父女關係緊密。父親對年後進入祖塔，在外嫁女兒不得回宗族祭拜規範下，LA74的小妹至今也無法在公廳與祖塔祭拜父親。

不論是LA49的母親嚴守出嫁女兒跟原生宗族的關係迴避、要求子女們也謹慎遵循，或是LA74的父親過世，妹妹跟異姓的兄長都無

法前往祭拜的案例，這並非僅是一般的民間習俗或喪葬的規範。支持習俗與規範之所以能成形，背後的性別的觀點與邏輯，以及運用此觀點跟邏輯所進行的畫界進而區隔了種種，形成排除情境的不斷再製。父系組織的權力事務運行是經由男性的系統性的被納入（are included）與女性的系統性的被排除（are excluded）而成，事實上，性別具有被宗族作為邊界的象徵意義。[7] 宗族女兒被系統性排除，要進行任何的權力協商，都有難處。陳昭如在一次對談中，針對民法家庭修法漸脫父權趨向中性，但為什麼仍有許多順應父系文化的現象依舊？她指出女性普遍缺乏協商權力，他的有權力與她的沒有權力正是來自於社會群體身分（黃長玲、顏厥安、蘇芊玲、陳昭如 2013: 152）。所受制的社會群體身分，正是性別與歷史情境以及不同社會群體的交織作用，可能是階級的、族群的、群體的、宗族的。[8]

二、「失序」的女人正在回家

　　社會普遍以締結婚姻的方式組構成家庭，由婚姻構成的家戶單位不僅是社會常見的家庭類型，也是負責宗族多種生產與交換關係的運作單位。傳統嫁娶婚姻被賦予重要的繁衍功能，過往許多論者指出未

7　在此並非否定性別差異，而是要呈現差異被如何運用，以及如何進一步的被權力化。

8　這也提醒性別處在多重交織的狀態，並非只有族群、國族、階級等層面的交織，也會因不同的社會群體身分而呈現不同的多層次交織，往往在特定的地域，更具有與次級社會群體身分交織後的文化效應影響力。

婚無嗣的女子，由於沒有完成嫁娶進入「正常」祭祀規範秩序位置之中，「所以是父系繼嗣原則所支撐的社會秩序潛在的污染或威脅」（廖小菁 2015a: 134）。在父系繼嗣體制，男性被視為是唯一能承接家戶傳承的性別，男性未婚無嗣可透過收養領養或出嗣承嗣等補救管道重回父子軸傳承系統，但女性無論有無婚姻都被排除在傳承家戶權力之外，在無補救可能下，就可能形成「男成神，女成鬼」的文化邏輯。[9]

在宗族文化裡，女性要能進入宗廟當祖先，只能依靠婚姻賦予的身分取得永恆神位的象徵位置。宗族比起一般父權家庭，更為嚴格執行死亡後的性別規範，女性若要在父系宗法傳承的宗族中擁有社會位置，只能憑藉結婚，成為夫家宗族一員，死後即能與丈夫同入公廳祖塔，未婚者則尋求冥婚，重新納入父系親屬法則。[10] 丁仁傑（2013: 131, 144）進一步指出女性要直到嫁娶後，才取得「結構化了的人」的身分，「未婚女性生前未成為『結構化的人』，內在已帶有不安定的特質，即使經過冥婚後已被納入祖先的系統，但仍然帶有一種令人害怕的特質」。也就是說，對女性來說，不論是生前或死後要成為「歷代祖先」、「結構化的人」的唯一方式，僅能以進入婚姻取得身分資

9　美國人類學者 Emily M. Ahern 在臺北三峽研究，認為失序於漢人親屬關係而成為鬼，乃因失去了社會關係網絡，象徵社會失序。另外，Hsu（2001: 123）在雲南喜洲鎮的田野調查發現，對同樣重視宗族與祖先崇拜的喜洲人來說，「鬼」僅用於稱呼死去的男人的靈魂；死去的女人的靈魂稱為「妖」。

10　李亦園在 1968 年與 1972 年的兩份著作中，認為通過冥婚補救了未婚早逝女子的社會地位，此一冥婚儀式投射出每個人都渴望取得親屬關係結構中的適當位置，而那個渴望是實質性的慾望（substantive desire）（轉引自黃萍瑛 2008a: 7）。

格與保障，才能成為被後世祭拜的祖先（Potter 1974; Wolf 1974; 黃萍瑛 2008a；丁仁傑 2013）。

　　漢人親屬文化邏輯與父系婚姻結構關係緊密，形成貶抑不在這個婚家體制內的女性，未進入婚姻的女性跟離婚的女性，都被宗族文化視為是「失序」的女人，亦即是「未被結構化的人」或「失去結構位置者」。對宗族來說，嘗試讓未婚女兒與離婚女兒百年後返回公廳入祖塔，顯示在「結構化」與「未結構」之間的邊界是有模糊與跨越的空間，而宗族在文化層面上，要將未婚女兒與離婚女兒迎回本家，是否也需要參照像未婚的林默娘轉化為媽祖的結構化過程（林美容 2020: 36-37），或是不需轉化即能自由進入結構位置？也就是說，究竟是「女兒回家」或是「姑婆回家」？

　　礙於沒有繼承家系與婚姻身分的支配結構，未婚無嗣女兒過世後僅能安置在外面廟宇跟墓園，LA49、LA51、LA58、LA59、LA60、LA74、LA75、LA87、LA90、LA91、LA100、LA106 等的宗族，都表示他們宗族尚未開放讓未婚女兒回到宗族接受祭祀。至於安置在外者，桃園圓光禪寺與大覺寺、新竹青草湖靈隱寺、苗栗獅頭山勸化堂都是受訪者常提到的地點（LA58、LA59、LA60、LA61、LA 62、LA 63、LA 64、LA 66、LA 70、LA 71、LA 72、LA106、LA107 等）。「我大姨放在新竹青草湖那邊」（LA107）、「家裡姑婆大都在苗栗獅頭山」（LA72）。

　　未婚女性的過世無法獲得原生家族與宗族的正式安置很普遍，在更早期尚未普遍安置廟宇跟墓園時，埋在自家田裡也是方式之一，

LA108 說：

> 他們（母親的原生家族）以前就是如果是女生過世，然後他們
> 就把她就放在甕裡面就埋了。因為他們有田，他們自己有種竹
> 筍的，就是種竹筍還是什麼的自有田，就埋在那邊的田裡……。
> 我媽那邊親戚每年過年過節除了去拜祖先之外，他們還有一個活
> 動，就是會去剛剛我講的這個田，去除草跟看一下。對，會約去
> 田裡面。就是每年都一定。

　　金門未婚女性的牌位也不能回到祖厝正廳成為歷代祖先牌位，更
別說進入大宗的宗祠。「我們那邊女性結婚後就算成是先生那邊的，
死掉不能回去原本的家裡，沒結婚也不行」。LA17 在金門出生長大，
她的 FN01 姓氏是村子主要姓氏，也是金門大姓氏之一。LA17 幼時
喪父，後來國中時因大哥在臺灣成為公務員而舉家移居臺灣，但金門
老宅還在，她幾乎每個月都往來金門老家，也時常在重要時節假期帶
朋友回金門老家住。FN01 氏家廟就在老家村口前旁佇立著，離老家
不到 200 公尺距離，但因不是宗親成員，一直沒機會以參與者的身分
進入。未進入婚姻的 LA17 跟母親共同生活了近 50 年，前 2 年母親
過世，送回金門老家祖厝安置，對於自己未來過世後的安排，她說：
「……我想回老家，回金門」，但礙於未婚女兒不能回本家，樂觀的
她立刻轉口說，「或許就海葬或樹葬，灑到海裡也不錯」。

　　根據曾純純（2014）考察發現南部家族墓，發現早已有部分家族

設立姑婆牌位與進入家族墳的案例，根據既有資料顯示讓未婚與夭折女兒進家族墳的情況，推測應有百多年的歷史。客家文化發展中心調查[11]發現，高雄美濃林瑞源宗族至今仍循掛紙祭儀，祭祀在清代即有的未婚早夭「春姑婆」之古墓。近期，北部跟中部較大宗族也陸續修改未婚女性死亡後禁回宗族的性別規範，例如南投鹿谷林家、桃園廖姓宗族等（姜貞吟 2018: 7-8）。社會已有越來越多未婚女兒回家的討論與倡議[12]。不少宗族早做好準備，好讓未婚姑婆回到祖塔安置，LA78 說：

> 我們有做一個姑娘房，在祖塔裡弄一個角落，我們弄一個小角落，跟祖塔在一起，但我們會隔開。目前還沒有人申請。⋯⋯只收未婚的這樣子。未婚的，未婚是我們 FN20 家人啦。妳嫁出去就是外姓人啦，就不是我們 FN20 家的了。

　　讓未婚女兒回宗祠，對宗族來說並非易事，歷經族內長輩以「嫁出去的女兒是潑出去的水」、「狗肉上不了神桌」[13]為由拒絕，往往需好幾年時間說服宗長接納此一變動。20 多年前，新竹湖口鄉張六

11　資料來源為客家文化發展中心 109 年度性平工作小組會議資料（2020 年 10 月 22 日）。
12　詳見苗栗客家文化發展中心於 2019 年 6 月 19 日所舉辦「客家社會祭儀姑婆牌、入祖塔及女性禮生座談會」。http://bit.ly/3502DrB
13　農業社會多重男輕女，若兒子表現普通，相較下女兒表現優異的話，民間常以「豬不肥，肥到狗」表示戲謔與慨嘆。

和宗族就已進行提案籌設女兒塔事宜，歷經與族人多次溝通、討論與說服的過程。張六和宗族是在地知名的宗族，從 1844 年起擔任新埔褒忠義民廟十五大庄湖口祭典區總爐主至今，在地影響力甚大。宗族管理人張福普先生自 1997 年首度在祭祀公業大會上提出籌設女兒塔遇到質疑，幾經波折至 2001 年，終於通過納入祖塔管理辦法內。並於 2002 年祖塔改建的時機，在右側設立「潤玉」間，讓未婚女兒能返回本宗祖塔安身（請參見圖 4-1、圖 4-2）。[14]

實質親屬關係的連帶，掩藏不了無法切割的情感，以及對比其他家人，唯獨將其安置在外的內心不安感，催促了宗長們啟動女兒回祖塔的想法，進一步採取行動，逐一說服有疑慮者。2016 年桃園 FN28 宗族舉辦了接回未婚姑婆的盛大法會，終於將流浪在外的女兒接回家。FN28 宗族祭祀公業管理人 LA70，幾年前開始推動未婚姑婆回家，大家初始也抱持著猶豫與疑慮，深怕觸犯祖先遺訓。2016 年清明掃墓時，LA70 再度詢問公廳上祖先們與諸宗長的意見，他笑著說：「祖宗一次就說好！」，「當著大家的面，在家祠擲筊，died rhid bai˙ ciu⁺ shin˘ gau˘（跌一擺就聖筊），說可以辦理」。看了日子，年底前正好有適合的日子舉辦姑婆晉金法會，於是就訂在 12 月年底前的吉日吉時，若錯過此一吉日則需再等上好長一段時間。法會儀典共

14　未婚女性入祖塔需向管理委員會提出申請，「並審核其生平作為，無爭議行為才得以進入祖塔入受奉」（何金樑 2019: 14-15）。

圖 4-1：新竹縣湖口鄉張六和祖塔
資料來源：作者提供

圖 4-2：新竹縣湖口鄉張六和祖塔
潤玉間
資料來源：作者提供

分為兩天進行，第一天做功德法事，為逝者除去各種業障與身體病痛以超渡亡靈，第二天即正式入塔。法會當天現場約有一兩百位宗親參加儀式，共同為眾姑婆們祈福。這次返回祖塔共有 23 位姑婆骨灰罈，分別為 20 至 23 世，由至親家人陪伴（請參見圖 4-3）。入塔儀式從早上七點開始，七點半時逐一唱名入塔，之後再進行三獻禮向全體祖先致意。現場一位 80 多歲的宗長，站在法事屏幕後泣不成聲，迎回家的正是安置在外面達半世紀之久的兩位至親：妹妹跟女兒。LA72 迎回的是先生的大姊，其骨灰甕原寄放在獅頭山，前一週 LA72 全家就先到苗栗將大姊請回家暫放。另一位約莫 60 歲的宗長迎回來不及長大的女兒（若在世為 35 歲），陪著女兒一起跨過火盆，進入祖塔。一旁的資深宗長 LA73 又感動又感嘆的說：「早就應該做了，都是骨肉啊！」

儀式結束後，LA70 帶著我進入家祠，走到新增在歷代祖宗牌位旁的姑婆蓮（盒）位前，指著姑婆名字激動的說：「姑婆全名有出來，姑婆的全名有出來」，對照著一旁歷代祖宗牌位僅以「O 孺人」[15] 現身的媳婦，此時姑婆的全名更具有女性被肯認的深刻意義。[16] LA70

---

15 根據曾純純（2014: 129）進行的喪葬研究指出，根據喪葬業者與匠師說法，相傳「孺人」是宋帝封贈七品官配偶的封銜，是對客家婦女的尊稱，自此「孺人」似乎成為一個文化符碼（codes culturels）。

16 客家文化發展中心楊國廷技正表示，目前已有家族在重新製作墓碑時，將婆太全名登錄。他說明高雄美濃楊屋夥房今年正逢家族家塚修整契機，因而產生「媳婦全名上墓碑」的思考轉向，遂將婆太全名重新登錄於新製的墓碑上。資料來源為客家文化發展中心 109 年度性平工作小組會議資料（2020 年 10 月 22 日）。

圖 4-3：桃園市觀音區廖世崇公姑婆晉金法會
資料來源：作者提供

進一步解釋未來姑婆的祭祀，如同宗族內歷代祖先一樣，在家祠裡每天會有專人祭拜，在特定時節則由四大房輪流負責奉祀。他說：

> 昨天作功德，今天姑婆骨灰罈就正式入塔，妳看佳城姑婆添金增祿納福，日沖時沖 23 歲跟 83 歲都不可以。以後姑婆都有子孫拜了，像我們夫妻都會寫在公廳牌位這邊，姑婆也在這邊。這裡過節過年，什麼節都會拜，有節日就照拜。……我們四大房輪流祖先生日要作生忌，作忌都會拜。年初一二都會回來拜，然後十五拜。中元、中秋、冬至啦，都會回來拜，姑婆以後都會被拜到。

相對於「未婚女兒回家」能順利被接回家，「離婚女兒」距離回家還有點遠。幾位宗長紛紛搖頭，LA78 說：「離婚的不行哦！離婚的沒有，算外人……」、LA59 也說：「有準備給未婚的，但離婚的不行回來」。而這次 FN28 除了迎回未婚女兒之外，也一同檢視了對「本宗女兒」的全部規範，LA70 大方的說，當然也歡迎女兒回家，「離婚的，也是我們家的女兒啊，當然可以回來」、「離婚女兒只需有離婚跟戶籍退出夫家證明就可以來，現在還沒有人申請」。

女兒回家？一位受訪者看著陸續有宗族接納未婚女兒跟離婚女兒回家，略有所思地表示，祖塔內應該不需再區分女兒塔或姑婆塔，她們都是本家人，自然當跟歷代祖先安置在同一個空間，而不是另外設女兒塔再度標籤她們。畢恆達（1996）分析家內空間安排發現，家庭對男性是物理居所與歸屬感所在，對已婚女性則是休息與再生產的空間，家庭勞動與照顧都由女性在此一空間進行。許多家內空間安排呈現以夫家空間邏輯或是以先生為主的「男尊女卑的空間控制」，容易讓已婚女性喪失家的親密感。女兒重返祖塔的空間安排，是否是跟祖先們同入同一祖塔或是另置的女兒塔，都跟祖塔既有的空間規劃與內部安置的安排有關。有些祖塔內部空間充足，無須等待擴建或另外區隔空間。而祖塔內的空間配置秩序為何，尚需未來其他研究投入。

總結來說，就未婚與離婚兩種「失序」女性，宗族成員多數普遍較能接受未婚女性重返宗祠。幾位堅決表示「離婚的不行」的受訪者進一步解釋，關鍵是「已經嫁出去了」、「結婚時就拜別這邊的祖先了啊」。社會上不少人對結婚的概念依舊是「嫁娶」脈絡意義下的婚

姻，已婚女性對宗族的關係與意義上都屬「離開者」。承載了父系繼嗣文化與儒家倫常的「嫁娶婚」，還是是許多人對「婚姻」所組成的「家庭」的主要想像。而未婚女兒跟離婚女兒回「家」，既不是回「婆家」，也不是「娘家」，而是回到原生家庭所處的文化系統中。或許，「三從四德」與「四頭四尾」從未遠去，而「女性處在此文化邏輯的婚家體制內的多種角色因而相當壓抑」（王曉丹 2012），女性跟家庭的關係也值得再進一步討論與釐清。

三、已婚女兒與媳婦想離開／想回家

除了被視為「失序」的未婚女性與離婚女性「難以返回」且「正在返回」本宗宗族之外，其他身分的女性也受到「父系文化」與「婚姻身分」的交互作用而有不同的規範，特別是已婚女兒與媳婦這兩種身分的女性。即使已經進入婚姻，女性在家庭／家族與宗族的關係也「很容易被視為外姓人，經常在喪葬或祭祖儀式中居於從屬與邊緣地位」（Wolf 1974; Watson 1981, 1986; Watson 1982; 曾純純 2014），這樣從屬與邊緣的地位，在女性的兩種「未失序」的身分：「已婚女兒」跟「媳婦」，特別容易體現在跟本宗宗族與跟夫家宗族的關係的複雜與曖昧。

首先，就以回本宗公廳祠堂祭拜父母與祖先來說，已婚女兒不能回到本宗宗族祭拜，幾乎是民間常見的習俗，「我老婆她也不能回去拜祖先，就拜我們這邊」（LA59、LA78、LA87 等）、「女生結婚，

就要拜先生家那邊的祖先」（LA05、LA06、LA09、LA19、LA26等）。LA107 家住觀音，住家附近都是父親本宗宗族的親屬網絡。LA107 的母親來自隔壁鄉鎮新屋的知名宗族，姐公與姐婆分別在 20 多年前與 5 年多前過世，LA107 的母親除了在治喪期間曾出席家內的祭拜跟正式喪禮之外，自從姐公姐婆入宗族祖塔後，就沒有再有機會祭拜，連同 LA107 也都沒有再祭拜過姐公姐婆。

這種原生女兒被排除的經驗，不單影響祭拜這部分，也會普遍且細緻的滲入不同層面。LA49 痛苦的陳述在她父親過世期間，母親嚴守外嫁女兒、重男輕女規範對「出嫁女兒」的各種難堪場面。LA49 幾年前父親過世對年合火後，要一同跟哥哥弟弟們前往公廳祖塔安置，卻被母親斷然拒絕，至今她從未到過父親安息之處。2015 年守喪期間，同在家裡守靈的她，正好點收宗親送來印製好要回贈親友的毛巾，她突然發現毛巾封面貼紙署名只有哥哥跟弟弟們的名字，便向母親跟弟弟說：「對不起，這個毛巾我不能用，上面沒有我們女生的名字」，母親當時回說：「要妳們的名字做什麼？」LA49 說：「我是付帳的人，我要用啊，我學校有 518 位同事，沒有我的名字，難道用你們的名字？」LA49 堅持重作，將全部兄弟姊妹的名字一起印上去。難堪的事情不只這件，LA49 三個姊妹都已結婚，守喪期間有一天妹妹突然大哭，LA49 詢問之下才知道母親一直要求外嫁女兒必須包禮數夠重的白包給哥哥跟弟弟們表示「外家」對「本家」的致意，她說：「我一直在處理（喪禮），我哥哥工作沒辦法請假。我一直在跟那個……呃那個……禮儀公司討論程序，然後選擇什麼什麼的。我

妹妹就一直來吵我，說：『我們到底要包多少？』我說，『這很急嗎？妳為什麼一直來吵我？』齁，我妹就哭了，說媽媽一直盯她」。LA49 的母親堅持要顧到「外家」面子，外嫁女兒不能丟臉，「要包大一點的白包，女兒嫁出去是外人，要包給家裡的兄弟」。LA49 無法理解自己的父親過世，自己也是喪家一份子，但卻被「外嫁女兒是外人」的父系邏輯下被難堪對待，最後三姊妹也都分別包了不失禮的白包給兄弟們。

　　女性被系統性的排除，在個人經驗的體現往往是許多非常細緻幽微中難以言說的處境，也常被化約為個人情境、階級、族群等因素，忽略這是宗族女性所需面對的集體結構困境。這不是「不要包白包給父母親」，也不是「爭名字印上去」，「爭回去本宗宗祠」的論爭，而是分析女性是處在一個什麼樣的社會位置上，才會進入這種一再被否定與拒斥的日常處境。而且這種分析不能迴避從「權力」視角來釐清與討論，才不致再度落入以「二元」的「性別角色／分工／定位」的刻板再製。

　　本研究進行中，不乏有「已婚女兒」受訪者表示百年後想回本宗宗族安置，「就是很單純，過世後想跟我爸媽在一起」（LA41），發現有這樣的情況時，筆者開始詢問其他受訪者，所獲得答案比「未婚女兒」「離婚女兒」更加不可能。LA78 說：「已婚也不行，不行啦，不行不行！……妳嫁出去就是外姓人啦」。由已婚女兒提出「已婚女兒能否回本宗宗族安置？」的問題，多數男性宗長剛聽到都出現不可置信的表情（一個未曾過有的提問），LA70 表示已婚女兒比未婚與

離婚女兒的複雜度更高，他說：「這不是女生要不要，還要看對方夫家那邊同不同意，如果夫家那邊不同意，我們這邊怎麼能同意？」已婚女性過世後的安置安排，已不單只是宗族女兒自身的意願趨向，而是兩個父系宗族如何定位「女兒」的議題正在悄悄轉變。從「已婚女兒」提出「返回本宗安置」的想法浮現，到 LA70（FN28 宗族）的「只要夫家那邊同意，就沒問題，都是我們家的人」，顯示 Claude Lévi-Strauss（2002 [1967]）的「交換女人」所形構的親屬結構的質性已隨現代社會發展發生轉變，「請求提出」與「正面回應」才可能成為新的互動框架。女性過去作為邊緣主體，是結構也是關係的從屬者，到今日的「開口」與「行動」，以及宗長們從「原生關係」出發的情感與對女性觀點的轉變，短時間內難以改變父系結構，但多個行動者的施為，使得父系結構的性別規範開始不一樣。

田野中，最令我們意外的是，田野過程中陸續收到幾個沒有進夫家與不願意進夫家祖塔的女性媳婦案例。最先注意到這個情況，是發現受訪宗族的「發跡祖婆」並未安置在祖塔中，再來又陸續收集到受訪者陸續表示他們的母親跟外婆們不願意進夫家公廳入祖塔。幾位沒有／不願意進宗族的已婚女性，共同的經驗是已通過從「媳婦」轉為「嬤／婆」，其中有的甚至都當了「阿太／祖」的女性，清楚的表達不願意在百年後進入夫家宗族祖塔。這些案例各有不同的情感情境與家庭脈絡，不能簡單用「零星抵抗」來理解。媳婦百年後跟夫家宗族的關係，至少可區分為「祖婆崇拜」與「祖婆離開」兩種完全不同的型態。

　　第一、「祖婆崇拜」[17]：已婚女性一般被宗族以「祖先」的身分供奉，但在華南地區祭拜祖婆，除了以祖先的身分被族人祭拜之外，有些祭拜活動已漸為神明祭拜之態，以另立廟宇或是單獨墳方式崇祀，慢慢發展為「祖婆崇拜」信仰。房學嘉等（2012: 114-117）指出梅洲鄉村的宗族，雖然沒有將女性婆太單獨給予神主牌位，但在「墓葬上卻有單獨的墳墓風水」的祭拜，梅縣丙村仁厚祠的溫姓十一世「溫姓齋婆太」（楊氏）不僅在宗族內受到崇拜，也有該墳周圍村落的「藍姓」與「鄭姓」村民的崇拜者，「演變為跨宗族的區域神」。將「祖婆崇拜」單獨從「祖先祭拜」中獨立出來，賦予更高的神蹟靈力，並非典型的宗族祭拜文化，但持續有個別的案例出現。例如廖小菁（2015b）指出廣東增城何氏宗族始祖婆「七郎太婆」（辛氏）的崇祀、黃萍瑛（2018）指出 2000 年後，福建長汀嚴婆田村裡的林姓宗族重新再恢復建廟奉祀開基祖婆「嚴婆」（涂蘭馨）的「嚴婆信仰」。

　　本研究也在田野現場發現桃園兩個客家宗族的「祖婆崇拜」，分別是「劉萬蔚公派下二世祖婆」與「鄭大模公派下的二世祖婆仁潛婆」（葉育操）兩位崇高地位的祖婆都採「單獨的墳墓風水」，由後世子孫單獨崇祀，並未在祖塔修建時跟二世祖一同回到祖塔內安置。住在平鎮的 LA78 描述二世祖婆的墳墓是極佳的風水地，宗族內每年

17　關於「祖婆崇拜」的討論，也可見筆者〈做男人：宗族裡的男子氣概與性別象徵〉一文（即將刊登）。

的清明祭拜都是提早由單獨祭拜祖婆開始，他說：「那邊地風水不錯，我們前幾年，前五六年才修整過，花了兩三百萬。……有喔，我去拜了 50 年了，只有一次沒去拜」。LA78 大約從 10 多歲起就被父親帶著前往祖婆的墳墓祭拜，跟祖塔上千人的大型規模祭拜不同，講究細緻與個別享祀的空間與時間。正當我提到楊梅鄭大模公派下的二世祖婆也是單獨墳墓的祭拜，LA78 接著說：「對，我知道，我舅舅跟舅媽是他們後代，他們一直有去拜」。鄭大模公派下子孫對二世祖婆葉育操的感念之恩，還包括特別在族譜中書寫二世祖婆的持家對宗族發展的深遠影響，也在宗族公廳道東堂旁特別豎立石碑與雕像紀念（圖 4-4）。[18]

另外，臺中石崗大埔客家劉元龍宗族始祖「元龍婆」的祭拜，也是宗族以古禮、客家八音在每年春分時節進行的單獨墳墓的「祖婆崇拜」（劉宏釗 2010）。而高雄美濃地區的「敬外祖」雖非「祖婆崇拜」，但其在進行正式的婚儀之前，特地前往母方娘家祭祖，以及在新竹新埔陳家祠、林氏家廟、張氏家廟旁祭拜姻親祖先，都是對宗族媳婦的原生家族／宗族採取特定「『象徵性的』與『實質性的』姻親連帶增強」（洪馨蘭 2015: 152-161）。對比宗族男性祖先崇拜安座於祠堂正統祭祀的「顯性空間」，女性「祖婆崇拜」所據以的則是隱性空間，也呈現出風水的「不容破壞」（房學嘉等 2012: 114）。

第二、「祖婆離開」：雖前述宗族的「祖婆崇拜」推崇「女性

---

18 鄭大模公派下的二世祖婆仁潘婆葉育操除了單墳祭拜之外，也以全名銘刻於墓碑上。

圖 4-4：桃園市楊梅區鄭大模公派下二世祖婆葉育操石碑與雕像
資料來源：作者提供

社會再生產」的定位與角色，但在田野現場蒐集到更多「祖婆離開祖
婆位置」的案例。幾位受訪者紛紛提到自己母親因「跟宗族成員不
熟」而不願意進夫家祖塔，雖然媳婦常肩負起祭祀相關的協助工作，
但正式祭祀場合實為男性的顯性／陽性空間，加上宗族親屬網絡通常
由數個世代的血親男性親屬形構而成，媳婦如果沒有積極參與其中，
很容易跟公廳祖塔內的人、事、物有著一定的距離感。活躍在原生宗

族事務的 LA56 就笑著說，她母親一開始表達不願意進祖廟：「我母親就說，『那邊……那老人家……，哎唷，我都不認識！』」，後來幾經 LA56 父親說服，才同意跟父親一起進入祖廟，她說：「哈哈！那我老爸他是認為說，『啊我們就自己的……祖廟，裡面有的放就放啊……』，啊他以後也會放在一起呀」。在爸爸強調也會一起進去的保證下，母親最後才順利同意百年後進到宗族祖廟去。

另外，除了「跟宗族不熟之外」，幾位不願意進入祖塔接受後代祭祀的婆太，都跟「不願意再繼續服侍夫家人」有關，分別是 LA107 的三姑的婆婆、LA108 的姐婆、LA87 的繼阿婆跟母親，特別是這幾位婆太的都是「委婉的」在先生過世喪禮期間或過世後一段時間，表達給子女知道。

第一位，LA107 家的家族關係網絡非常密切，他分享嫁到竹北的三姑夫家裡的情況，三姑的婆婆尚未過世前，就跟三姑跟三姑丈表達「我不要進你們家祖塔」。LA107 說：「她是說她死掉就已經不是你們家的人了，然後死掉之後進去，我又是照排位又是最小的，我還要去服侍你那一堆人，她說她不要，就交代說她就是要自己出去」。於是三姑丈遵從他母親的心願，之後自己也沒有進入宗祠，「特別是後來我三姑丈過世後，他也沒有進祖塔，就是跟媽媽一起出來，他希望他後代子孫可以繼續拜他母親，就跟著出來」。

第二位，LA108 的外婆是少數表達不願意進入夫家祖塔目前還健在的案例。LA108 說：

我媽媽的爸爸媽媽，他們都是客家人，我外公就是過世的時候，我外婆就確實有講，到時候我死了，也不要放那邊。她用客家話講，她說：「我照顧他一輩子了，我到時候下去做牛做馬還要照顧你們家的人」。……就是那時候我外公剛過世，正在辦喪禮時講的。……對，那個時候就在講說我外公要放在哪邊，後來我外婆就突然說，「到時候我死掉，我要自己去外面買一個塔位」。我舅舅他們就說，「那個都分好了，幹嘛要額外花錢？」我外婆就講了這句話，就是說，「我在 OO 家做牛做馬一輩子，我不要死後還要照顧 OO 家的人這樣子。已經做牛做馬，死後我再也不要見到這些人。」我那時候也跟舅舅講，我說，我阿婆既然就講了，那她的意願就是這樣，就照著她做吧。雖然她還沒過世啦。

　　另外一位住楊梅的 LA87 回憶說，他們家兩個世代的媳婦都不願意進入夫家的公廳祖塔，LA87 的繼阿婆 40 多年前過世時，當時繼阿公已過世許久，根據 LA87 的說法，繼阿婆是脾氣直率的老人家，她很清楚的表明「不願意進 OO 家的祖塔，不願意再繼續服侍 OO 家人」，LA87 的父母親遵循繼阿婆的心願，將其安置在大溪公墓，新年與清明時節再定期前往祭拜。

　　而 LA87 的母親（H 女士）是一個「繼婚家庭」跟兩個宗族規範的案例，正可反應出女性在兩段父系婚姻中的附屬地位與邊緣卑微。約六十年前，LA87 的母親在第一任先生（姓 FN10）意外早逝後，為

養活子女就帶著三個小孩「改嫁」，婚後與繼父也生了幾個弟弟跟妹妹。因為 LA87 跟姊姊、弟弟並未被被繼父在法律上正式領養，因而家中眾多姐弟們分屬兩個姓氏、兩個宗族。LA87 的母親曾是童養媳[19]，原本預備配婚給養父母家中男孩，卻在荳蔻少女時跟父親談戀愛結婚。對 LA87 的母親來說，跟意外過世的父親的婚姻是用生命反抗童養媳家庭爭取來的幸福。前些年 LA87 的繼父過世後，LA87 母親開始偶爾鼓起勇氣透露自己的心願，她不願意進入第二段婚姻夫家的祖塔，希望將來百年後能跟安置在 FN10 宗族祖塔的父親在一起。對此，LA87 身為 FN10 宗族成員，平時熱心參與宗族事務，也跟宗親相當熟絡，他說：「根本無法跟宗長提，我母親已經改嫁，已經不是 FN10 宗族那邊的人了，不可能回得去，根本不可能，連提都不用提」，但是「我母親又不願意進我繼父那邊祖塔」。LA87 的母親表明的願望恰恰呈現出已婚女性在父系婚姻中的位置隨著先生而移動的困境。

若將主角換為宗族男性，幾乎不太會發生「再婚」對死後安置的影響。根據宗族規範，當男性的首任老婆意外或生病過世後（非離婚），即可安置與進入宗族公廳祖塔或是家墳中，男性也能自主地前往探視與祭拜。若男性再婚的話，第二任太太也會尊第一任太太為象

---

19 關於童養媳的討論，詳見連瑞枝（2010）與曾秋美（1998），臺灣早期盛行出養女兒的原因，可能包括扶養困難、家庭忙碌缺人手照顧、重男輕女、只要媳婦不要女兒、賣女抵債或償還等。

徵意義的「姊姊」，表明家中的倫常位階。未來在大家百年後，先生跟這兩位配偶都能安置入家族或宗族內。[20] 然而，LA87 的母親「再嫁」後，就再也沒有見到機會去前任先生的宗族公廳與祖塔探望與祭拜先生，時間長達 60 多年。前任先生的宗族進不去，現任先生的宗族不想去，這是在女性跟兩段父系婚姻難以言說的困境。2019 年她過世後，LA87 與兄弟姊妹為了尊重母親的意願，將其安置在最熟悉的出生故鄉的公墓裡。而 LA87 的母親至今未安置入任何一個宗族祖塔的情況，也讓她分屬兩個姓氏、兩個宗族的兒子、已婚女兒跟孫子女們都還能同時持續前往探視與祭拜。

　　然而，安置在公墓並非就沒有其他煩惱。LA87 的母親是典型的客家人，相當在意死後「要有子孫拜」的傳統觀念者，因此未來「誰能繼續拜」是 LA87 跟姐弟們傷腦筋的問題。LA87 跟姐弟們開始籌想到未來情況，當他們這個世代過世後，可能就會發生母親無人祭拜的情況，「評估孫子輩不會再繼續來拜，一代還可能，兩代之後就不會來了」（LA87）。LA87 也跟姐弟們討論後發現，將母親骨灰甕跟牌位遷回繼父宗祠去，才有可能未來繼續有子孫拜。如果未來是這樣的方向，表示 LA87 的母親遺願不僅落空，還往了一個她不希望的方向發展。LA87 的母親其實是在四個宗族對女兒、媳婦的規範的交錯關係中被落下了，原生宗族、童養媳宗族、第一任先生宗族，以及

20　在此舉這種類型的例子，是要呈現男性與女性若有多重的婚姻狀況，在父系文化中的喪葬安排的差異，正是女性在父系家庭中被系統性規範的困境。

再婚先生的宗族，這四個宗族都沒承接到這樣處境的女性。LA87 無法跟 FN10 宗族提出母親願望，除了擔心違反宗族規範之外，也擔心繼父宗族因沒面子而弄壞關係，而跟原生宗族則因「出嫁即外人」規範而無法返回，跟童養媳宗族則是因忤逆與破壞童養媳契約而斷絕往來。這些都恰恰反應出了父系繼嗣權力對女性的影響，也反映出女性跟婚姻身分在此一父系繼嗣體制中的困境。

就宗族作為一個系統性的整體，個體如丁仁傑（2013: 156）所指出的「被結構化」，依明確原則被納入結構之中，對已被納入整體的個體來說，都有既定的位階跟與之相應的互動方式。從未婚女性、離婚女性、已婚女性的百年後情況來看，都呈現出宗族作為血親家族的權力象徵，對性別與婚姻身分的規範影響甚深。而本段前述幾個不願成為宗族祖婆而離開的媳婦案例，凸顯了不願意進入系統被結構化的女人的行動意向，不一定跟眾人期待的一致，也不一定合於結構規範。不論這些已婚女性是自願的離開，或是非自願的無法返回而不在結構系統內，但在其表示意願下，重要的實踐意義在於，這些女性作為行動主體在自主意願的多重行動，具有行動者啟動能動的意涵。也讓我們看見一位女性在找尋終極自主的路上，試圖從被安置於「媳婦」「婆太」等的各種角色中掙出一點空間，而走向自己想要的方向。

四、掉出邊界之外的例外

隨著社會發展與家庭組成型態的改變，「『家』（family）的內

涵意義有許多論述不斷擴展」（王曉丹 2012: 6）。有許多人與人間異質性的親密關係，被目前的主流家庭組成的邏輯拒斥，也被重視傳統父系繼嗣家庭型態的宗族文化所排除。「排除是存在於關係狀態中的一種區隔與差異的過程」（葉永文 1998: 10）。但性別既是宗族的邊界，也是明確的界定原則，在性別界線逐漸解構、反身思考之際，陸續浮出更多案例是此一整體所無法納入的，也就是說，在父系繼嗣原則下，許多行動者其實是被漏接與排除。當我們在討論「界線」為何，以及此一界線作為結構的可能影響之際，當然，從這些個別的經驗來看，「為什麼要進入此一整體」、「能否不進入整體」、「如何在結構間穿梭」也是行動者的納悶。本節將延續前節議題與案例，進行幾個案例的討論，以呈現行動者在結構困境中所面對的困境，以及她／他們如何回應與行動。

在這幾年的訪談中，家庭內有不同的親密關係或不同於一夫一妻組成的方式，是很常收集到的田野資料，通常在詢問受訪者百年後的安排，若有不同回答者，多數都有別於傳統父系家庭的一夫一妻模式，因而無法或是不願意進入系統，這些異質性是先前以強調整體、完整、純正的系統所無法納入的。第一類是同時有兩位女主人的案例：家庭生活同時有兩位女主人的三個案例，分別是一位是案1大老婆（LA105 的阿婆太[21]），案2小老婆（LA106 的姐婆）、案3小老婆（LA107 的姑婆）。首先，案1大老婆：LA105 的阿公太有兩個老

---

21 客語稱曾祖父母為「阿太」，若細分性別，曾祖父為「阿公太」，曾祖母為「阿婆太」。

婆，LA105 的阿公、父親是屬大老婆這房，而在家庭生活中，小老婆這房兒孫已進入整個阿公太的家族系統中，同時一直維持兩個親屬家庭的運作。

原本不論大老婆這房或小老婆這房的子孫，都安置於宗族公廳與祖塔中，後來，因 LA105 這房家族中有男性長輩重病，在風水師建議下，LA105 的父親將阿婆太、阿公、伯叔公等整支阿婆太的子孫們陸續從祖塔遷出，維持阿公太與小老婆都留在原宗族祖塔。在有小老婆另一房子孫的存在下，加上阿婆太與她已故子女們已從祖塔遷出，LA105 父親這房的親屬網絡與原宗族網絡互動漸轉為淡薄，逐漸少回原宗族公廳祖塔祭拜阿公太，有另外祭拜的態勢。

再來，案 2 小老婆，是受訪者 LA106 的姐婆。LA106 前幾年去苗栗頭份參加姐婆喪禮時，才知道姐公原來早另有婚姻家庭，姐婆也跟案 3（LA107 姑婆）一樣都是小老婆。LA106 原先並不知道姐公跟姐婆之間沒有婚姻關係，也對於父母親與其他長輩從未在家裡提過這件事「感到驚訝」。雖然姐婆這支子女、孫子女等家庭成員已被姐公宗族承認與接納，但因為沒有經過正式的法律婚姻形式，姐婆在過世前就非常堅持不願意進入姐公宗族的祖塔。LA106 說：「姐婆很堅持不願意進我姐公那邊的祖塔」，後來，姐婆的子女們（LA106 的舅舅跟媽媽）就把姐婆安置在外面的墓園。然而，接下來的後續祭拜問題也逐漸浮現。姐婆的兒子與媳婦、孫子與孫媳婦們（即 LA106 的舅舅與舅媽、表哥與表嫂等），也就是姐婆的兒子們面臨了父親在宗族祖塔、母親在外面墓園的情況。他們雖可跟著父親回到宗族祖塔接受

後代子孫的祭拜，象徵非婚生子女的認祖歸宗，但母親表明不入祖塔，就讓他們重新思考要否將來也依母親在外安置，或是把母親遷回父親祖塔，或是另外找其他方法。

　　第三個，案 3 小老婆，是 LA107 的姑婆：LA107 的宗族中有一個「田姑婆」，年紀約 80 歲左右，田姑婆育有數位子女，跟孩子的父親沒有婚姻契約，也沒有進入他的家庭生活與網絡中。LA107 說：「從小我都叫她是田姑婆，她也有生了幾個小孩，到最近我才知道原來田姑婆沒有結婚，是別人家的小老婆，孩子的父親姓 FN04，已有另一個婚姻家庭，也是在地人」。田姑婆的日常生活往來一直以原生家族關係為主，家族內對情感關係的討論向來多迴避，田姑婆幾乎不談此事，也未表達自己百年後的情況。以宗族規範來說，田姑婆與其子女並未進入孩子父親的家庭、家族生活去，在百年後根本無法進到孩子父親的宗族內相聚，孩子父親也無意離開宗族，跟她共同安置在外面。幸好，LA107 的宗族在多年前已設有姑婆塔，他表示父母親跟宗族宗長們已有初步共識，將讓田姑婆留在宗族內，他說：「我爸媽他們討論過了，會讓田姑婆進到姑婆塔去」。

　　前述大老婆（案 1）與兩位小老婆（案 2、案 3）的情況，這三個案例都沒有待在或進入孩子父親的宗族祖塔，案 1 因故全家遷出祖塔，案 2 跟案 3 兩個小老婆都未進入孩子父親的宗族系統。若以傳統習俗來說，這三個案例都無法再回到原生宗族安置，在文化上，無論有無被男方的家族接受或是婚姻關係，她們與外姓男子育有後代子女，就已被歸到男方系統，女子生子很少被原生家庭看成「要把孩子

帶回來認祖歸宗」。傳統父系繼嗣社會，在原生家庭與夫家家庭之間，女性才有著「歸屬」的議題要處理與面對。在這三個案例中，案3的田姑婆被原生宗族接納，將入原生宗族祖塔。

這個案例看似沒有歸屬到男方宗族系統而回歸本原生宗族的情況，所帶出的可能創生行動是，女兒的重返原生宗族，特別是成年有子女的未婚女兒。這其中還有香火的延續議題，若這位女兒的子女從母姓，部分宗族開放從母姓的子女日後將可持續參與祭拜，後代子女也有機會持續留在宗族祖塔內，長遠來說，由女兒與其後代子孫將可升格成為宗族的祖先之列。女兒生子從母姓所形成的（新的）家庭關係與型態，對強調香火延續的宗族是否／能否接納，提供了一個隱晦的轉化過程，並非不必然也並非不可能發生。2016 年迎回姑婆回家的祭祀公業管理人 LA70 就表示，他們這次修改管理辦法，除了讓未婚無嗣的女兒回家，也將接納未婚有子嗣者回來，前提原則是子女需姓本家姓，且願意回本宗祭拜，這無疑是宗族祖宗成員組成結構調整的開始。早期未婚生子的困境（小老婆）跟新的未婚生子的突破（從母姓者、同婚者），在跟原生宗族關係路徑上重疊，意外為宗族女兒開拓出一條成為原生宗族祖先的路徑。

第二類案例是宗族系統跟繼親家庭之間關係，影響與壓抑了個別親屬之間的關係，分別是 LA87 與 LA108。如前節所示，LA87 的母親不願意進入繼婚夫家祖塔，期望重回意外早逝的前夫身邊，LA87 說：「她的意思主要是想跟我爸在一起，比較不是說要回祖塔的意思」。回去前夫宗族祖塔的可能性幾乎是零，而 LA87 父親已入

FN10 宗祠 60 多年，如考慮將父親遷出祖塔，安排兩人同時安葬，此一方法雖可實現母親遺願，但卻對繼父宗族根本無法交代。一個女性的遺願實現實則牽涉到兩個宗族，甚至是與 LA87 母親原生宗族的多重關係。LA87 同時也考慮跟猶豫自己百年後的安置與母親的關係。許多宗族男性安排身後事最主要的想像與規劃，是能回祖塔跟父親、阿公阿婆與同宗眾多堂兄弟們同聚。LA87 若像 LA107 三姑丈一樣陪著母親一起離開祖塔，他說：「那我爸怎麼辦？以後我的子孫就不會去拜我爸」。若將來自己回到 FN10 祖塔去，不論母親回或不回繼父祖塔，那 LA87 跟共同生活一輩子的至親母親勢必分開。此一困境，對 LA87 的異姓氏弟弟們來說也同是困擾，若未來持續尊重母親遺願不將母親遷回父親宗族祖塔，同樣會遇到母親往後的祭祀問題、自己與共同生活一輩子的至親母親分離，同時也要承擔本宗宗親的關切。而對母親來說，如果將來隸屬兩個宗族的兒子們陸續在百年後回到各自的宗族安置，她將會成為獨自一人被孤絕的狀態。[22]

另一位 LA108 的情況，也同樣困在繼親家庭、傳宗接代跟宗祠之間的交織結構中。29 歲的 LA108 在約三歲時，生父生母離婚，生母取得監護權，遂跟著生母生活。後來六、七歲時生母再婚，LA108 被繼父收養，並從生父的 FN11 姓氏改為養父 FN23 姓。後來生父也再婚，並與繼母領養一個兒子，直到高中時，生父意外過世，生父

22　宗族男性成員維修祖塔與公廳繳交的丁費，大都已涵蓋百年後的安置權益與部分掃墓基金。在訪談中，多位受訪者表示「宗族的塔位都已先預留」。

家族的傳宗接代議題浮出檯面。生父親屬們陸續找生母討論要求讓 LA108 改回生父姓氏，並回到生父家與奶奶、繼母與弟弟共同生活。LA108 成熟的說，他完全能了解兩個家族認為一定要有兒子傳宗接代的堅持，對於改回生父姓氏，他並不拒絕，於是，就這樣開始了在兩個家庭之間的生活狀態。LA108 雖改回生父姓氏，也特地每個月回去跟奶奶、繼母、弟弟生活幾天，也在重要年節回「家」團聚，但他從小時候母親再婚後，實則已跟繼父這邊家庭一起生活，親屬的互動來往也以繼父這邊的網絡為主，這裡有著共同生活了 20 多年的經歷。前幾年，生母過世，按宗族規則已先進繼父 FN23 姓宗族祖塔。

LA108 有些跟 LA87 相似的困境陸續出現。因 LA108 已改回生父姓氏，無法再以 FN23 姓氏子孫名義回到祖塔祭拜母親，他說：

> 我跟 FN23 氏宗族就是被收養的那十幾年的關係，那一段。……後來我媽過世，加上我過來生父這邊之後，就整個被終止了。
> 其實拜我媽媽的部分，我都只去城隍廟，就是說，是用轉達的，我其實沒有去（公廳）拜過我媽媽。她只有剛過世的時候，先借放在外面臨時塔位時，那個時候我有去。然後到後期，入塔後我其實都沒有去。……
> 他們 FN23 家現在沒有明定的說，你不是我們家的人，但是其實他們也不會特別說，欸，誰來，邀請你說，你要不要一起來拜？Never，從來不會。……我們就是跟這邊的關係就是存在一種很曖昧的狀態。

面對此一隱晦難言的關係狀態，其實 LA108 最在意的是無法進入 FN23 氏祖塔再看到母親，「我在意的是，再也看不到我媽媽（塔位／骨灰罈），我會覺得其實是這件事情」。

五、小結

本章主要從宗族的「未婚女兒」、「離婚女兒」、「已婚女兒」到「入門媳婦（婆婆）」的位置，討論她們過世喪期合火後的宗族安置，特別從上公廳入祖塔為例，以呈現女性如何因婚姻身分中的附屬地位而被體制系統性的排除。父系繼嗣體制中的女性被以「性別差異」與「婚姻身分差異」兩種差異，進行權力的區隔，被排除成為體制權力繼承者與行動者的可能。在此要強調的是，這些女性能否回到與不想進入公廳宗祠祖塔，雖能用個別家庭或個人方式的處理就能回應此一議題，但這樣回應還是迴避了從父系繼嗣體制對女性的系統性排除來理解。然而，本研究也不否認，附屬者在轉為行動者的集體能動過程中，採取某些迴避策略在相當的積累後，也可能（繞道而行）對體制結構產生影響。經由前述討論，又導引出幾個提問討論，再思父系繼嗣體制與性別間的關係。

第一、未婚女性能否成宗廟祖先：根據廖小菁（2015a: 134）在何仙姑信仰研究中，指出盛行在廣東地區的宗族制度，在明清時期已成為在地「社會秩序與創造社群身分認同的主要機制」，這些地區向來有「抗婚」的女性，她們透過「宗族語言的轉化與操作」，已經成

為宗族「建構社群認同」的元素與用以區分「我群邊界的重要文化資源」，因而抗婚女性「在宗族社會中被賦予具有正當性的享祀地位」。此種「抗婚的未嫁女所處的地域社會結構，正是宗廟與神廟系統截然二分的宗族社會」（科大衛、劉志偉 2000），也是「父系宗祧制度強制主宰資源分配秩序，因此女性只能順服或造反的社會結構」（廖小菁 2015a: 180）。

　　早期，抗婚與未婚等不在婚姻秩序中的女性，並不符合漢人親屬結構與父系繼嗣體制的理想期待，不論是活著或過世後都徘徊在社會的邊緣地位。Potter（1974）指出這些女性被雙重排除在成為祖先之列，不僅被原生宗族排除，也無法通過婚姻而進入夫家宗族的親屬秩序，也就無法享受後代子孫的祭拜。當時女性拒絕走入婚姻制度，有些採取離家修行的行動，「表面上是對父權權威的挑戰，實則凸顯未嫁女兒的身分，對父系家族結構可能造成的衝擊與威脅」，因此，在成為祖先神之路，必須「捨棄女兒身分，昇華轉會為具有媽、婆等形象的神聖象徵」，才符合社會期待的女性角色（廖小菁 2015a: 137）。[23]

23　李玉珍（2010: 241）研究探討臺灣齋姑、齋教與宗族的關係，她指出臺灣雖沒有像此種明清時期盛行於閩粵地區女性拒婚習俗，但日治時期全臺出現「家族式女齋堂，以不附屬齋教的教團，採取在家修行的方式，各自與家族聯合，這個運作方式與華南拒婚習俗功能類似」。不論是閩南大家族的女齋堂或是教派齋堂中的客家齋姑（例如獅頭山元亨寺），雖有取得宗族資源的不同，但這兩者都反應出其中某些女性參與者的特定性別處境，包括未婚女兒、童養媳等。

　　探討女兒能否成為父系傳承軸的祖先這個提問，呈現出結構界線的合理性與正當性為何的思考，結構界線又是如何界定？決定者與主權者是誰？女兒重返宗族是一種補救與救濟管道嗎？此一補救與救濟管道在供其成為享祀祖先之際，能否同時協助其重返結構與制度之中，或在補救與救濟之中，進一步生成為另一個嶄新能動的可能？目前部分宗族陸續讓未婚女性得以返回本宗宗祠，在性別意義上，首先打開了宗族肯認與接受宗族女兒的成員地位正當性，讓不同脈絡下的女性重返將逐漸增多。

　　第二、例外狀態的可能意義：父系繼嗣體制排除「非男性的」、「非生育的」兩個面向的排除，並將生育視為必須是婚姻結構下的產物。早期未婚女兒生子，大多為「小老婆」的處境脈絡，難以獲得本宗與對方宗族的肯認，因而在家庭所構成的關係網絡中，多處於曖昧浮動的地位。宗族的男性成員因「身為男性」就能持續協助系統生成，不論是否有無結婚、或未婚生子或無子嗣，都不會構成他們進入公廳祠堂的威脅。「未婚女兒生子」返回本宗安置的意義，除了修復早期常有的小老婆處境之外，也可能將有新的不同脈絡下的未婚、不婚、已婚、離婚女性生子重新納入，也就是，包含未婚女性生子從母姓、已婚女性生子從母姓、同婚女性生子從母姓等的重返本宗安置。若同時族譜將女兒的子嗣登錄為成員並視為丁戶等，這些由多種不同狀態的女性的重返系統，特別包括了 2019 年同婚法——司法院釋字第 748 號解釋施行法——通過後，宗族接納男同婚、女同婚與其子嗣，

這些將可能成為排除的納入的「例外狀態」（state of exception）[24]，也開始撐出《女歸成神》的實踐空間。

例外狀態能否成為常態？父系繼嗣體制主權者擁有決定例外狀態的權力，女兒被父系繼嗣體制排除在成員資格之外，進入婚姻者則交換出去，不進入婚姻者則被「放生」，成為「裸命」。而前述未婚女兒、不婚女兒、離婚女兒等從「失序」狀態，重返系統之內，此種例外正是處在秩序與混沌的界線上，也是從失序位階往例外狀態的跨越。這些例外是在父系繼嗣體制的暫時性處置，並非廢置原有的只承認男丁等核心規則，而是藉對例外的權宜處斷，重建／再建「正常」的秩序。而未來當例外狀態越來越多逐漸成為常態，成為某種新的規則之際，這些例外正在穿越權力與權威之間、失序與秩序、生命與宗法之間接合的虛擬，並揭露這些虛擬而分離它所宣稱連結之物，也就是本質化性別作為秩序的不穩定。

社會的持續變遷，性別界線也因解構持續變動，宗族體制本質化性別，以性別差異與婚姻身分進行權力區隔，是否能回應社會的變遷與性別平等的發展？許多女性主義注意到讓女性發聲的重要性，臺灣當代「妻」、「母」、「媳」等「女性經驗」的研究，尚有很大空間有待研究者的努力（王曉丹 2012）。Gayatri Chakravorty Spivak 從「從屬者能否發言」到「從屬者如何取得能動力」思考的核心向來集中在集體行動主體的構思與想像。不論是從屬者作為邊緣主體的自我發言

24　關於例外狀態的討論，詳見 Giorgio Agamben（2010: 20, 239）。

位置，或是由學者或他者進行的代言，乃至於僭越代言的位置，都建立在活生生的經驗，以及在秩序與界線下所體現的生命樣態上。張君玫（2016: 223）指出 Spivak 要強調的是「任何的發言行動都必須具有某種制度上的效力，才能夠真正被視為有效的言說行動，並產生確實的作用」。重新納入未婚、不婚、離婚、已婚女性或同婚者等，使之從失序成為例外狀態正是重回制度界線上的曖昧。本章僅從女性跟宗族的關係進行享祀層面的討論，男性與女性作為行動主體與邊緣主體的經驗涵蓋層面多重，有待日後更多的發言浮現。

第五章　繼承代表與橋接認同

　　父系繼嗣體制除了影響私領域中男性與女性多種權益之外，也對性別在公場域的參與有所作用，其中以家族政治、宗親政治（clan politics）跟在地政治間的關係影響深刻。女性的政治參與受到許多社會文化因素彼此交互影響，有鉅觀的政經與社會結構，也有來自於地域社會的特殊因素，接下來將討論女性參政在包括家族政治、宗親政治、傳統性別文化、族群與地域性之間的多重交織，由於篇幅過大，分為本章與第六章討論。[1] 本章將先討論父系繼嗣體制對女性參與政治的影響，著重於女性參政在原生家庭、婚姻家庭、宗族親組織之間的關係討論，第一部分討論女性參政爭取家族政治「代表性」；第二部分討論宗親政治與在地政治的關係；第三部分討論候選者跟宗親政治關係的浮現；第四部分討論女性參政需進行橋接行動，以爭取宗親政治「認同性」的象徵意義。

1　關於宗親政治與家族政治等父系繼嗣體制對女性參政的影響，筆者曾分散地在姜貞吟（2011）、姜貞吟（2013）、姜貞吟（2016）探討過，本章初稿曾於姜貞吟（2015）（2016）初步發表，因而本章總整理前述論文的論點，部分內容改寫自前述論文，並再進行擴充。

　　臺灣女性在政治參與的比例逐漸提高，數量的高比例是由各種不同的層面與因素交互作用所組成，事實上，女性政治參與的脈絡與異質相當高，會因選舉層級、選舉制度、經濟與社會文化等差異，有時相同的比例卻可能難有等同或類比式的構成條件。近期已有其他國家治理者積極達成「平權內閣」（parity cabinet）[2]，宣誓女性與少數群體的多元代表在政治參與的重要性。我國在中央與地方層級的民意代表選舉，2020 年第 10 屆女性立委的比例首度突破四成，2018 年的直轄市與縣市議員選舉的女議員比例也逐屆增高，總平均超過三成。而2020 年臺灣第一位女總統雖連任成功，但 2020 年 520 新內閣就任卻只有 2 位女性政務官，內閣女性比例僅達 4.76％，女性參與政治場域的低比例至今持續是跨國的、相當普遍的現象。[3]

　　哪些因素會影響女性的政治參與？學界探討性別跟政治參與，將政治機會結構對性別影響分為「政治需求面」與「社會供給面」（Lovenduski 1986; Randall 1987; Norris and Lovenduski 1995; 楊婉瑩 2007），已累積豐富理論與概念的相關討論。除了從前述政治需求面與社會供給面分析女性政治參與之外，近期在 Robert D. Putnam（1993, 2000）提出「社會資本」概念之後，也越來越多性別研究學

2　2015 年 11 月 4 日宣誓就職的加拿大新總理 Justin Trudeau 公布內閣名單，任命半數女性閣員與多元群體代表，達成競選承諾籌組「平權內閣」（parity cabinet）（自由時報 2015）。

3　內閣女性政務官人數與比例之計算基準，乃依照行政院人事總處提供之性別統計資訊與統計範圍為準。選舉資料請參見中選會選舉資料庫，取自 https://db.cec.gov.tw/。

者（Lowndes 2004; Bruegel 2005; O'Neill and Gidengil 2006; Norris and Inglehart 2006; Sapiro 2006）採取此一概念來分析女性的政治參與。[4]社會資本跟政治參與的討論，使得學者更加重視社會因素的重要性，女性的公民身分跟社會參與的分配與權力的分配關係密切。

　　西方研究多數集中討論職業、母職角色等因素，跟女性各種資本積累的關係與影響。Vivien Lowndes（2004）指出女性的社會資本大多與鄰居網絡或社區社群產生連結，較少像男性一樣將社會資本運用並轉化為政治參與之用。男性跟女性除了有社會資本連結途徑的差異之外，Ronald Inglehart 與 Pippa Norris（2003）指出（西方）女性相對也較少參與社會團體與各種組織網絡，這可能同時產生她們較少參與政治活動的影響效應。此外，也有學者提出職業的性別差異，會影響網絡群體的互動關係，Bonnie H. Erickson（2003）研究加拿大的職業，指出男性跟女性都較傾向跟不同職業的相同性別群體建立互動關係，形成男女網絡的性別水平區隔。職場中性別區隔的現象在 Pippa Norris 與 Ronald Inglehart（2006）隨後針對 50 個社會進行的調查也有相當接近的趨向。[5]

4　Putnam（1993, 2000）主要從社會資本與社會關係解釋政治參與的差異，此一解釋途徑促進對「政治現象社會化」的分析與探討，也使得研究越來越重視社區網絡與政治參與的交叉關係，以及政治活動的非正式和正式領域的交織（Lowndes 2004）。

5　另外也有從社會資本跟政策類型關係來討論政策的性別差異，包括「偏好差距」（preference gap）與「強度差距」（intensity gap）等（Goss and Skocpol 2006）。

　　除了普遍的政經與社會結構影響女性參與社會與政治之外，在特定的地域或地方鄉鎮，性別結構、族群身分、地域特性等因素，也是不可忽略的結構要素。地方女性參與政治，深受多重社會結構因素影響，部分選區的地方微政治與社會文化，影響不同性別的政治參與途徑與歷程。宗族與宗親系統與其成員網絡多數具有高度地域性，跟在地政治參與關係密切，宗親文化不僅作用於私領域，也影響公領域中的多種社會行動，呈現相互交織的狀態。在地政治結構有其特定脈絡，不能同一論之，本書僅討論某些參政者跟父系家庭、宗親政治的關係，以及宗親政治如何影響他們／她們的政治參與的形式與行動，而並非表示其他不依靠宗親政治者就無法當選或參與在地政治。

　　父系繼嗣體制的各種權力傳承多以男性為主，不論是在私領域或公領域層面，男性為權力關係的主要支配者，女性多處於從屬的權力狀態，這條支配與從屬的權力分配也形塑男性與女性在政治參與領域的權力結構。支配與從屬權力影響權力繼承與各種資本的生產與運用，也形成兩性在政治參與過程中有多重面向的差距，例如楊婉瑩（2007）分析政治結構機會，發現「政治態度與政治知識效能也男女有別」，而這跟女性是否參與政治活動有密切關係。此外，在政治代表性方面，在正式與高層級的治理機構中，男性與女性的政治代表性差異明顯（Norris 2002），概括而論，從性別的觀點來看，「政治參與長期存在性別差異」（林珮婷 2014: 83）。最近，Huang Chang-Ling（2016）以臺灣三次地方選舉為例，運算「落選的男性」與「當選的女人」在教育程度（education attainment）、社會參與度（social engagement）與政治經驗（political experience）三項指標的表現，有九成以性別保障當選的女性，並不輸於因她們當選而落選的男性候選者，甚至在這些特定的條件上常比他們優異。

　　前述不論是從社會資本面向討論不同性別的政治參與，或是以政治機會結構理論分析，都較少從家庭權力繼承面向討論對女性參政的影響，而臺灣宗親政治研究也還未有太多探討父系文化對政治參與層面的影響。較為清楚指出父系繼嗣體制或宗親規範影響的研究，例如涂懿文、唐文慧（2016）指出特定地方脈絡下的男性在不同生命階段，持續受到父系家庭強力的吸引跟控制力量，在遷移、結婚、就業等嘗試協商、翻轉與對抗的因應，最後仍「顯示試圖脫離整體父權支配時的無力感」與「難以逃脫父權文化結構的掌控」。而陳素秋（2015）在研究女性的社區參與時，發現社區「老人會」與「父系宗親制度」密切相關，在重視宗親秩序的社區裡，「老人會經常是村子內各種公共事務議論的處所」。父系繼嗣體制權力的男性傳承結構，不論是家庭或家族內、宗族與宗親團體的權力繼承，或是與之相關的資本積累的繼承，連帶的也受此一支配從屬結構影響。政治參與的性別化是長時期歷程的行動狀態，先前理論較少從社會條件（social conditions）中的家庭／家族／宗親族關係面向來理解政治行動者，因而，本章要探討的是父系家庭、父系體制如何影響女性的政治參與行動。

一、女性爭取家族政治的代表性

　　陳明通（1995, 1999）與楊婉瑩（2000）曾分別指出臺灣政治深受「家族政治」與「地方派系」所影響，選舉候選人常無法自外於這兩個結構因素。家族政治影響的層面可能是對政治場域的、經濟的或文化的，在此先以政治家族的家族政治做為代表進行討論。不少研究指出，若有政治世家、政黨支持與網絡連結的支持，常使得候選者具有選舉優勢更能創造與積累出選舉相關資源。蘇萱（2012: 3）指出從社會資本理論視角來分析候選人，如果候選者在參選地區有豐厚的在地社會關係網絡，開拓網絡的範圍廣度跟關係深度，就有較多的機會可贏得選舉，這種「透過家族繼承而來的社會關係網絡」，會反應在「候選人能有較佳的動員力能與募款能力」。不論在臺灣、日本、美國或其他國家，政治家族的形成相當普遍，例如日本國會議議員中具有政治家族背景者約占四分之一到四成左右（Ishibashi and Reed 1992; Norris 1997）。政治家族的優勢主要為政治家族的高知名度、家族積累的政治資本網絡，以及提供政治社會化（political socialization）的歷練機會。

　　Michihiro Ishibashi 與 Steven R. Reed（1992）研究進一步指出，日本政治繼承者的政治競爭優勢主要表現在競爭較少的選區中，第二代的勝選率為 78％，遠高於其他候選者，但在高度競爭的選區則沒有太大差異。候選者繼承來自政治家族的各種資源，猶如繼承世代的政治光環增加當選機會，政治家族資源的世代繼承也引起學者討論

對於民主政治發展的影響（Norris 1997; Taniguchi 2008; Dal Bó, Dal Bó and Snyder 2009）。雖然政治家庭不利於民主政治與政治競爭，但政治家族紐帶（family ties）卻對家庭成員參與政治事務具有多重訓練作用，Mariette Sineau（2001: 204）以法國女性議員研究為例，主張政治家庭是家庭成員政治社會化過程中重要場域，不僅讓成員時時刻刻沉浸於政治事務相關的討論與分析，同時也能接收與持續積累動員網絡，成為及早接觸政治的重要管道。

　　政治家庭提供形塑政治菁英的資源與管道，許多參政者都跟政治家庭、家族關係密切，Sineau（2001: 206）比對法國 90 年代末期當選的國會議員比 60 年代末期（52％）時的政治親屬比例有降低趨向，1997 年當選的國會議員中，45％男議員與 39％女議員的父母或近親中至少有一人是公職人員。美國早期女性國會議員也跟政治家族關係密切，美國 1917-1940 年女性議員中有 50％出身政治家族，1941-1964 年比例降為 17％，1965-1982 年依舊是 17％，到 1983-1993 年則維持在 15％（Gertzog 1995: 39-42）。Ernesto Dal Bó, Pedro Dal Bó 與 Jason Snyder（2009）進一步分析長時期的參政跟家庭關係的影響，發現美國 1880 年至 1994 年美國參眾議員跟家庭親屬的關係密切，只要曾擔任過國會議員者，其家族親屬之後也成為議員的機率是一般議員的兩倍，有趣的特點是這些繼承者多數為相對年輕的女性，多數在其出生州且較低競爭選區參選，集中參選參議院層級的選舉等。

　　蘇萱（2012）在對政治二代背景與候選人得票率研究中，發現臺灣政治二代背景的候選者比非二代候選者得票率多出約 4％，其優勢

包括教育程度高、有較大的機會得到國民黨與民進黨兩大政黨提名、現任者比例高，以及從政經驗者較多等。[6]西方學者指出亞洲女性參與政治過程中，最常見的親屬關係網絡通常來自於家庭紐帶（Jalalzai and College 2004）。姜貞吟（2011）對女性立委候選者的分析，也認為政治家庭豐沛的政治資源常讓子女可輕易進出「合格人才庫」（pool of eligible）的邊界，隨時有機會成為政黨提名或培力對象。年輕女性擁有政治家族資源得以參選中央層級的選舉，這邊要思考的是，女性跟男性候選者跟家庭的關係，女性是否比男性在參選時需多依靠政治家族？男性候選者是否也有這樣的情況？這情況是選舉層級越高才發生，在其他層級的選舉是否也如此？而女性所代表的政治家族是原生家族或婚姻家族？

臺灣的立委有一定比例來自於政治家族，地方層級的選舉是否也同樣有政治家族繼承的情況？在政治繼承過程中，家中子女的性別是否會是考量的因素之一？政治家族的政治權力繼承，是否也沿著父系繼承的文化邏輯運作？若有受到父系繼承的狀態，會是什麼樣的情況。本章要探討的即是，男性被父系體制預設為繼承者、接任者，因而由男性繼承政治家族，常被視為「理所當然」或「天經地義」，而女性若要繼承原生政治家族或是代表夫家政治家族參與政

---

6 根據風傳媒統計第10屆國會113位當選立委中，家族中有其他成員從政者共有42人，占全體立委的37%，將近四成。政二代的當選率大約將近一半，各自占國民黨與民進黨立委的比例介於三成七到三成八（林瑋豐 2020）。

治，是否會有不同於或是等同於跟男性一樣的途徑？若途徑相近，女性是否需採取不同的方式方能繼承參政資本，這些提問即是第五章跟第六章的核心關懷。McIntyre Angus 認為繼承父親或先生的政治資源的亞洲女性參政，需援用父權系統的資源，因而稱之為「父權租用者」（leaseholder of patriarchal power）（引自 Jalalzai & College 2004: 103）。但是在租用父權的框架下，租用父親父權或先生父權是否有別？這兩者對於必須在兩個家庭中移動的臺灣婚姻女性來說，是否就產生不同效果？「父親」與「先生」，分別代表原生家庭與婚姻家庭，這兩個家庭在臺灣父系繼嗣社會是有社會與文化意義的區隔，特別是對女性的影響。

臺灣女性參政者來自父親政治資本的繼承與傳承，例如臺灣的邱懿瑩、黃昭順、李慶安、陳亭妃、林岱樺、王昱婷、陳怡珍、蘇巧慧、陳玉珍、賴品妤、陳秀寶、許淑華、馬文君等。[7] 另一種來自先生或夫妻間的政治資本繼承跟移轉，國際上已有許多著名案例，早期臺灣黨外時期的「政治受難」家屬，例如葉菊蘭、周玉清、吳淑珍等較被視為代夫出征或繼承先生的政治資源，但近期有不同觀點指出，若兩者投入政治活動的時間相當接近或一致，也可視為政治場域中資源共

7　謝依鳳來自三代的政治家族，祖父謝言信，母親鄭汝芬、弟弟謝典林。三代的政治家族也可見高雄余家班的余玲雅，祖父余登發、母親余陳月瑛、弟弟余政憲跟余政道、姑姑黃余秀鸞、姑丈黃友仁、弟媳鄭貴蓮。政治家庭親屬是母親者，例如何欣純的母親是前臺中縣議員林淑滿、劉茂群的母親是八德市市代表張碩芬。但各國民主政治進程的脈絡不同，臺灣女性參政是否在參政類型、途徑等跟東南亞女性參政一樣，尚需另外的研究深入比較。

享的伙伴關係（姜貞吟 2009: 299）。現今持續有夫妻共同或陸續從政的政治資本轉移跟共享，跟早期政治受難的繼承與移轉已有不同的途徑脈絡。[8] 討論女性政治參與需要區分原生家庭與婚姻家庭，因為女性跟父系家庭的關係是複雜、多重與曖昧的。父系家庭繼承向來以男性傳承為主軸，男性繼承原生家庭的政治資源具有高度的正當性與合理性。女性在傳統婚姻觀中的「嫁出」原生家庭與「被娶進入」婚姻家庭，經常被原生家庭視為未來會是「別人家的」、「潑出去的水」，雖其在法律諸多相關權益早已受平權保障，但依傳統性別文化與社會慣行，女性繼承原生家庭的各項資本較常遇到排除與限制。

本研究挑選 2009 年跟 2018 年兩屆縣市議員選舉，就桃園市（縣）、新竹縣、新竹市、苗栗縣跟金門縣五個縣市，進行女性候選者跟政治家庭的關係分析。結果顯示：2009 年這五縣市共有 80 位女性候選者，其中有 43 位的家庭內有親屬曾參選或參與政治者[9]，比

---

8 例如羅美玲，先生為前南投議會議長吳棋祥；林楚茵，先生為臺北市議員梁文傑；溫玉霞，先生為前立委吳松柏；呂玉玲，先生為桃園市議員陳萬得；廖婉汝，先生為前屏東縣議員林孝先；陳治文，先生為前議員邱顯二；郭蔡美英，先生為前立委郭榮宗。

9 2009 年縣市議員選舉女性候選者有原生家庭親屬曾參選或參與政治者：陳美梅、劉茂群、黃婷鈺、郭麗華、邱伶樺、陳美玉、陳瑛、吳春芳、徐欣瑩、曾淇茹、曾蘭香、田雅芳、蕭志潔、王寶文、劉寶鈴、陳玉珍、唐麗輝。女性候選者有婚姻家庭親屬曾參選或參與政治者：林俐玲、呂林小鳳、呂淑真、陳治文、傅淑香、沐平波、陳賴素美、郭蔡美英、郭貴香、張葉芬英、吳菊花、彭余美玲、吳寀璇、鄭劉淑妹、魏秀珍、李黃錦燕、孫素娥、張家靜、劉寶鈴、謝端容、羅雪珠、邱秋琴、湯范秀妃、林淑惠、陳月娥、洪麗萍。本統計以慧科大、知識贏家、聯合知識庫等相關新聞媒體可查閱到的親戚與家屬為主，主要包含父母親、公婆、祖父母親、兄弟姊妹（含配偶）、叔伯姑姨舅、配偶等親等內之家庭成員。

例為 53.75%。在 43 位有政治家屬的女性候選者中，親屬關係來自原生家庭者共 17 個，占 39.5％，親屬關係來自婚姻家庭者共 26 個，占 60.5％。2018 年相同縣市，女性候選者增加為 97 位，其中有 31 位有政治家庭親屬關係[10]，比例為 32.0％。在 31 位有政治家屬的女性候選者中，親屬關係來自原生家庭共 16 個，占 51.6％、親屬關係來自婚姻家庭者共 15 個，占 48.4％。比對 2009 年跟 2018 年這兩屆地方議員選舉，女性跟政治家庭的關係發展有兩個趨勢：首先，女性候選者中有政治家庭比例明顯下降，從超過一半的五成三降到三成二左右。再來，女性候選者來自原生家庭的政治資本網絡比例提高，佔了一半；婚姻家庭關係網絡比例從六成降為接近五成。本研究雖未計算男性候選者在原生家庭跟婚姻家庭的家庭親屬曾參選跟參與政治者的比例，但依經驗法則，男性候選者的政治資本多數得自原生家庭的傳承，鮮少因代表女性配偶的政治家庭參選而進入政治場域。

從 2009 年跟 2018 年兩次選舉的數字看來，女性參與政治跟原生

10　2018 年縣市議員選舉女性候選者有原生家庭親屬曾參選者：林燕聰、鄭昱芸、徐筱菁、許櫻萍、張可欣、溫宜靜、施乃如、田雅芳、王寶文、陳美梅、陳雅倫、劉茂群、郭麗華、鄭淑方、魏筠、唐麗輝。女性候選者有婚姻家庭親屬曾參選或參與政治者：葉芬英、吳菊花、彭余美玲、林寶珠、廖秀紅、張淑芬、蕭志潔、李柏瑟、林俐玲、呂林小鳳、呂淑真、陳治文、黃傅淑香、陳秀玲、郭蔡美英。（其中三人也有原生家庭親屬參與政治，但因她們參選都在結婚後，故計為婚姻家庭類屬。分別為黃傅淑香、呂淑真、郭蔡美英）。本統計以慧科大、知識贏家、聯合知識庫等相關新聞媒體可查閱到的親戚與家屬為主，主要包含父母親、公婆、祖父母親、兄弟姊妹、叔伯姑姨舅、配偶等親等內之家庭成員。另因「鄰長」為行政區劃編組，若親屬為鄰長者不計入，例如黃朱秀娥的公公黃阿日，擔任鄰長服務年資已超過 50 年以上。

家庭親屬的關係比例正在提高當中，來自婚姻家庭的親屬關係比例正緩慢逐步下降中。父系社會以男性為主要繼承者的觀念，女生常被認為不適合繼承家庭資源，加上女性的性別社會化與養成過程，皆非訓練作為公共領域的政治參與者與行動者。若女性候選者的原生家族同有男性手足競爭政治資本時，女性很容易受到繼承代表性與正當性的質疑。特別是女性結婚後往往被看成是夫家人的觀念深厚，更加使其處在繼承的不利處境。

早期高雄余家班政治資本豐厚，余玲雅、余政憲與余政道三位同為余陳月瑛的子女，但在余玲雅「外嫁」後，不時有媒體放出弟弟余政憲公開發表聲明，請大姊余玲雅以「林家媳婦」參選，不要再使用「余家女兒」當作宣傳與拜票口號（姜貞吟 2011: 220）。他更主張余玲雅是「嫁出去的女兒、潑出去的水」，企圖把她排除在余家政治資源之外（聯合報 1992；聯合報 2001）。余玲雅被排擠的動力來源跟誰有資格繼承家族政治資源有關，在這個案例上，問題就是哪個性別有資格繼承原生家族資源。顯示跟男性候選者比較起來，女性候選者的政治繼承途徑不同於男性，女性常需面對原生家庭的政治繼承「代表性」的質疑。

雖然政治繼承以男性為主的情況正在改善中，本研究進一步再比對女性候選者有政治原生家庭者跟婚姻家庭者的年齡差異，發現若在有婚姻家庭親屬下的女性候選者參選時年齡平均比有原生家庭親屬者多出 10 歲，且會晚將近 12 年才進入政治場域。有越來越多年輕世代的女性候選者是以繼承來自原生家庭成員的政治資本參與政治為主，

後續是否會受到來自父系家庭血緣縱貫性—父子繼承觀念而影響後續的政治參與，還值得長期追蹤與觀察。具體而言，從女性候選者跟政治資本間的關係來看，地方女性參政至少有兩層繼承意涵：第一，雖然中央層級、地方層級選舉跟政治家庭的政治版圖相互重疊，但地方女性候選者有政治家庭親屬的比例正在下降中。第二，地方選舉中女性候選者跟婚姻家庭的關係比例也逐漸下降，跟原生家庭的關係比例逐漸提高，顯示女性繼承原生家庭政治資本的代表性越來越被視為合理與正當，政治繼承的性別版圖逐漸改變。

二、宗親政治與在地政治

　　探討女性參與政治跟父系繼承的關係，除了從女性跟家族政治之間關係進行分析之外，另一個即是從宗親政治如何影響女性政治參與的過程進行討論。在臺灣參與選舉等政治事務，很難自脫於家族政治與地方派系之外，地方派系受到地域特性與在地文化影響會有不同的型態，部分地域的在地政治即是宗親政治。家族政治體現的是小規模的家庭、家族對女性參與公共事務的影響，宗親政治體現的是父系宗親文化對女性參與公共事務的影響。接下來就先討論宗親政治的相關現象，再進一步分析女性跟家族政治、宗親政治的關係。

　　桃竹苗跟金門地區在政治文化與選舉動員上，常見的宗親政治反而才是重要的地方勢力。桃竹苗與金門地區具有鮮明的宗親文化結構，有學者分別指出這兩地區的政治參與跟選舉需關注的是宗親政治

的動向。在劉佩怡（2005）、徐偉閔（2005）與陳宏義（2005）分別分析對桃園縣、新竹縣和金門縣的選舉與投票行為，都指出有宗親背景者較易受宗親支持，當選率有比較高的傾向。蕭新煌、黃世明（2001）觀察早期桃園縣跟新竹縣的民意代表選舉，也認同這兩個縣市的政治生態以「宗親力量」為主。沈延諭、王業立（2006: 2）分析新竹縣宗親政治的影響，指出相較於其他縣市地方派系林立，桃園縣跟新竹縣因「沒有傳統中長久且對立明顯的派系」，很難用盛行於其他地區的地方派系[11]概念觀察與理解在地政治。

　　桃竹苗與金門的選舉政治雖都有宗親勢力的影響要素，但彼此間仍有差異。例如彭鳳貞（2013: 393, 395）針對桃竹苗地區的客家選票與變遷研究中指出，自 1980 年代中期到 2012 年新竹縣客家選民在總統、立法委員與縣長的選舉，「許多客家庄選民的特質，其中以活躍的宗親政治最為突顯」，宗親政治在縣內客家族群聚居的鄉鎮皆可觀察到，然而像竹北等鄰近鄉鎮的新興地區，由於產業類型、居住型態與人口結構改變等因素，與傳統客庄重視宗親動員網絡可能會有不同的發展方式。至於桃園地區，過去以南北對立、閩客對立為主，「山頭派系林立，又有客家村特有的宗親關係」，派系跟姓氏在不同層級的選舉各有不同的影響力，可說是「沒有號令全縣的派系強人」（蕭

11　關於地方派系跟宗親政治的不同，沈延諭、王業立（2006: 6-7）認為可從「定義、目的、起源」區分兩者差異；另也可細緻地從「是否具正式關係、延續時間、關係複雜性、實際利益交換、認同的凝聚、有無成立政治聯盟」進行區別（陳宏義 2005: 22）。

新煌、黃世明 2001: 478）。雖桃園沒有一個單一勢力縱橫全市的整合派系，但派系政治發展已久，是「以結合地域和宗親關係的小型派系型態存在」，「宗親會同時與地方勢力連結、交織，成為影響在地選舉投票的兩股主流」（彭鳳貞、黃佳模 2015: 13-14）。[12] 蕭新煌、黃世明（2001: 487）進一步指出，桃園除了黃復興的政治力之外，「宗親會就是最主要的力量」，而各候選人大多依靠宗親系統進行網絡動員，這些網絡如「非宗親中人則難以插手」。這也是彭鳳貞（2013: 8）研究中強調的客家族群「社會力顯現在政治場域的行事邏輯，有鮮明的組織動員關係原則」。

　　苗栗則是有宗族與宗親網絡，但宗親政治並無發揮明顯效果的地區。蕭新煌、黃世明（2001: 528）用「一二三四」來描述苗栗縣的特色：一個縣內有閩客二個大族群，在地理界線上分為海線、山線及中港溪流域三區，以及老黃、新黃、大劉與小劉的四個政治派系。彭鳳貞、黃佳模在 2014 年的調查（2014: 29）也說明「鑲嵌在閩客族群與山海中地域關係的地方派系」，才是苗栗政治的架構。他們也認為苗栗的宗親政治色彩相對不明顯。劉滿娣（2004）的研究也指出同為客家鄉鎮的高雄縣美濃，選舉動員過程中也會出現宗親會運作的情況。客家族群重視宗親網絡，在地事務多經由宗親組織扮演聯絡與相互協

12　根據彭鳳貞、黃佳模（2015: 14）調查，歷年來桃園長期運作的重要派系有八個，分別是「北區的老派、中立派、親客家派、新派，以及南區中壢吳派、張芳燮派、葉寒青派、中壢劉派等」。

助的管道，但並非客家縣市或鄉鎮的地方政治一定受到宗親政治的影響，沈延諭、王業立（2006: 7）認為「這與該地區是否有傳統可號令全縣的地方派系存在控制有關」。

宗親系統也是金門選舉期間政治動員的核心系統之一。金門在地社會同姓群居的宗親文化，協助選舉動員不僅常成為宗親會的重要任務，宗族認同也對金門的投票行為有顯著的解釋力。根據陳宏義（2005: 108）比對「1997 年縣長選舉、1998 年立委選舉、2001 年縣長與立委選舉都顯示相同結果」，且綜合調查結果來看，金門男性比女性有更明顯的宗族認同。相近的研究成果也可在王振漢（2007: 162-163）對第一屆到第四屆金門縣縣長選舉研究中見到，他指出除了陳姓與李姓兩大宗族對選舉的影響之外，也有候選人為獲勝選，透過姓氏宗親會「策略性結盟，結合穩固與綿密的地域關係，共創雙贏的『共生』、『共伴』效應」。金門宗族動員的作用，也並非無時不刻的進行著，王振漢形容金門宗族勢力「平時是處在一種冬眠狀態」，僅在選舉或重要時刻才會「甦醒過來」，進而積極追求宗族象徵性的利益。

家庭是社會最基本的單位，華人俗民社會更以家為核心，依血緣及親屬差序向外擴展與延伸，組成不同類型，彼此可各自獨立又相互聯繫與支援的生活，其運作是立基於祖先的共同財基礎上，概括來說，「家庭是家族的延伸、宗族是家族的延伸，宗親的範圍又比宗族的範圍更大」（劉佩怡 2009: 81）。宗族作為一個具有父系男性血親家族的再擴大結合，從宗族出發的宗親網絡，幾乎彼此都有父系世系

的血緣關係，並對祖先起源有特定與相近的想像。而現代社會的多重變遷，包括產業發展、就業型態、地域與居住關係，乃至於人際互動方式等，都不再讓傳統宗族有發展與群聚優勢，像是竹北地區（彭鳳貞 2013）或中壢平鎮地區（彭鳳貞、黃佳模 2015），宗族組織都難具串聯與發展優勢，「取而代之的是宗親會」（侯瑞琪 1998: 69）。以同姓同源為關係基礎的宗親會，行動邏輯採擴大相互結盟，不只發展宗親文化也鞏固共同利益。早期觀察臺灣文化與政治行為的學者 J. B. Jacobs（1979, 1980）就曾指出「關係」既是臺灣社會重要的運作機制也是文化基底，我們運用「關係連帶」與「關係法則」在日常之中，這種著重在關係連帶為核心的做人與做事的方式，在文化上表現為人情與網絡，「在政治上便是以派系的形式出現」。這種認人不認黨的關係政治，相當程度呼應了多份研究對宗親「認人不太認黨」的觀察（陳宏義 2005；劉佩怡 2009；彭鳳貞、黃佳模 2015）。

　　宗親政治本身包含了「宗親的利益與宗親因利益所產生的政治行為兩部分，其中政治行為，以選舉的層面來說，應至少包含選舉動員與政治結盟」（沈廷諭、王業立 2006: 4）。宗親會與宗親政治並非絕對發展的必然關係，要發展宗親政治需有特定的地方脈絡與條件。以族群而言，沈廷諭（2006: 35）與何來美（2000: 203）認為客家族群常見群體互動方式易形成某種特定的政治文化關係，相較容易發展出宗親組織，與在地社會緊密鑲嵌，並影響當地地方政治生態。而金門的閩南族群長期沉浸於宗親網絡與文化，「仍保有以宗族認同為社會的組織法則」，因而在地方選舉上，也跟桃園、新竹客家宗親保有

主導選情的運作模式相近（陳宏義 2005: 22）。

所以，臺灣宗親政治較為明顯的地方，以族群身分來看，臺灣本島以客家族群較為明顯，閩南族群則是金門地區較為明顯，而若從地域來看，北臺灣的桃園跟新竹，以及金門都是宗親政治較為盛行的地區。然而，對於宗親政治來說，平時以宗親人際網絡為主的互動網絡，會在選舉期間進行宗族、血緣網絡與地方勢力的整合行動，也會在此時決定哪個宗族能持續掌握地方政經資源，因此，「選舉期間各地宗族派系無不卯足權力，透過各種手段來左右選情」（王振漢 2007: 5）。簡言之，在特定的宗族親文化盛行的地域社會中，宗親政治對在地的政治參與者具有特定的影響力，接下來將討論宗親政治對女性參與政治的影響。

三、候選者跟宗親政治關係的浮現

討論宗親政治跟候選人之間的關係，先從參選人姓氏跟宗親組織的姓氏推測是最基本的。劉佩怡（2005: 29-32）依據桃園縣登記的宗親會數量，從組織大小、人口數跟第六屆立委候選者得票數進行比對，發現宗親政治對候選者具有很大的影響力。當時桃園登記的姓氏宗親會，統計共有 61 個，若以姓氏人口數量來計，前十大姓分別為：陳、黃、李、張、林、劉、徐、邱、吳、王。[13] 劉佩怡用前十大姓氏

---

13 當時宗親會的會員人數登記分別是：陳氏宗親會（9,306 人）、張廖簡宗親會（8,000

與前十大宗親會，檢視 2004 年第六屆桃園縣立委選舉跟第十四屆鄉鎮市長的參選與當選者的得票數以及當選與否，兩者關係多數符合。但若比對 2009 年、2014 年與 2018 年三屆桃園縣（市）議員選舉，就會發現宗親政治、候選者與性別之間的關係有其隱晦之處，很難每一次都用姓氏、姓氏成員多寡來解讀宗親政治、候選者跟得票數、當選之間的關係。

　　同為桃園大溪復興選區候選者邱創良、邱伶樺、邱秀英跟陳治文的事例，可提供我們討論宗親政治跟候選者關係的判讀：邱伶樺是前立委邱創良的女兒，祖父曾任里長、鎮民代表，是典型超過三個世代的政治世家，同時擁有邱派跟黃派宗親的支持。但 2002 年同屬邱派的邱創良與邱垂真參選桃園立委，兩位皆未當選，2009 年邱伶樺接棒參選縣議員不僅未當選，得票數也是該選區最低（2,363 票）。第 6 選區當選的是陳治文（女）與兩位連任議員楊朝偉、李柏坊，首次參選的陳治文不僅獲得該選區最高票（14,816 票），同時也是全桃園女性最高票。2014 年選舉，大溪復興選區候選者人數激增，但持續由陳治文、楊朝偉、李柏坊三位現任議員連任。2018 年選舉因選區人口數減少，原定三席議員席次減為兩席，由陳治文、李柏坊持續連任。陳治文與李柏坊都跟宗親會關係密切，李柏坊是大溪區李姓宗

人）、葉氏宗親會（2,708 人）、徐氏宗親會（2,400 人）、劉氏宗親會（1,707 人）、謝氏宗親會（1,600 人）、簡氏宗親會（1,600 人）、曾氏宗親會（1,440 人）、許氏宗親會（1,302 人）、羅氏宗親會（1,060 人）。

親會榮譽理事長，陳治文的先生邱顯二也曾任大溪邱姓宗親會副理事長。

陳治文從 2009 年的首次參選議員選舉踏入政壇、2020 年接任桃園市議員民進黨團總召（楊淑媛 2020），都跟她的先生前議員邱顯二有很大關係。當時邱顯二時任桃園縣議員，因賄選違反選罷法，2007 年被解職議員職位，隨後就由妻子陳治文出面，以「一人當選、兩人服務」作為宣傳口號參與選舉（謝武雄 2009）。2014 年陳治文第二度參選，媒體以「陳治文和邱顯二競選總部成立大會」為標題，說明他們共同的政治事業：

> 陳治文和邱顯二競選總部成立大會，貴賓有：鄭文燦、尤美女、邱姓宗親、邱垂貞、黃文君、鎮代表和民進黨桃園縣黨部主委、大溪鎮各里里長等人，他們今天集體走向陳治文競選總部向陳治文邱顯二表達支持，競選總部吸引大批大溪鎮選民超過二千人……他們是大溪復興區人氣最旺的政治明星……堪稱是有史以來大溪最熱鬧的競選總部成立大會（陳俊穎 2014）。

陳治文除了本身有陳氏宗親的支持之外，先生的邱姓宗親更是支持要素，但是這樣的宗親政治關係，光靠姓氏難以辨識，需從人際網絡與社會網絡來了解。桃園大溪復興選區還有兩位候選者也跟邱姓相關，第一位邱秀芬，曾任大溪鎮代表、代表會主席，沒有明顯的宗親

會網絡。[14]第二位則是邱伶樺，邱伶樺是邱創良的女兒，邱創良曾任數屆立委與縣議員，也是桃園縣邱姓宗親會創會理事長、世界邱氏宗親總會理事長，長期與桃園邱姓宗親關係密切。邱創良在 2004 年跟 2008 年參選立委失利後，2009 年改由女兒邱伶樺參選桃園縣議員，但沒選上。2014 年邱創良自己再度參選縣議員選舉，形成跟女兒同一選區參選的困境，得票僅 179 票。簡言之，宗親政治跟候選者之間複雜社會關係與脈絡，很難從候選者跟宗親會是否同姓氏來判斷，必須從更深層的在地社會網絡來一探究竟。

例如桃園市宗親政治較為明顯的選區，以南桃園的龍潭、楊梅、觀音、新屋等為主，像越接近平鎮、中壢與桃園區等人口密集的都市區域，宗親政治越不明顯。幾位參選過不同層級民意代表的受訪者，紛紛表示在地鄉鎮的社會網絡中，宗親網絡對選舉最有影響力，「這邊選舉，在地是以宗親為主」（LA 86、LA87、LA 88、LA 89、LA 91、LA 95、LA 97、LA 102、LA103 等），金門地區的受訪者也同意宗親政治對選舉的重要性（LA05、LA07、LA12、LA13、LA14、LA 27 等），但並不表示小姓氏候選者就沒有參選的空間。桃園一位女議員的姓氏（本書姓氏編碼為 FN39）人口數不多，但因人際網絡因

14　邱秀芬 2001 年以第二高票當選大溪鎮代表，同時以第一高票當選鎮代會主席，打破了桃園政壇史上第一位女性當選代表會主席的紀錄。2005 年跟 2009 年兩度挑戰大溪鎮鎮長選舉，雙雙失利。2009 年再度當選大溪鎮鎮代，之後分別參選 2014 年議員選舉、2018 年復興區第 01 選區原住民區民代表選舉都未能當選。

素共有四個宗親會相挺。[15] 根據另一位候選者的分析：

> 她自己的姓氏宗親會挺她，第二個是她老公的姓氏（本書姓氏
> 編碼為 FN27，是該鄉鎮知名姓氏）[16]，她老公是 OOO 宗族的，
> 沒錯！然後她從小，骨底是姓 FN40。……她是 FN40 家人生
> 的，生了之後，最後給 FN39 家當女兒，給他姨丈養，他姨丈姓
> FN39。還有，然後他媽媽改嫁給姓 FN37 的，所以她一直有四
> 個姓氏在支持她，對！……我知道，是因為改嫁的那位，剛好是
> 我同學的爸爸。

宗親組織對特定政治人物的支持，不論是在平時或選舉時都越
來越少公開表態，像新竹縣竹北邱姓宗親會公開支持邱靖雅議員選舉
候選人不是很常見。[17] 選舉期間比較能觀察到宗親組織跟候選人之間
的關係網絡，曾任宗親會理事長的 LA87 自己曾選任過鎮代，在 2018
年桃園市議員選舉期間輔選一位異姓聯宗的議員候選人，選後也持續
參與該位當選議員的辦公室團隊工作。對於候選人跟宗親組織的關
係，他說：「平常時看不出來，平常要靠議員自己經營。我們完全是

---

15 本研究曾在不同計畫以多種方式邀請訪談該位議員，但都無法成功。

16 本研究曾詢問過 FN27 宗親，他們表示女議員的先生是隔壁鄉鎮的同姓不同宗的宗親。

17 2014 年新竹縣議員選舉時，竹北邱姓宗親會總幹事邱金團率先發言支持邱靖雅議員
候選人，並由數位宗親會宗長們陪同邱靖雅登記參選（詳見邱靖雅議員 Youtube 頻道，
2014 年 9 月 8 日，取自 https://bit.ly/3dp8ZVt）。

在選舉時才加入他團隊⋯⋯。像他就叫我擔任他 OO 區主任委員，我就到處帶著他跑所有場次。⋯⋯宗親如內部有藍綠分裂，感覺在 91 年時分得很清楚，這樣就可能票不會團結出來」。LA87 繼續解釋，選區中的公共事務有其發展脈絡，候選者都會用不同管道或方式掌握宗親會會長、理事長、總幹事等重要職位或人脈，一旦選舉啟動時，候選者就會邀請宗親會幹部幫忙，任命其為該區選舉總幹事或主任委員等，讓宗親會脈絡可進到選舉事務中。

金門宗親社會中的宗親政治跟候選者關係緊密，熟悉金門選舉文化的 LA09 指出在金門重要選舉中，宗親會具有協調候選者的角色，常比政黨還重要，他說：「人選要協調，在這個協調的過程當中，政黨完全沒有⋯⋯使不上力，都沒有辦法，都由宗親會來協調」。也因為競爭激烈，取得宗親會支持很重要，部分宗親會擬定了宗親會內對選舉的提名規範，儼然具有準政黨色彩。「大概是 OOO 當宗親理事長卸任以後，就訂了一個內規，內規就是我們姓 FN01 的如果要選縣長或者選立法委員，這兩個缺啦，宗親會內部都要初選。外面都戲稱我們是『O 家黨』」（LA09）。跟桃竹苗宗親政治對特定候選人已較少公開表態相比較起來，金門宗親政治不只協助與參與地方動員造勢，也會在選舉期間公開表示對候選人的支持，LA05 說：「像我們都會做決議呀。自己宗親你就看啦，會啦，還是會啦！提醒一下宗親嘛。這個事必然要做的。要不然你宗親會要幹嘛？連這個都不提醒嗎？⋯⋯我們宗親會在選舉時，還是會表態支持哪一位候選人，會啊，我們都會有宣示性」。LA06 也提醒自然村的在地特色政治文化：

「同村的，就像村長，以古寧頭來講，都姓李，假如是同額競選啊，同村的幾乎都是本宗成員，那當然就會公開支持」。

選民對支持候選者的自主性提高，因而握有宗親會的資源與人際網絡，並不表示宗親票就一定開得出來。另一個新竹選區的受訪者分析選區內的一位女性候選者，這位候選者已經營在地多年，除了擔任 OO 聯誼會的會長，也擔任宗親會副會長，但為什麼宗親票沒有開出來，依舊未當選。他隱晦地說：「她當了聯誼會的會長，範圍差不多可能在 4000 多票左右。……那已經有宗親會支持，為什麼沒當選，…當然我覺得她有很多因素，……她有個家人不討喜，做人很兇，滿霸的」。「這個家人」具有關係網絡的重要位置，不僅串連了這位候選者與宗親會的關係，也因作生意在地交友廣闊，但這些節點位置的網絡效應並未在選票上發揮出來。

「有宗親會關係網絡，卻無法發揮」的類似情況，在另一個選區的受訪者也提到，當我詢問他是否認識某某候選人時，這位受訪者說：「對，我們同一個宗親會，他父親是宗親會很核心的幹部，但是他沒有跟大家討論，就自己跑出來登記，這樣很難支持」。並非相同姓氏或擁有宗親會內部關係網絡，就可以獲得宗親組織的支持。宗親網絡是否支持或動起來，必須以「認識」且「深刻」的關係網絡為基礎，關係要夠「份量」且需經協調達到某種共識，才有可能協助地方的動員。受訪者 LA42 是 FN12 姓宗親會理事長，他說：

> 通常像我們這個選舉造勢，我們不大願意去參加。……選舉造勢

活動通常是不去，但是如果是我們的會員去選舉，我們會到，我們只就會員的。像那個OOO，是我們家[18]的媳婦，是我們副理事長的老婆（現任縣議員），當然幫啊，我自己人我不幫，那幫誰？

當進一步追問宗親會是否支持2014年選舉的另一位同姓氏男候選人，他說：

問題就是說他沒有參加我們的會員啊，他又沒參加，我們才不管他。有的人你邀他，他只是為了政治利益才來，宗親沒有政治利益，宗親是宗親的感情，不一樣。宗親要先跟我們談宗親的事情，他只是來打算我有選票，那誰理你啊，我管他姓O或不姓O，對不對？如果他選舉才要來，他就不算宗親了啦！[19]

18　在田野現場收集資料時，注意到幾位受訪者頻繁的使用「我們家」（LA42）、「我哥哥」（LA106）、「其實我們有四個議員」（LA103）語詞來描述跟宗親會（同姓異宗）、宗族（同宗血親或姻親的關係），使得「本家」與「本宗」範圍不斷延伸擴展。LA106講的「我哥哥」指的是堂哥親等的「同宗」狀態，而LA42口中的「我們家」與LA103「我們家有四個議員」講的則是指縣級宗親會內的所構成的「擬宗」網絡的狀態。

19　這位不在宗親網絡中的候選者，也是本研究受訪者LA47。對於為什麼會參選縣議員選舉，LA47說：「自己當初願意來參選，其實就是因為社會運動的一些歷練，除了性別議題之外，有參加過像是關廠工人跟各式各樣的反核議題」，……「其實我必須說這是一股衝動，如果我在選前就了解我剛說的那些地方派系什麼的，我是不會選的，我根本沒有勝算」。

在宗親文化濃厚的選區中，社會關係網絡對選舉的影響經常比參選政見與市政議題來得核心，關係平時就需「要經營」（LA85, LA87, LA88, LA89, LA97），並非單有關係網絡即能獲得宗親的支持。

四、橋接行動爭取認同

在宗親政治盛行的選區，候選者如何結合宗親網絡進行選舉動員與造勢？在宗親政治影響較深的地區，此種結合先生政治資源、先生姓氏宗親跟自己原生姓氏宗親的支持，常見於該地方已婚女性參與政治的歷程中。從性別觀點來看，宗親政治的體現具有性別差異，雖說本宗的男性與女性都可擔任理事長、會長等，但女性在父系繼嗣文化中的女兒與媳婦雙重身分，連帶影響她跟本宗宗親會、先生宗親會的關係，尤其已婚女性跟先生不同姓氏，因而常採冠夫姓方式來維持婚姻家庭端的宗親網絡關係。[20]

首先，先從縣市分布來看，本文檢視自 1998、2002、2005（2006）、2009（2010）、2014、2018 年六次直轄市與縣市議員選舉中冠夫姓的女性候選者人數，桃園市是臺灣女性候選者冠夫姓人數最多的城市（請參見表 5-1），近幾屆縣市議員選舉，約有五至六位女性冠夫姓，明顯比其他縣市多出許多，其他縣市多數為一位或兩位，部分縣市是零位。全國縣市裡只有桃園市冠夫姓女性候選人比先前選

20　關於「性別化宗親政治」的分析與討論，詳見第六章。

舉呈現持續增加的情況，在這六次選舉分別有 3、4、4、4、6、5 位冠夫姓者。高雄縣、嘉義縣、臺北縣雖也曾高達 5 至 6 位女性候選人冠夫姓，但近期都已減少。2014 年彰化縣、屏東縣、澎湖縣因參選人數激增，冠夫姓候選者也小增 1-2 位，但大體趨勢是逐漸減少，其餘縣市也都明顯減少中。而花蓮縣、臺東縣、金門縣、連江縣，在1998 年至 2018 年的選舉都未出現過冠夫姓的女性候選者。[21]

　　跟桃園市比較起來，同是宗親政治影響地方事務深遠的金門縣，卻從未見女性以冠夫姓的方式爭取夫家宗親的認同。對金門各層級選舉相當熟絡的 LA09 說：「金門很小，不用冠夫姓，我們都知道妳是誰家的媳婦啊，根本不需要冠夫姓」。幾位女性民代候選者 LA07、LA09、LA12、LA13、LA14 也同意金門作為一個宗親社會，緊密的宗親網絡已不需再以冠夫姓的方式來標示身分。例如金門縣議會本屆議長洪麗萍，是金門議會史上首位女性議長，來自小金門的她是烈嶼鄉前烈嶼鄉代會主席、議員林登惠的媳婦，這樣的在地關係網絡跟婚姻

---

21 這六次選舉（1998、2002、2005（2006）、2009、2014、2018）全國各縣市女性候選者冠夫姓人數分別為（含原住民選區）：臺北市 1、1、2、1、1、0。臺北縣（新北市）1、5、5、3、3、3。臺中市 0、2、1、1、1、1（2010 合併）。臺中縣 4、1、1（2010合併）。臺南市 1、1、0、2、2、2（2010 合併）。臺南縣 3、3、3（2010 合併）。高雄市 2、2、0、3、0、0（2010 合併）。高雄縣 5、5、4（2010 合併）。桃園市 3、4、4、4、6、5。新竹縣 1、2、1、2、2、1。新竹市 2、2、2、2、0、0。苗栗縣 2、1、1、1、0、0。彰化縣 2、3、1、2、3、2。雲林縣 0、1、0、0、0、0。嘉義市 0、1、0、0、0、0。嘉義縣 4、4、6、3、1、1。屏東縣 3、3、3、1、2、2。宜蘭縣 0、2、0、0、2、0。基隆市 3、3、3、2、2、0。澎湖縣 0、1、1、1、3、3。南投縣 0、0、0、0、1、0。花蓮縣、臺東縣、金門縣、連江縣在這六次選舉皆為零位。

表5-1：桃竹苗縣市1998年至2018年女性候選人冠夫姓者

縣市	年度	姓　名	當選	參選時齡	跟政治有關的親屬
桃園市	1998	王黃秀雲	否	56	--
		張馮金蓮	否	60	
		呂范姜好妹	否	54	--
	2002	許林翠粉	否	43	前議員許林貞秀姪媳
		李蘇秀珍	否	42	--
		段李瑞淵	否	51	--
		陳鍾秀珠	否	44	--
	2005	呂林小鳳	是	41	前議員呂邱葉長媳
		林黃淑貞	否	55	先生為前議長林傳國
		陳賴素美	是	41	先生陳奕琂曾任桃園縣民進黨評召
		段李瑞淵	否	54	--
	2009	呂林小鳳	是	45	前議員呂邱葉長媳
		劉曾玉春	是	55	（中壢劉派）
		陳賴素美	是	45	先生陳奕琂曾任桃園縣民進黨評召
		郭蔡美英	是	56	先生為前立委郭榮宗
	2014	呂林小鳳	是	49	前議員呂邱葉長媳
		黃傅淑香	是	55	先生為黃仁杼前立委
		劉曾玉春	是	59	（中壢劉派）
		葉鄭秀蘋	否	55	（先生葉明清為泰亦膠業董事長）
		黃李月琴	否	53	--
		陳賴素美	是	49	先生陳奕琂曾任桃園縣民進黨評召
	2018	呂林小鳳	是	53	前議員呂邱葉長媳
		黃傅淑香	否	59	先生為黃仁杼前立委
		劉曾玉春	是	63	（中壢劉派）
		黃朱秀娥	否	50	公公黃阿日為楊梅梅溪里鄰長
		郭蔡美英	否	64	先生為前立委郭榮宗

	1998	彭余美玲	是	35	先生為前竹東鎮代副主席彭朋栓
	2002	溫馮桂香	否	49	--
		彭余美玲	否	39	先生為前竹東鎮代副主席彭朋栓
	2005	彭余美玲	是	42	先生為前竹東鎮代副主席彭朋栓
新竹縣	2009	張葉芬英	是	46	先生為前議員張木海
		上官秋燕	否	52	--
		彭余美玲	是	46	先生為前竹東鎮代副主席彭朋栓
	2014	陳林金玉	否	55	--
		彭余美玲	是	50	先生為前竹東鎮代副主席彭朋栓
	2018	彭余美玲	是	53	先生為前竹東鎮代副主席彭朋栓
	1998	鄭劉淑妹	是	51	先生為前市議員鄭萬德
		李黃錦燕	是	50	先生為前國代李榮勝
	2002	鄭劉淑妹	是	55	先生為前市議員鄭萬德
		李黃錦燕	是	54	先生為前國代李榮勝
新竹市	2005	鄭劉淑妹	是	58	先生為前市議員鄭萬德
		李黃錦燕	是	57	先生為前國代李榮勝
	2009	鄭劉淑妹	否	62	先生為前市議員鄭萬德
		李黃錦燕	否	61	先生為前國代李榮勝
	1998	湯劉秀美	是	44	公公湯運來曾任苗栗市代會副主席，小叔湯奇岳、湯忠岳曾任縣議員、市代，先生湯維岳 2009 縣議員選舉未當選
		梁彭菊娘	是	60	先生梁增海、兒子梁召明皆曾任三灣鄉長
苗栗縣	2002	湯劉秀美	是	48	同 1998 湯劉秀美資料
	2005	蔡李美月	是	58	先生蔡銘雄、兒子蔡平偉皆曾任縣議員
	2009	湯范秀妃	否	51	1998 湯劉秀美小叔湯奇岳配偶

說明：1. 前平鎮市長李月琴曾多次參選立委、縣議員選舉，2009年參選桃園縣議員選舉之前，皆未冠上夫姓，2014年選舉以黃李月琴登記參選。2. 2014年選舉新竹縣與苗栗縣都無冠夫姓女性參選。2014年苗栗第一選區湯家班改由湯維岳參選，湯范秀妃並未參選。新竹縣張葉芬英已於2010年3月8日撤除夫姓，恢復原本姓氏（取自https://bit.ly/35FkkOK）。關於本表內選區的族群分析請參見第六章。

資料來源：作者自行整理

身分無須以冠夫姓來宣示。

此外，一般採用冠夫姓的女性候選者多數都跟政治家族有關。政治家族推出媳婦參選可能有兩個原因：第一，為接棒參選或擴充政治勢力，家族中原有參政者另有參政途徑或不便在原選區參選，就改由媳婦接棒參選；第二，選區有婦女保障名額，促使政治家族推出媳婦參選。1999 地方制度法第 33 條將選區之直轄市議員、縣（市）議員、鄉（鎮、市）民代表名額修正為達四人者，應有一名婦女當選名額之後，促使政黨與政治家族開始尋找與培力女性參選人才。一來政黨不可能將保障席次拱手禮讓對手政黨，再來政治家族也趁此擴大政治人力，推出媳婦代表夫家參選（姜貞吟 2019）。根據近幾屆選舉觀察，縣市議員選舉雖已少有女性需靠保障制度當選，但制度保障具有誘發與促使女性參選的機制，在 Huang（2016）與莊文忠、林瓊珠、鄭夙芬與張鐙文（2018）的研究中都可證實，其中又「以一席保障名額的選區誘因效果為最大」。婦女保障名額所提供的制度性機會，提供許多女性從基層的鄉鎮代表或縣市議員開始參選，政黨與在地政治家族更不會放棄這個擴大政治實力的機會。

本身也出身政治家族的 LA95 也同意女性候選者採取冠夫姓方法，大多數是代表政治家族出來參選，要不就是先生宗親會是在地重要的動員組織。女性參選冠夫姓者，例如桃園市的呂林小鳳、黃傅淑香、郭蔡美英、新竹縣的彭余美玲、張葉芬英；新竹市的李黃錦燕、鄭劉淑妹；苗栗縣的湯范秀妃、湯劉秀珍等幾位冠夫姓者，都是政治

家族的太太或媳婦參選的例子。[22] 這些冠夫姓的女性候選者，有的是在民法 1998 年修法 [23] 前就已冠上夫姓，例如 LA86 等，有些則是在參選後的宗親政治下，進而採取的冠夫姓行動。姜貞吟（2013）研究中的一位受訪者提到：「我剛開始結婚時，沒有冠夫姓，結果第一次選鄉代，就差了幾票而已，後來第二次冠夫姓，地方宗親都比較接受」。另一位桃園縣議員傅淑香 2009 年參選時沒有冠夫姓，以中壢選區第一高票順利當選，2014 年選舉卻以冠夫姓方式登記參選，根據當時報紙報導：「有意角逐桃園首屆市議員的黃氏宗親以『她不是黃家人』進行分化，傅淑香幾番掙扎，為了宗親團結而冠上夫姓」（楊明峰、蔡依珍、康鴻志、林駿剛 2014）。

　　女性候選者要爭取與整合夫妻雙方的宗親系統支持，最佳的方式就是冠夫姓來讓兩端的宗親快速認識她。除了政治家族的媳婦會採取冠夫姓策略之外，若先生所屬的宗親會是在地重要姓氏或宗親人口數量很多，女性候選者也可能會採取這個方式擴大票源。從基層民代做起的 LA91，對選區內不少社會網絡相當熟絡，但由於先生姓氏宗親

22　其他縣市例如屏東縣鄭張常敏議員，先生為前議員鄭寶川；屏東縣林蔡鳳梅議員，先生為前議長林清都；彰化縣議員江熊一楓，先生是前立委江昭儀；彰化縣議員顧黃水花，先生是前花壇鄉鄉長顧金土；澎湖縣議員呂黃春金，先生是湖西鄉民代表副主席呂平清等。

23　先前民法關於夫妻姓氏的規定為：「妻以其本姓冠以夫姓。贅夫以其本姓冠以妻姓。但當事人另有訂定者，不在此限」。1998 年《民法》第 1000 條修正為：「夫妻各保有其本姓。但得書面約定以其本姓冠以配偶之姓，並向戶政機關登記。」、「冠姓之一方得隨時回復其本姓。但於同一婚姻關係存續中以一次為限」。

會在桃園市跟選區內都是相當重要的姓氏，因而，也以冠夫姓跟身為「FN07家媳婦」相當程度參與了先生所屬的宗親會組織，她說：「我先生姓氏人口在這區有不少，我自己也是宗親會幹部，就會希望這股力量能進來」。另一位受訪者 LA100 則表示自己會冠夫姓，是「之後被要求的，但我不覺得宗親絕對有效，有效是真的很好，但是妳要跟它有感情，還是要培養，只是有一個優勢，是宗親人家知道有妳這個人存在，但是妳還是要有服務，服務是很重要的」。姓氏是宗親組織最重要的標誌，也是邊界之所在，女性候選者以冠夫姓來橋接跟宗親組織的關係，對外部來說，可增加宗親關係的辨識度，而對宗親組織跟女性候選者之間則是認同的再確認與象徵。

五、小結

本章主要討論宗親政治如何影響女性的政治參與，主要分為家族政治與宗親政治討論，來呈現女性在家族政治繼承爭取的「代表性」，以及在宗親政治爭取的「認同性」。女性會有「代表性」與「認同性」需要爭取，乃是沿著女性跟父系家庭的關係開展出來的討論軸線，前者凸顯女性（不論有無婚姻）跟原生家庭之間，後者凸顯已婚女性跟婚姻家庭／家族／宗族之間，常被質疑的身分資格。雖社會多數認同性別平等的訴求與主張，但在父系家庭的性別邏輯中，婚姻具有劃分男女性跟家庭關係的界線。從家庭、家族到宗族，是一連串由小單位到大單位的父系親屬組織，本章以公領域的政治參與為例，指出男性

跟女性同樣在競逐家族政治資源跟宗親政治資源時，因性別與家庭關係認定與指派的不同，而發展不同的因應。女性在婚後究竟為何家人，在原生端跟婚姻端之間，不只是象徵性的姓氏歸屬意義，也具有實質資源競逐的緊張關係。

傳統政治參與理論與研究，不論是從政治需求面或是社會供給理論，已多能呈現制度性限制與社會文化影響女性的低度政治參與情況。但是性別的社會情境往往是多重交織的，本章從女性與父系親族系列組織的關係切入，把女性的政治參與放回到在原生家庭、婚姻家庭與相關衍生的父系組織之中，在既有的分類概念中，找出新的分析軸線貫穿，這條軸線是沿著女性跟父系家庭間的身分與資格界定鋪陳而開，涉及到公領域跟私領域的交織、性別在父系家庭組織內的權力與資源分配、原生家庭與婚姻家庭的交織等。在此所探討的並非比較政治的繼承與橋接是男性多或女性多，而是要指出在政治繼承與橋接過程中是有性別差異的，此一差異的過程乃是因女性被排除在主要繼承者的分配政治，致使站在被排除的位置時，需發展出不同的方式重新橋接。

此外，本研究也沒天真的認為宗親政治是在地政治的全部，能全面的左右跟影響在地的選舉政治，如同一位受訪者所講的「影響誰能出來誰不能出來選的，其實是超越宗親的，是在地派系全都結合在一起的多重利益」。在宗族親盛行的地域社會中，宗親政治雖有其重要性，但政治場域是為多面向、多領域的共構利益結構，宗親政治只是地方政治中的一環。本文僅探討本研究進行區域中，部分參選行動跟

宗親政治之間的關係，每個選區或地域都有特定的在地政治結構，本研究成果無法推論到研究區域中全部的政治選舉結構，也無法驗證全部候選者是否都受到宗親政治的影響。根據本研究發現女性參與地方選舉，在家庭政治有「代表性」、在宗親政治有「認同性」的特定關係，同時根據目前資料也顯示，在近幾屆的地方選舉中，女性候選者在原生家庭政治繼承比例逐漸提高中，這個情況值得進一步再觀察是普遍的或僅在特定區域，或特定選舉層級中發生。

　　整體來說，女性爭取原生家族政治繼承，以及冠夫姓爭取夫家宗親族的認同與支持的方式，呈現出女性在原生家庭跟婚姻家庭之間的地位與關係，其實是複雜、曖昧與多重的。婚後依夫居的空間移動，也改變女性跟原生縣市、地區的關係，面對參與政治的高度地域鑲嵌性，以及宗親姓氏的內外部認同再現，地方女性參選需以冠夫姓來增加政治資本與深刻化在地關係。宗親會屬於社會中人際關係網絡中的一環，也是在地傳統父權網絡重要的一部分。女性在婚姻後是否能歸屬並被認同於夫家人，如何動用到屬於先生姓氏宗親的資源，是受宗親政治影響的選區需要嚴肅以對的父權、性別與選舉的課題。

第六章　宗親政治的在地性

　　本章將接續前章的討論，分析在這些宗親文化盛行的選區中，女性參與地方層級選舉所身處的地方結構，包括宗親政治、在地政治、族群身分與傳統性別秩序多個層面的交織。本文以「在地性」與「族群」概念進行分析，把候選者放回在地的社會文化脈絡與結構中，描述與分析候選者處於什麼樣的特定的、在地的社會文化中，以呈現宗親政治對女性參與政治所可能形成的結構障礙。[1] 因此，第一部分討論性別化的宗親政治，參與政治者跟宗親政治的關係，女性候選者在男女有別的宗親政治的位置為何，第二部分討論女性跟小姓氏候選者在宗親政治下，如何進行宗親關係的互動，第三部分討論族群、在地政治跟政治參與的關係。第四部分討論在地傳統性別文化結構如何持續影響女性候選者進入公領域。本文將接續前章以宗親政治的分析為主，從宗親政治、在地性與族群身分等因素，探討女性在這些選區參與公共事務等政治工作時所需鑲嵌的在地結構。[2]

1　關於宗親政治等跟女性政治參與的討論，筆者曾分散地在姜貞吟（2013）、姜貞吟（2015）、姜貞吟（2016）探討過，本章初稿曾於姜貞吟（2019）初步發表，因而本章總整理前述論文的論點，部分內容改寫自前述論文，並再進行擴充。

2　本文在研究限制下，無法對全部選區進行大規模研究，僅先就本書宗親政治地區內的

在宗親文化盛行區內的政治參與「在地性」（locality），是什麼樣子？[3] 宗親文化盛行區呈現出的在地性，除了與性別交織之外，也跟是否出自在地、土生土長、講在地語（客語、閩南語）、仕紳網絡、血緣、地緣，以及族群身分等的在地政治交織在一起。楊弘任（2011：6）研究屏東黑珍珠故鄉也看到在地邊界的浮現，他指出「從在地性自我辨認的臨界點來看，『過了這裡就不是』的在地歸屬感，一直需要有「邊界」來維繫」，且這種文化區域的邊界隨著尺度由小到大而越顯不明確，進而發展出在「不同的文化交界灰色地帶」的模糊與曖昧。Fredrik Barth（1969）分析族群時，主張造成族群最主要的邊界（ethnic boundary），主要是由社會邊界構成，具有社會性，而不一定是由語言、文化或本質性的血緣所定義。在宗親政治盛行區，我們可看到「姓氏」作為邊界，已帶有類邊界效應，既區分在地邊界，也區隔閩客與其他族群文化的邊界。但是，本研究縣市內宗親文化盛行區，在文化結構上以宗親文化為主軸，其在地性的邊界也會隨議題領域浮動，不一而同。也就是，宗親文化的邊界，並非時時刻刻浮現在不同的在地場域中。

宗親文化平時就鑲嵌於區域內的各種社會與文化事務的運作，因而若與其他議題領域的事務再交織，邊界更難以清楚指出，也可能

部分選區進行分析。

3　在地範疇有多種不同的結構相互交織作用，呈現多元的在地性與在地政治，本章僅就跟在地性中跟政治參與、選舉有關的部分進行分析。

產生兩個已個別交織過的微結構彼此再度交互運作，例如與性別的交織，則跟公領域與私領域中的性別結構又再度交織；又如再與選舉等公共事務交織時，則跟選舉制度、選舉動員、選舉文化等再度交織。此外，若以族群視角來看，宗親文化盛行區多是單一族群文化鮮明的鄉鎮，例如新竹橫山、北埔、關西客家人口比例高達 94％、93％、92％，桃園新屋與楊梅的客家人口分別佔了 86％、71％等（請參見附錄二），以及金門的高比例閩南人口等。在族群越混合與多元的地區，宗親文化、宗親政治越不明顯。

　　宗親文化的在地性體現在選舉事務領域，雖在宗親政治下與在地政治、族群身分、性別等因素，都有不同的交織作用情況，但這樣的交織在不同鄉鎮也呈現出不同的情況，例如同為客家族群比例居多的苗栗鄉鎮跟新竹鄉鎮，選舉時冠夫姓的比例並未太多。同為客家族群人口數高達九成的苗栗鄉鎮，宗親文化對選舉的影響就跟在桃園、新竹縣不一樣，可能在其他因素影響下，宗親文化對選舉的影響力就下降。基於要呈現各種結構交織作用後的複雜度，本章僅先就宗親政治、在地政治、族群身分與性別，這四個面向進行候選人參與選舉事務所處的在地性。以下則先討論在地宗親政治的性別化現象。

一、性別化的宗親政治

　　地方女性參與政治，深受多重社會結構因素影響，除了需面對社會供給面、政治需求面兩個不同層面的限制之外，也常因族群身分、

地域特性等而有不同表現。桃竹苗跟金門分別是客家族群與閩南族群優佔地區，地方政治主調常受族群文化與宗族親組織影響，以桃園為例：桃園市人口結構分為閩南、客家與外省族群三部分，其中客家族群約為 40.5％、原住民約佔 1％，客家族群多聚居為南桃園（客委會 2017）。

「北閩南客」的族群結構，長期影響桃園的政治權力，「議員選舉候選人如果是前十大姓氏者（陳、黃、李、張、林、劉、徐、邱、吳、王），對選舉較為有利」（劉佩怡 2009: 88）。而金門人群結構族群身分主要為閩南，自 1992 年才從戰地政務解除，當地事務的運作相當程度地受到家族式與宗族式的群聚作用影響，宗族力量也長期左右金門重大選舉，主要宗親力為包括陳姓、李姓、黃姓、許姓、楊姓、蔡姓等，桃竹苗跟金門部分選區的地方政治主調都是地域觀念、宗親，最後才是政黨（沈延諭、王業立 2006；蕭新煌、黃世明 2001；吳由美 2003）。在這些選區中的女性參政所處的社會結構是性別、地域與宗親相互作用的地方政治，這三者之間的關係為當地女性參政帶來不同的挑戰，也是分析宗親政治跟女性政治參與值得關切的議題。

臺灣自 2000 年後，女性縣市議員的總比例逐屆增加，在 2002、2006、2009、2014、2018 年的縣市議員選舉中，分別占 21.84％、26.49％、29.69％、20.65％、33.66％。[4] 總體比例呈現增加現象，逐

4　本研究與選舉相關的數字、比例與統計，皆以中選會公告公布之該年度選舉資料為

漸達學者主張的「關鍵少數」（critical mass）（Dahlerup 1988, Paxton, Hughes and Green 2006），但個別縣市差距大，以 2018 年選舉為例，女性議員比例最高的三個縣市分別為彰化縣 40.74％、新北市 39.39％、花蓮縣 39.39％，最低的縣市為連江縣 11.11％。各縣市女性議員所佔比例，在不同縣市與在不同屆期互有消長，雖長期為持續朝向比例逐漸提高的方向前進，但每個縣市有自己特定的地方結構，進程不一。

　　就本研究區域來看，桃園縣（市）、新竹縣、新竹市、苗栗縣、金門縣在 2009、2014 跟 2018 年近三屆縣市議員選舉中，僅有新竹縣與金門縣是連續三屆都低於全臺各縣市女議員平均比例，而桃園、新竹市跟苗栗縣都曾有 1-2 次高於平均比例（請參見表 6-1）。這些縣市的內部選區有許多差異，例如部分選區，近三屆都沒有女性議員當選，有些選區甚至沒有女性參選，例如桃園新屋、大園、觀音、龍潭；新竹市的西區；新竹縣關西、新埔、橫山、芎林、寶山、北埔跟峨眉；苗栗的銅鑼、三義、西湖、卓蘭、大湖、獅潭、泰安等（請參見附錄二）。比對女性當選比例跟部分選區沒有女性參選，這樣的比例差異突顯出這些縣市中的女性參選可能多數集中在人口密集區與都會區，而前述選區沒有女性參選，也可能由選舉制度、選區大小、選區特性、政治人才庫等許多相關多重因素造成。然而，這個情況對比臺灣女性參政平均比例不斷增加的現象來說，無疑形成了部分縣市

準，事後遞補與補選等不予以計入。

表6-1：2009年至2018年桃竹竹苗金縣市女性議員比例（％）

	桃園市（縣）	新竹縣	新竹市	苗栗縣	金門縣	全臺各縣市女性議員平均比例
2009	40.00	20.00	24.24	28.95	26.32	29.69
2014	33.33	22.22	24.24	39.47	26.32	30.65
2018	31.75	30.56	35.29	31.58	21.05	33.66

說明：2018年選舉六都女性議員所佔比例為35.82％，臺北市38.10％、新北市39.39％、臺中市27.69％、臺南市38.60％、高雄市39.39％。

資料來源：以中選會選舉資料庫（http://db.cec.gov.tw/）公布之該年度選舉資料為準。本數據統計含原住民選區。

「女性參政比例城鄉差距惡化」的現象。從表 6-2 可看到，在研究區域內情況比較嚴重的是新竹縣，至少在近期的三屆選舉中，在 10 個區域選區中有 6 個選區沒有女性議員，高達 60％。[5] 女性參政比例城鄉差距的惡化共有兩個層面，一個是整體發展的差距面向：例如縣市內沒有女性議員當選的選區比例，臺北與臺東的比例為 0％與 80％；另一個是縣市內部差距：女性議員多出現在縣市內主要人口聚集鄉鎮，女性政治力明顯有區域差距。

　　前述幾個女性參與政治事務較低比例的選區，一方面因人口數量

5　2009 年各縣市沒有女性議員的選區比例高達 50％就有：連江縣 75％、宜蘭縣 70％、新竹縣 60％、臺東縣 80％、澎湖縣 67％。2014 年各縣市沒有女性議員的選區比例高達 50％就有：連江縣 75％、宜蘭縣 70％、新竹縣 60％、臺東縣 67％、澎湖縣 83％。2018 年各縣市沒有女性議員的選區比例高達 50％就有：連江縣 75％、宜蘭縣 50％、新竹縣 60％、臺東縣 50％、澎湖縣 67％。

表6-2：2009年至2018年桃竹竹苗金縣市沒有女性議員選區數量、比例（%）

	桃園市（縣）	新竹縣	新竹市	苗栗縣	金門縣	全臺各縣市平均比例
2009	2：12 17%	6：10 60%	1：5 20%	1：6 17%	0：2 0%	41：162 25%
2014	4：12 33%	6：10 60%	1：5 20%	0：6 0%	0：2 0%	44：164 27%
2018	4：12 33%	6：10 60%	1：5 20%	2：6 33%	1：3 33%	36：159 23%

資料來源：以中選會選舉資料庫（http://db.cec.gov.tw/）公布之該年度選舉資料為準。本數據統計不含原住民選區。

少與選區劃分下，婦女應選席次未達地方制度法中名額保障的四分之一席，無法有效鼓勵女性參與政治事務，同時，這些小選區也正是宗親政治鮮明的地區，宗親政治在本選區網絡具有重要的影響力。[6] 宗親網絡平時主要聯繫同姓氏宗親事務為主，並非以選舉為核心要務，但宗親會只要有核心人物決定參選，對宗親會來說，除了具有「光宗耀祖」的象徵利益[7]，平時成員間的情誼立即能轉變為對「同宗人」

6　本文僅以本研究中的小選區為研究對象，探討這些小選區中宗親政治與候選者的關係，而每個選區都有在地政治與社會文化屬性，本文無法解釋其他縣市的小選區內女性低參與的類似情形，例如臺南、宜蘭、花蓮等，也有小選區未曾出現過女性縣市議員情形。

7　一般宗親會的光宗耀祖包含高學歷、高階政官、經商有成等，傳統上女性甚少有機會被宗親會以此種方式肯定。身為女性且原生宗族在地方頗有影響力的LA14表示：「我很有士大夫觀念，宗親會可以進匾，要博士或當到立委、議長這種，比較高的官位就可以啦。我就很想進匾，因為沒有女性進匾，我另外想唸博士是因為可以光宗耀祖」。

的支持，因而選舉啟動後，「各宗親成員就會自動轉變成樁腳或擔任競選幹部的職務」（沈廷諭、王業立 2006: 10）。宗親網絡的組成，含括宗親會成員、宗親的姻親網絡、宗親結盟團體等，以及宗親本身所據立的地緣關係、組織關係等，都可成為宗親政治選舉動員的基本群眾。

連任多屆議員的 LA89 解釋特別是在鄉鎮小選區的地方選舉，政黨的影響力較小，多由宗親組織構成在地的社會網絡，說：「我們這邊以宗親為主，在地是以宗親為主。……也比較沒有分黨派，宗親為主」。受訪中另一位年輕議員從參選市鎮代表到參選議員，向來被視為是年輕世代參與政治事務的代表，但她同時出身在地知名宗族的背景甚少被關注，對此，她說：「其實我的背後就是宗族，我就是宗親會理事長」。另一位 LA88 為了參選已經蹲點多年，他也說：「宗親會當然是主力，我自己就是宗親會理事長」，他表示在地網絡的基礎有一部分是依靠宗親組織的團結，進行選舉動員，有利於營造出眾人支持的效果。幾位桃園選區的候選者評估選區的宗親網絡約占十分之一人口，人口比例雖非太高，但這些關鍵人口數幾乎等同是候選者的「基本盤」。

金門也是一個擁有深厚的宗族親文化為基底的在地社會，參與選舉者若本身已有宗族親網絡與資源，就更不能放掉維繫宗族親的支持，爰以活絡動員網絡。在選舉投票前，從候選者的安排拜會到宗親會的以禮接待，顯示此一行動對雙方具有的重要象徵意義。LA14 所屬宗親會在選區內很多村落有著多重網絡，走訪宗親會是選前極為重

要的行程，她說：

> 對呀，每一個宗親會，像在選前，我們一個禮拜走三個宗親會嘛。而且，是去『祖厝』，就『開祖厝門』，開始座談，開始講政見啊什麼的。……金門宗親觀念很強啊！宗親會還是比較會支持那個…。事實上是蠻強烈的，一方面是象徵，一方面就是……，就是人不僅同宗嘛，同宗就是有一種凝聚力。金門這方面，宗族政治在金門很強烈啦！

「開祖厝門」代表的不只是宗親的相挺，也代表政見與候選者都需獲歷代祖先見證與支持的象徵。拜訪也不能只是形式走訪，她進一步說，宗親聚餐時大約開了十二、三桌，桌上每位宗親「每一個都認識」，且「每一個宗親的名字，都可以叫出來」是想要擁有宗親網絡者的基本功。

　　早期民間社團組織與活動並不活躍，當時也尚未發展出網際網路多元社群的互動方式，宗親組織常是年長世代最常密切接觸的組織。身為女性的 LA84 處在相對都會的選區，宗親組織並非是她參選初期預定的動員網絡，但年長宗親成員的熱烈反應讓她開始關注宗親網絡。她這樣形容宗親會成員對她的反應「他們都很激動，講到快要掉淚」。選區內同姓宗親「激動萬分」的態度，讓她開始發展宗親成員訴諸的「同姓同宗」具有的情感力量。她說：「真的有比較年紀年長的宗親，他看到我出來選很激動。那是老一輩的，年輕人其實無感，

覺得無所謂，但是老一輩看到我很高興，就說還會幫我去拉票什麼什麼之類的」。

身為 FN34 家的女兒，LA84 指著牆上高掛寫著「宗親之光」的匾額說：「我們宗長很感動說 FN34 氏宗親終於有人出來了。他說 OO 這個選區從沒有出現過 FN34 姓議員（連男性也沒有），以前有一位是 FN34 家媳婦，但她不是本家女兒也不是 FN34 家子孫，宗親對我有一些期待」。然而此種以姓氏認同為主的社團關係網絡封閉，跟外部的關係相對不穩定。好不容易建立起來的非本姓宗親會網絡，隨時很容易被本家本宗的候選者或關係網絡中新出現的關鍵者移轉。連任多屆議員選舉的 LA81 以無奈語氣透露：「OOO（同選區另一位議員）慢我 1、2 屆當選，她還沒出來前，她的本家 O 氏宗親會都是我在服務的」。本姓宗親會的服務就像是基本盤一樣，頗具地盤概念，當宗親會出現本宗合作議員之後，非本宗議員幾乎難以進行檯面上的正式選民服務。

宗親組織常見於閩南與客家族群內部網絡，重要核心成員多數是在地重要宗族，除非有特定關係，否則外省族群候選者較不容易打入此一網絡的核心區。宗親會雖廣納同姓氏不同族群身分，有著外省族裔身分連任多屆議員的 LA85 前幾次參選時，本姓宗親會從未出面以組織之名支持她，直到第五次參選。她說：

> 宗親會寫動員信啊，然後沒有我名字。它就是寫全力支持 O 家子弟誰誰誰（皆為客家族裔候選人），可是沒有我啊。應該是到

了第五次的時候，他們就覺得我沒危險，然後呢，然後呢再加上OOO 他那時候搖搖晃晃（可能選不上）。他們那時候宗親會開會就決定說，那 O 家不能夠沒有議員。那救一個比較容易救活的人，你懂嗎？所以就救我。他們覺得 O 家要有一席啊，你懂我意思嗎？

在地宗親會的發展軸線多沿著在地重要家族／宗族而組成，族群身分不是閩南族群就是客家族群，一時之間外省族群候選者難以立即合作，需以不同的方式或等待時機進行橋接。

先前研究指出宗親會的政治結盟，會先看看宗親會內有無候選人，若無網絡內部人員參選，才可能與其他候選人合作。沈廷諭、王業立（2006: 11-12）分析兩種可能的情況，「第一種是宗親會保持中立不表態，第二種是選擇與其他宗親或團體結盟，作為幫忙抬轎的默契交換」。可能的原因包括宗親會跟不同候選人利益跟合作關係的考量，或是作為資源積累的評估。有時「多姓聯宗」的宗親關係也會提供合作與結盟的機會，根據姓氏歷史的記載，「多姓聯宗」多為兄弟因故（戰亂等）易姓或結拜關係，此類歷史文化提供多姓聯宗宗親會合作的想像基礎。LA87 曾任宗親會理事長，因姓氏的聯宗網絡，也同時參與另一個四姓聯宗的宗親會，2018 年選舉，本宗宗親無人參選，四姓聯宗則有核心成員參選議員選舉，他的選舉任務就是擔任選舉時選區內的主任委員，協助在地網絡的串連，他說：「這次我們FN10 宗親，就來幫這個四姓聯宗的這位選，都是同宗」（LA87）。

在宗親政治盛行地區，許多參選人跟宗親會關係密切，參選籌備期就積極發展跟宗親會的關係，不少議員本身即是宗親會會長或理事長等，無關係網絡的當選者也會在當選後才陸續發展跟宗親會的關係。宗親政治並非是中性的，雖具同姓聯誼目的，也同時是性別化的組織，此一性別化的宗親政治，對男性參政者是相對有利的文化結構，女性參政要取得宗親政治的支持，障礙經常比男性較多。基於宗親組織以男性傳承為主的性質，男性跟宗親組織的關係就顯得相對「自然」或「理所當然」，受訪的數位男性議員不約而同表示他們都曾任或現任宗親會理事長或會長等職位，LA97 就分享說他有次參選時，四位當選者全部都是宗親會理事長，該選區四大姓氏全都當選。他表示：「以前選舉宗親第一政黨第二，現在雖然政黨第一宗親第二，但宗親還是根本，以前宗親票百分之百開得出來。議員選舉以前是看宗親，現在也一樣，宗親先顧到了，顧好了，票就開的出來」。

二、女性、小姓氏的宗親關係

就桃園市議會網頁顯示 2018 年當選議員跟宗親會關係的資訊看來，由女議員擔任宗親會理事長或會長者，大都在桃園北區，男議員擔任理事長者，大多集中在南桃園的客家選區，形成「北女南男」現象，跟「北閩南客」的分區大致呼應。另外，有兩位冠夫姓的女議員分別跨了本宗宗親會與先生參與的宗親會，呂林小鳳除了擔任先生姓氏呂姓宗親會副會長之外，在自家本姓宗親會擔任理事長；劉曾玉春

擔任先生姓氏劉姓宗親會／青年會的顧問，在自家本姓則擔任名譽會長。而林俐玲則在先生前立委李鎮楠的加持下，擔任桃園市李姓宗親會榮譽理事長。另一個有趣的現象是，在地盛行宗親政治影響下，黃婉如議員的資歷中，寫著桃園市黃姓宗親會會員，特別強調宗親會認同以及與宗親會的關係。女性雖需以冠夫姓方式跟先生姓氏宗親會橋接，但也可同時維持跟原生姓氏宗親會關係，因而取得兩個宗親會的資源。對此，LA 89、LA95 解釋冠夫姓並不表示宗親網絡與資源就會充分發揮，還是「要有服務，才真的有用」，且在宗親會不成文的默契下，冠夫姓的媳婦最多只能當組織副手。「我是 FN07 姓宗親會的副理事長，理事長剛好跟我不同黨，他就跟我說，不能幫我公開站台，但私下一定會幫我」，LA91 一邊感謝理事長對他的支持，但也感嘆上次選舉原本預期要開出的宗親票沒有開得很漂亮。

　　另一位冠夫姓的女議員 LA103，除了先生姓氏原本就是客家大姓 FN23 之外，鄰近選區至今共有四位議員都出自 FN23 姓，她說：「我先生姓氏在這邊總共有四席議員，都是我們 FN23 家的。……我後來冠夫姓，其實是老公說，因為我們如果以 FN23 家為主的話，最起碼就是我們以後在地方，就是說他在地方，還有我在那邊，說話比較有一個份量」。[8] 這些小選區中的社會關係重視傳統同姓同宗情誼，冠

8　宗親會年度會員大會時，常會逐一盤點該縣市出了幾位同姓議員，增強姓氏榮耀。同時，這些同姓議員也都是大會的到場貴賓，偶爾鄰近縣市的同姓議員也會到場致意（2015 年 5 月 3 日、2017 年 10 月 29 日與 2019 年 3 月 10 日田野筆記）。

夫姓行為具有雙向溝通的意義，一方表示對宗親組織關係重視與認同，另一方也把議員劃入宗親政治的範圍內。客家族群重視宗親文化與系統，如同前一章表 5-1 列出本研究縣市 1998 年至 2018 年選舉中冠夫姓的女候選者，在跟客委會（2017）鄉鎮客家人口比例調查對照後，發現這幾位冠夫姓候選人幾乎全部都在客家鄉鎮選區裡。[9]

　　而同為宗親政治影響的選區，金門女性選舉候選者則未出現冠夫姓現象，雖然幾位受訪者都表示因為金門不大，出來參選的人不是平時就活躍於公共事務，知名度高，不然就是在講出居住地跟家族淵源後，就能辨識其所屬的網絡群體。但金門女性不需冠夫姓，並不表示候選者沒受到宗親政治的影響。LA12 會投入參選跟夫家對在地公共事務關注有關，宗親在她多次參選過程中，也給予參選支持，宗親就曾對女性候選者提過冠夫姓的建議，她說：「早期他們叫我要冠夫姓，我最後還是沒有。有給我建議說妳要不要…妳下次的名片要寫OOOO 這樣子。……我還是沒有，後來金門就改成小選區了。……小選區其實就不用，大家都認識。金門地方小其實我們都知道啦」。

9　參考客委會（2017）調查，劃底線者為客家人口未超過 30％的選區，桃園市：<u>王黃秀雲（桃園市）</u>、許林翠粉（大園）、呂林小鳳（八德）。張馮金蓮（中壢）、葉鄭秀蘋（中壢）、劉曾玉春（中壢）、林黃淑貞（中壢）、李蘇秀珍（平鎮）、黃李月琴（平鎮）、段李瑞淵（楊梅）、陳鍾秀珠（楊梅）、陳賴素美（楊梅）、黃朱秀娥（楊梅）、郭蔡美英（觀音）、呂范姜好妹（新屋）。新竹縣：彭余美玲（竹東、寶山）、溫馮桂香（新豐）、陳林金玉（新豐）、張葉芬英（竹北）。新竹市：鄭劉淑妹（東區）、<u>李黃錦燕（北區）</u>。苗栗縣：湯劉秀美（苗栗、公館、頭屋）、湯范秀妃（苗栗、公館、頭屋）、梁彭菊娘（頭份、南庄、三灣）、<u>蔡李美月（後龍、造橋、竹南）</u>。

　　跟男性一樣，本宗女性也能參與宗親會，成為宗親會理事長，近幾年各縣市陸續有女性擔任宗親會理事長，例如 2012 年金門金湖鎮代表李秀華就職擔任「金湖鎮李氏宗親會」第一屆理事長，成為金門第一個女性的宗親會理事長，以及新竹市鄭氏宗親會理事長鄭逸榛、花蓮縣吳姓宗親會理事長吳姍融、新竹市各姓宗親會協進會理事長吳玲珠等。在宗親文化盛行區，女性要當上宗親會理事長或會長，經常需化解男性宗親的疑慮。疑慮來源通常基於「從未有過」女性擔任領導者的經驗，以及對「女性能力」的擔憂。LA102 娓娓道來她成為宗親會會長的過程。原本她並未符合作為宗親會領導者的期待，而她在政治場域的實力與表現，逐漸讓宗親成員考慮推舉她作為會長的可能，同時，為了消解女性成為男系組織領導者的文化困境，宗親成員找到了區隔宗親會跟宗族的組織性質不同的說法，來接受「性別的權力越界」。宗親們認為前者宗親會是一般大眾都能參與的社團組織，後者宗族才是具有正統宗廟的祖制，祖制不能背叛，也不會被變動。她說：

　　我的身分是比較奇妙，他們認同我啦，我覺得最主要在客家以傳統來說就是認同，其實選舉就是認同。我覺得很多時候人跟人的事情，真的沒辦法用科學解釋。因為我本來是沒有資格的（指宗親會會長），因為通常女生不行，而且我已經結婚了還帶兩個小孩。

　　我的從政對宗親男性來說的確是會有一些衝擊，但是我覺得他們

很努力的在克服當中。可是對內還是會有一些矛盾，看到我還是會有一些卡卡的，但是我就假裝這件事情不存在，我就等。我會接宗親會也是因為就是剛好裡面找不到人，大家都懸在那邊懸很久，後來大家講說是不是找我來接，因為我那時候當鄉民代表嘛，他們覺得我會再往上（政治前途），反而是自己就是親房裡面的反對聲音比較大，他們會覺得這樣會不會背叛了祖制。

因為我們的宗親會系統不是只有我們的親房，它是包含了好幾個鄉，我們這個宗親會算是我們縣最大支的，他們就告訴自己宗親會只是個社團，像我們祭祖那個才是正統的宗廟什麼的。他們就用這個方式說服了自己。

女性較男性沒有管道接觸與進入宗親會，只要有管道與機會提供雙方認識，疑慮的消除是可期待的。另一位受訪者 W（女）提到她如何帶著 S（女）逐一拜訪宗親大老們，讓他們逐一接受 S 成為本宗在鄉鎮服務的窗口。受訪者 W 跟 S 是好朋友，S 曾參選過兩次鎮代選舉都未當選，直到同區鎮代因賄選案喪失資格，才遞補成為鎮代表。S 的姓氏在選區內擁有數一數二大的宗親勢力，她本身也出自在地知名宗族，但因多重因素一直未能跟宗親會有太多交集。根據 S 估計，S 的宗親會在選區內共有 800 多位成員，在一千多票就能達當選門檻的選區，宗親票作為基本盤，具有重要影響力。W（當時已是基層民代）說服了 S 要加強跟宗親的關係，就帶著她逐一拜訪 S 姓宗親會大老，W 說：

嗯……剛開始也不太……呵呵,老的還是不太接受……,那時候是我幫她推這個區塊。我就帶著她去拜訪他們……這些大老啊、長老。我就拉著他們說……,我說,啊你們 S 家……也有人當代表。你們需要服務的時候,她也可以幫你們……當一個窗口嘛,對不對? S 代表也可以來服務你們嘛。後來才開始有互動,互動之後,後來發現要改選時,就開始有幫忙,他們有去成立那些什麼什麼,開始走這些這樣子。呵!那時候是……我去拉他們這個線。等於說,我去當他們的媒人。

W 為什麼幫得動 S 被宗親會接受,跟 W 另有一份跟 S 宗親會核心人士的協力關係有關。W 跟前任縣長(是 S 姓宗親會重要核心成員)有鄰里事務往來的協助互動,W 說:「他當議員時,就對我很照顧。因為我這個地方,很辛苦就是我們沒代表、沒議員,全都靠我這個歐巴桑里長,那議員就很照顧我。後來他要選舉什麼的,我們都去幫忙,去幫煮點心,造勢什麼那些齁,那個錢我都自己出,就當作贊助這樣子」。一方面 W 有著跟 S 姓前縣長的選舉動員網絡加持,同時在逐一誠懇拜訪本宗宗長下,宗親們開始接受 S 身為鎮代表也可成為 S 家鎮民服務的窗口,在往後的良性互動中,S 不僅至今連任鎮代,近期也順利當選 S 姓宗親會理事長。

宗親團體擁有內部成員間的社會網絡,以及與外部團體的各種連結,雖然成員數量很重要,但不必然表示小姓氏候選者沒有當選機會。LA89 曾任選區 FN37 姓宗親會理事與桃園市 FN37 姓宗親會理事,

在選區內，他的姓氏跟其他姓氏比較起來規模小成員少，經營跟其他姓氏宗親會成員間的網絡就顯得同等重要，他指出「經營是關鍵」，而且宗親會的經營不能只在本宗宗親會，「沒有分姓氏」每個宗親會都需要跑到，他說：「……只有 O 家排斥我，他們活動不會找我。像徐陳葉黃張幾個大姓氏宗親會理事長都是挺別人，這已經很久了，跟我們以前的老闆（政治人物）都有關係」，在地宗親會各有發展過程中的人事眉角，「誰跟誰好」、「跟誰不對盤」的互動淵源常被接任者繼承，有時接任者要打破宗親會場域的網絡慣性，需繞道而行，「……但是現在下面的會員，也不會聽理事長的，下面的我都有經營，像 O 姓會員大會我每年都去，所以開出來我票還是最多」。

另外一種小姓氏候選人取得大型宗親會的宗親支持，是直接找有宗親會支持但不再參選的現任民代，進行宗親網絡的轉接收的可能協商。民代 LA27 提到如何幫助一位小姓氏候選人承接他原本照顧的宗親，他說：

> 他當時是跟我們換票。因為那時候我已經不選了嘛，也不是什麼……不能講換票啦，講這樣不好。就是說，當時他來問我要不要選，我說我不要，……他說不然你 OO 區那些親戚幫我。
>
> 他太太姓 L，妳不能說姓 L 沒有宗親啊，L 厝啊整個 L 厝啊。那 L 氏宗親會都會支持啊。我那些宗親朋友……原來是支持我的嘛，現在我不選了，等於是沒有方向了嘛，怎麼辦？他們說：「你不選了把我們丟掉，我們以後有事情要找誰啊？」，啊我就跟宗

親講沒有關係，這個某某某來選，你繼續找他，有事情你找他。

　　LA27 說明候選者之間的宗親網絡的轉接，需平時互動時就奠下信任與互惠基礎才可能成型，且在轉接後，繼續維持某種網絡系統，轉接者才不會斷然將資源抽回。後來他就把自己本宗宗親會成員網絡轉給這位新參選的小姓氏候選者，由這位小姓氏候選者接棒進行選民服務，此後他們家的宗親就由這位民代進行服務。

　　在地選區少有單一宗親政治獨大的情況，不同宗親會間彼此相互制衡，經營、合作與合縱連橫，都是常見策略。在地一位多屆資深議員受訪者，解釋在地宗親勢力如何跟民意代表、政府行政系統、農會系統等的競逐與合縱連橫：「S 某某選鄉長時，這邊有 M 家、S 家跟T 家。有跟宗族合作就有主力，最大姓 M 家跟 S 家合作，就把 T 家擠下去，S 某某就當主力去選鄉長。如果說這時候大姓氏跟 T 家合作，就變成要禮讓 T 家，讓 T 家當鄉長，T 家就可冒出來」，如果中間有利益恩怨，就可能又會隨時改變合作的關係，他說：「他們也會去鬥另外一家，所以另外一家這個時候就變成他去當農會的理事長」。這位資深議員表示，參與政治者要有敏銳的政治判斷與政治意識，類似這種合作、競爭與制衡在政治場域中是基本的運作。而此一對在地宗親政治的政治判斷與操作的技能，與能促成政治行動的政治知識的心理認知與觀感差異有關，經常是女性參政與男性參政的差異之處（楊婉瑩 2007）。

　　關於經營部分，LA95、LA97 也講了很多如何服務選民的過程，

舉凡提供各種政策資訊傳遞、生活便民措施申請、補助活動、爭取醫療跟教育資源等都是服務範圍。也有候選者沒有宗親系統，或是不從宗親系統進行選民服務者，他們關鍵票的來源是從經營一般性社團而來。以宗族為主的宗親社團雖具有一定比例的人口基本盤，但經營其他社團也同樣具有經營社會網絡的功能。外省籍的 LA85 沒有本土的宗親網絡，她強調需另外經營社團，由她擔任理事長的社團就有六個，LINE 群組有 700 多個，這些也都能成為選票的基本盤。另一位小姓氏議員 LA07 就笑說，因為沒有宗族跟宗親淵源，她跟另一位小姓氏議員常自我消遣說，「我們兩位叫做『無祖厝聯盟』」。因缺乏本宗宗親會的協助，LA07 長期經營舞蹈社團、新移民團體等，形成直接服務的網絡資本。

三、族群與在地政治

宗親政治也跟「是不是在地人」「在地出生長大」等在地政治有關，在地性的邊界，可能是語言的、出生地的、血緣的、地緣的、族群的、網絡的等等，在這些可辨識的邊界內所形構而成的在地知識，在地人若要在此一領域行事，就得順此一在地邏輯。此一在地邏輯是在地的行事的範式，雖然並非具有至高的支配性，但卻不能不注意到其中可能發揮的影響。在本研究訪談中，很常聽到在地候選者提到「他不是這裡人」、「她是臺灣來的媳婦」、「他父母不住這邊」等說法讓在地性的邊界浮現，宗親政治跟出生、長大、蹲點、在地家族

仕紳網絡、家族知名度、族語等相互交織作用，也常成為候選者被檢視的指標。

　　這些宗親文化盛行選區對誰有資格、誰能參與，乃至於「誰是誰」的介紹與理解，是沿著強調跟在地關係的鋪陳，「在地的」與「非在地的」常構成快速擴散的評論。候選者在傳遞「差別辨識」給選民與外界時，除了政見訴求之外，另外也常採用跟在地的各種關係，包括血緣、地緣、網絡等等的社會關係，來作為其欲建構的信任網絡是紮根在地的地域連帶。在政治參與過程中（受訪中也是），不斷強調其土生土長的在地關係，內蘊地域空間、土地情感、人脈連結的熟絡，凸顯他們對在地的忠心與政治服務的忠誠。幾乎是不分縣市的受訪者 LA07、LA 12、LA 13、LA 14、LA16、LA84、LA85、LA87、LA89、LA95、LA97、LA102、LA104 等，都說選區就是「從小長大的地方」。前民代 LA87 指著選舉單上另一位也是資深民代 LA97 的名字說，「這是我國小同學的哥哥，他另一個小弟是我弟弟的國小同學，從小就認識」、「他姊姊我們也都從小就認識」，說明從出生、國小，至少到國中這個成長的歷程，以及在這個階段中所認識的人所形成的網絡，都紮根在該鄉鎮的土地上。

　　訪談中，一位受訪者跟我解釋同選區內其他候選者時，雖然描述的是不同對象，但描述的方式都以跟在地關係作為介入起點，例如「她是後來搬來的」、「她不是這裡人」，「他不是客家人」、「這個大家都不認識，不知道他哪裡來的」。LA95 強調「在地是比國小的」，候選者間會比較跟在地的關係是什麼程度，才具有「在地人」

的資格，他說：

> 其實我們這三個都是道地真正的 OO 人。在地方看什麼？看你
> 念的國中國小，在這邊念書才是最道地的，選民就看你有沒有念
> 這邊的國小，才能證明你是哪裡人，你不要胡亂講說我是哪裡
> 哪裡人，甚至有些你念到國中畢業，才能講說你是哪裡人。……
> 就是根源！這個是外地的（手勢指著同選區其他候選人名字），
> 我跟你講，像我們這幾個候選人去參加 OO 國小畢業典禮，我
> 們四個人站那裡，四個人都是 OO 國小的。

在跟 LA104 討論她得票最高的里是選區中的哪個里，是什麼樣
的原因讓她在那個里得票最高，她才說：「的確，我得票最高的里，
是我出生時父母工作的那個里，我在那邊出生、長大，念國小跟國
中，後來搬走。但選舉時我並沒有特別去這邊拜票」。LA104 是新生
代政治參與者，認為教育與照顧政策對選民日常生活中的影響很深，
抱持以政策專業作為政見內容，不斷跟選民宣講政策的重要性。她採
取上下班時間的路口宣講、網路經營等方式，希望能擴大接觸更多的
選民，而票數開出來最高票區塊，則是她從小出生長大的地方，一個
她沒有特別去拜票跟經營的區塊。相對於她以較多時間經營與宣講的
地理區塊，出生里的人情回應顯得溫馨。

大部分候選人在選區中各里得票的差距很大，選民人口結構（族
群、世代等）、地域關係（居住區塊、主要服務處）都是候選人在特

定里得票數高度集中的可能的影響因素。LA83 也是世居桃園的在地人，曾是政黨的工作人員，也曾任職於市府局處，長期關注選區政治參與的情況，他這樣分析桃園市候選人跟地域的關係：

> 雖然眷村拆遷很多，但多數居民購屋租屋都還是在附近，像忠貞新村、馬祖新村、貿易七村那些，跟慈安三村、四村那些，後來這些人都跑到哪裡？都到關路缺，都在附近，有時會輻射散開，有時反而更集中。……中壢自立新村，自立新村它裡面有 5000 多戶，所以後來才會演變出中壢跟內壢後站地區的國民黨的可以有兩到三席，像魯明哲，像劉安祺他都有分到票，還有吳嘉和他也分到票。

蕭新煌、黃世明（2001: 479）書中這樣描述桃園：前縣議長陳根德認為，桃園政治訴求強調三個觀念，地域觀念優先，再來宗親觀念，最後才是政黨觀念。強調 OO 人的在地關係，僅是第一道最基礎的「在地邊界」，政治參與者彼此的競合是從定駐點（服務處、蹲點區）形成的邊界逐漸往外延展（各區設樁腳），直到與選區的邊界重疊。蹲點、找樁腳，在往外延展之際，同時就會逢遇其他競爭者的擴展，在一層層的擴展之際，同時可能是退縮的，也就是說，在地的邊界是多層次的。LA83 進一步分析一位候選人在擴展票源邊界時，四面八方都遇到不同候選人在地域關係的邊界：

你看她成長空間就被擠壓，被Ａ擠壓到。譬如說她要經營復旦中學復旦里跟復興里那塊，可是Ａ，他就是在地，那個地方的人啊，地緣關係他就把票吸走，你的得票就不夠多了，你就要退回來。退回來之後眷村這邊遇到Ｂ，她們還是把你往外擠，所以你又沒有了。再一個，他又被平鎮的Ｃ再擠壓，他們三個屬性很相同。

根據中選會公告選舉各里得票數，也大致呈現候選人跟在地鄰里關係的強度，得票數最高的里往往都是服務處所在的主票倉。

另外一種在地性是從「蹲點」所積累而成的在地網絡與在地資本，從蹲點開始，盤點在地政治勢力的分布與關係，再進入在地社會網絡與在地政治脈絡，不但彌補從地緣關係區隔候選者的差異，也可改變外界對其在地忠誠的質疑。對沒有政治親緣關係的協助或媒體等數位科技優勢的候選者，先到在地資深議員、立委或政黨辦公室去蹲點，是鑲嵌進入在地政治的重要途徑。出身在地重要家族又具有民代身分的 LA95 提醒，每一個我們看到的新當選議員，其實都是蹲點蹲很久才可能有的成果：「你看ＯＯＯ以前是ＸＸＸ的助理，他在這邊接觸社團什麼的，蹲點蹲了十多年，才選上。就是你要蹲點，願意蹲點，願意在那邊弄，每一個要選的都要耕耘很久很久」、「會成功就是要耕耘非常久，男生女生都是一樣」。

第一次參選就當選的 LA88，也是從立委助理開始熟悉在地，他說：「年輕的很難在這邊出來，因為老的盤踞那麼久，他有資本。你

知道我選之前，跑多久？我在這邊已經跑了 6 年多。我今天如果是，我講我今天如果是新人，連民調都不會過，民調不會過，你根本連參選的資格都沒」。LA83 就以龍潭選區跟新屋選區當選議員的政治脈絡為例，指出當選者都具有深厚的在地性：

> 龍潭三席，林忠正鄉長他兒子林昭賢，徐玉樹是以前葉發海鄉長的系統，龍潭街上這些系統……，像張肇良的父親張貴木（曾任省議員等），這些都有很久很強的在地政治脈絡。……邱佳亮以前是黃金德（連任 4 屆桃園縣議員、桃園縣議會副議長、桃園農田利會總幹事）的助理。還是這樣，在地結構就是小姓必須要跟大姓合作，他們才能夠贏那個地方的選舉。在地經營要看是哪一個家族在地的，要經營的不是只有政黨。

　　除了蹲點紮根在地的關係，橋接上在地政治的脈絡之外，同時也需在蹲點同時擴展在其他里的駐點，LA91 在 2018 年雖首次參選議員選舉，但她跟先生都已有多年政治工作資歷，她說蹲點要蹲到：「一般一個里要有 10 個椿腳，10 個一層一層的，里長鄰長都要啊，他們有環保志工有社區發展協會這些都要顧。都要盯椿顧票」。另一位出身在地政治仕紳家族的民代，擁有在地相當龐大的宗族親網絡，宗親網絡肩負起在地消息傳遞的管道，同時身為宗親理事者的他握有在地運行的網絡，但宗親建議他要細緻到「最好還是每村放一個人」，更能即時掌握在地的情況。他說：「我覺得它本來就有一個在地網路，

只是說現在是誰掌握這個網路。其實基本上我對於這個網路的經營我不是那麼在意。因為我認為它既然是一個在運行的網路，它就是會把消息傳給我，這樣就好了」。跟其他民代以「每村放一個人」來構成對在地訊息的管道相比，這位民代並沒有積極的採用這個方法，他表示除了「宗親系統已有該角色功能之外，有部分的主力是在網路社群」。

在地同時有宗親網絡，又有樁腳系統，偶爾就會出現有趣的角力趣聞。LA106 的宗族是在地移墾大戶，居住的鄉鎮上有街道是以開基祖名字命名。這個宗族成員不太有代表人物參與選舉，多年來僅有一位女性前立委 T 出自宗族五房。選區內現任議員 C 從擔任 T 立委的助理開始做起，因而接收了 T 的宗族網絡。C 接棒當選議員後，根據 LA106 說，C 平時對 T 宗族五房照顧有加，若生活上的需求請 C 議員協助，他都會即時處理。例如有一次 LA106 家裡田埂要改為水泥田埂，C 議員很快就把事情處理好。平時 C 議員只要遇到 LA106 的母親，也都熱情的叫著「嫂子」加強關係。有一次，LA106 的三伯出車禍被撞傷，對方說要叫議員來處理。結果到醫院的竟然是 C 議員，他來了發現是「樁腳撞到票倉」，就默默離開，並未進入該車禍的協調程序。LA106 說：

> 我三伯出車禍，被撞受傷送去醫院，對方就說要叫議員來處理，我媽沒叫議員。結果來的是 C 議員，一看到我媽，又叫嫂子、嫂子的。他問我媽為什麼來醫院，我媽就說：「誰誰誰撞到我三

哥」，後來Ｃ議員就默默溜走。因爲撞到我三伯的是Ｃ議員的椿腳。我媽就一直笑説：「椿腳撞到宗親大票倉」。

在這些鄉鎮，宗族多數就是在地重要仕紳家族，這些仕紳家族不像政治家族經常曝光在媒體前，但從其早期對在地的移墾，以及後來參與在地事務，他們對在地政治的影響相當深遠。一位年輕世代的民代解釋他跟新生代議員交流時，赫然發現他們之間都是在地仕紳之後的共同點。他們在地仕紳之後的背景鮮少被大眾與媒體注意到，也未必像政二代直接繼承政治資本，但所擁有的社會資本與在地人脈網絡綿密細緻到無法忽視影響力。他說：

> 我後來發現真的是，我不知道其他縣市，但是以我們這個縣來講，我們真的是拓墾家族，像譬如說你到北埔、峨眉那邊去更是，就是一路武力進去，出來的這些新世代大部分都是像我這種家族背景出身的。我們都不是政二代，但我們都是在地仕紳家族的後代，都五、六、七、八代這樣子。……在地影響力很大，那是很綿密的，而且是跨鄉鎮。

另一位受訪者以新竹九芎林庄爲例，指著地圖上，解釋九芎林庄包含了芎林、橫山、尖石、竹東、五峰，而下山庄就是九芎林莊的中心，在地仕紳就沿著頭前溪往上游，一路開墾進山去。

在地的宗族親擁有人數優勢，發展時間相對悠久，跟宗族、老人

會、長青會、社區發展事務、婦女會、農會系統之間，甚至在地廟宇文化等，彼此也是高度重疊相互交織的社會人際網絡。身為年輕女性的 LA102 說明正因為她的宗族背景在在地移墾所發展出來的人際網絡圈，使得她能在「年輕」「女性」這兩個不是廟宇文化主導者的顯性資格中出線，有資格參與廟宇的董監事的改選，她說：

> 像廟要討論改選董事長，就來找我談，找我的原因是什麼？因為我就是庄的代表，大家可能會覺得很訝異，我這麼年輕怎麼可能會是庄的代表？去研究就知道原來是因為我的家族，繼承還是男生為主，但他們願意讓我進去討論，因為我現在也是宗親會理事長。

另一位住在新屋的宗親受訪者，評估誰可以在新屋參選，他看了看我，評估我跟在地沒有交情也沒有宗親網絡，笑著說「只能選里長」。他說：「如果是小姓妳就不用，沒有機會了。妳形象再好都沒有用，高學歷都沒有用，博士出來也都沒有用」。學歷、形象、議題等一般政治理論評估的社會供給面因素，對重視宗親文化的在地，雖可成為加分的外在條件，但主要還是看「在地脈絡」究竟有多大的效應。他進一步評估說：「可是妳出來有機會，因為妳是姜家的，姜家在這邊也算大姓。因為妳是本宗親，但是外地來的，也不一定有效，外地搬來的也沒有效了。妳爸爸媽媽跟這邊都沒有交情，妳選里長還有點機會啦！」

　　出生在地的 LA89 強調在地網絡是偏向年長世代的宗親網絡，要積累交情靠的是「一個一個握到手」，以走動跟互動的方式，在地網絡才會維持的住，不是靠網路鍵盤就能掌握，他說：「像現在市區都是年輕人網路弄一弄這樣子，真的就可以當選了。OOO 如果來這裡百分之百落選，不可能入選了。來這裡就死了，一定死了，沒用了，不可能選得到了。我們鄉下來那個都沒有用，網路再怎麼大都沒有用」。要能在選舉等公共事務中勝出，「在地的」是基本要件，在地出生、長大，定居在地，且身處於在地宗親脈絡之中，經營宗親才可能被在地人肯定，LA95 接著說：「那我們鄉下的話，妳漂漂亮亮打形象牌，但沒有跟人家接觸，沒有互動，他不會投給你。所以我們都要親自去，我都親自跑去鄉下，跟百姓互動，要親力親為才有加分。像我們選區你誰提名都一樣，就是要在地的，對，就是經營宗親」。

　　參與地方選舉其實是一個具有高度的地域鑲嵌的過程。這種論出生地、就讀學校、有無蹲點、跟在地關係親疏等的在地性，對有意參與地方政治事務的人來說，就像天地日月定律一樣自然，然而對女性來說，卻多了一道「性別」的關卡。田野過程中，不分男女受訪者，只要當我詢問到其他男性候選者時，被詢問者就會從這位男性跟在地的關係開始講起，但只要提到女性候選者時，時不時就浮出「她是外來者」的說法。「說法」的方向，大多跟女性因「婚姻移動」有關。女性在婚姻這個議題，畫出的空間軸線是「移動的」，「她是外面嫁來這邊的」這句話的重量，是女性進入婚姻後的半輩子，而對競爭者來說，卻是最容易拿來做為界定差異的第一道訊息。LA95 選區在中

壢附近鄉鎮，看著選區中的其他候選名單，說：「這個也是外面嫁來這邊，她這個是中壢人，她是嫁來這邊啊。這邊這個也是外地，其實她從前都是外地的，她爸爸媽媽其實背景都在中壢，他爸爸很早死掉，她都在中壢啊」。類似的情況也在 LA14 描述選舉名單上的其他人，她說：「OOO？！她不是金門人，她基隆人，對，她老公姓 Y，古崗的（金門地名）。這個 XXX 也是，她臺灣人，也是嫁來這裡」。

女性要能夠對抗這種「外地來的」的質疑，就需歷經長時期的定居與融入的過程。LA91 原生家庭在花蓮，結婚後搬至先生在桃園的原生鄉鎮居住達 20 多年時間，多年來關心在地公共事務，當選基層民代服務鄉親，對在地事務與人際網絡的熟悉就如同在地人一樣。而另一位 LA16 則是在婚後回到出生地參選，遇到同村人挑戰質疑的尷尬情況，LA16 在結婚多年後，返回原生家庭所在的村莊，也就是她出生成長的選區參選，結果被同村莊的競爭對手陣營指責說是「來亂的」、「應該回去她先生的選區選」，LA16 說：

> 我那時候選舉的時候，我那個對手，他們的親戚都罵我說：「啊！妳嫁小金門，妳不回去妳們那邊選，妳來這邊亂！」……所以，那時候剩下一個月要投票，我去前縣長服務處那邊的時候，他們還安慰我，就說…「一定袂著ㄟ（一定不會當選）」，先安慰我，就說「喔，這個很不好選啦齁」。

傳統認為女性進入婚姻，等同離開原生家庭，應隨著婚姻而移

動進入先生的家庭，與夫家成員一起共同生活，生活的空間場域也以夫家所在地為主。對有意想要參與地方選舉的女性候選者來說，進入婚姻家庭，意味著三種關係層面的改變：家庭歸屬、住所隨夫居、參選地域空間。首先，鄉鎮地域社會的性別觀念相當傳統保守，女性婚後即便沒有搬入先生的原生家庭中居住，也會被歸為夫家的家庭新成員。再來，雖民法第 1002 條規範「妻以夫之住所為住所，贅夫以妻之住所為住所」已於 1998 年修正為「夫妻之住所，由雙方協議之，未為協議或協議不成時，得聲請法院定之」，但依社會慣行與在地習俗，夫居地經常就是夫妻結婚後主要的居住地。在此一父權婚姻邏輯下，婚姻具有改變女性跟空間關係的作用力，女性候選者往往需在以先生家庭為主的地方關係網絡下重新經營跟參選地域空間。地方鄉鎮的女性參政時，跟原生家庭（族）與婚姻家庭（族）的空間關係，也影響她們的在地政治的位置，也就是說，性別、家庭與在地性彼此交疊、多重地作用在女性身上，不論是處在原生家庭或是婚姻家庭，女性受到的在地政治影響比男性多了一道性別的複雜度。

另外一個跟在地性有關的是族群因素。本研究調查的宗親文化盛行區同時也大多是單一族群文化保存較為明顯的區域，客語跟閩南語多為這些地區的「地方通行語」，尤其在幾個客家鄉鎮地區，客語已達「主要地方通行語」的地位。[10] 地區內稍長世代多數以客語與閩

---

10 根據「客語為通行語施行辦法」規定，客語為主要通行語地區，指客家人口達二分之一以上之直轄市、縣（市）、鄉（鎮、市、區）；客語為通行語之一地區，指客家人

南語為主要交談語。運用通行語民眾的族群認同，也多數符合族群語言跟族群身分。在參與地方公共事務時的在地政治，族群身分是一種「顯而不宣」的狀態，亦即是，此地內的族群身分有高度一致性，因而不需常被凸顯出來，平時除非在特定場合或脈絡中提及，否則不太需要被特別指出以驗證族群身分。「強調」在平時變得沒有必要性，因為大家都是；但「不言說」，不代表不存在，它一直都在。族群在此地，往往是透過另一個「異質」的存在，才被顯示出來。[11]族群意識在選舉中，已不太被提及，也不會像早期被拿來當作激化的工具，但族群通行語與族群身分卻是一直是具體的在地政治。

在地並非特別在意「一定要客家人」或「一定要閩南人」來參與在地公共事務，「族群身分」是鑲嵌於「在地」之中，也正是因在地單一族群身分的比例高，參與在地公共事務者中以具有在地優勢族群身分者居多。LA89細緻的解釋說：

> 我們鎮上基本九成都是客家人，幾乎都是客家人，這邊閩南最多是 A 跟 B 這兩村，閩南那邊我都大贏，他們大小場活動我都親自到，⋯⋯歷年來選區內，當選的都是客家人，對，這幾位都客家人，都在地的，所以你閩南人，你外地的來，你要選沒有機會。

口達三分之一以上未達二分之一之鄉（鎮、市、區）。

11　在單一族群聚居區，任何不同族群的出現，都很容易被關注。LA13 提及近期金門開始注意原住民移入的情況，因工作因素，原住民有逐漸定居金門的現象，目前金門約有一千多位原住民人口。

不可能！對啊，沒有機會，年輕人你再優秀，你博士來到這，你也選不上，要在地人才可以。

這種是以「你是」來肯認彼此的群體關係，而不是以「你不是」來區別差異，這之間有著細緻的不同。前者充滿著以母語文化的親近，而非惡意的對立彼此，這種「母語親近」帶有某種「啊，你也是，我也是」的貼近，是「kiung$^+$ rhong$^+$（共樣）的」、「sio-kāng（相仝）的」的自然浮現。

在地盛行母語的通行，使得不會講客語或不會講閩南話，很容易在在地拿來進行辨識與區隔。LA95 說：「如果講說『我是客家人投給我一票』，那就死路一條（選舉不能這樣講）。……但是這幾個當選的都是客家人，當選的這三個都是客家，都會講客家話。……（指著名單）這位不是，另外這位是，但不會講客家話，不道地啦！」多年前我因另一個研究，到新竹縣議會訪談縣議員，在議場外等待訪談議員時，看到幾組不同時間經過的議員通行語也是客語。當時受訪的議員表示，在議會外面，以客語為母語跟通行語的議員，都來自客家選區，他們之間平時主要都使用客語交談，但是只要一進到議會，大家就轉為用華語問政。[12] 這位議員的族群身分其實是閩南，從閩南區域嫁入客家鄉鎮，在閩客通婚下作為客家媳婦，從零開始學客語，慣用語也慢慢從閩南語轉為流利客語，加上多年的實際居住參與，慢慢

12　根據客委會（2017）調查，該位受訪議員的選區有 81％的客家人口比例。

成為被認同的「在地人」。

在地通行語以母語為主，在客家文化重點鄉鎮用客語、金門用閩南語交談，是自在且相當自然的狀態。另一位受訪者說，他父親是外省族群、母親是在地客家，他不僅在在地出生長大，從小也講得一口流利客語，雖然選舉期間，這句「他是外省人」被對手拿來當成競爭話術，但他本身具有「在地性」、「講通行語」還是讓他獲得選民認同，他說：「街上都講客家話，在街上。他們老一輩就是說，你講一些客家話，他會覺得比較親切，因為這邊畢竟有七八成的客家人」。他看著選區參與選舉的名單，逐一分析說：

> 這位候選人是會計師，但他從來就沒有出來辦過政見說明會，他都沒有出來。……（指著一位候選人名字）這位是那個管理人，對，他沒當選是因為人緣不好，沒辦法，我們附近人都不喜歡他，他跟大家都相處不好，隔壁鄰居廣為宣傳，怎麼會有票？……（指著另一位說），這位不是客家人，但有一屆還第二高票，要看當時候社會氣氛影響，票稍微往藍靠或是往綠一點靠這樣子，所以他當時很高票。可是，在地會出來的人跟宗親有很大關係，還有他們有沒有在跑公共的事務有關。

「宗親文化盛行區的在地性」是什麼？在地性串起的是難以具體畫出的在地社會邊界，有族群身分的界線、通行語的界線、有宗族親的界線、有社會網絡的界線、也有出生長大居住的地理界線，這種邊

界不是用行政區域就能替代。在宗親文化盛行的區域，一般大約 30
多歲結婚生子後，就會逐漸進入在地由宗族親組織跟成員間所構起的
網絡。LA14 以金門為例，說：「在這邊，人到了一個年紀以後，現
在年輕人到了三十多歲結婚後，要開始進入宗族社會，進入這個社
會，他會⋯⋯到那個網絡裡面去」。Hsu（2002a: 69-70）指出宗族文
化的關係定調為「父子」、「兒子與父親以及其他的同性長輩」間的
長期的、親密的、持續的接觸，使得宗族社會的網絡中的行動者，「
採取一種『禮尚往來』的方式，而不是單方向的關係」。這種自然進
到宗族親的網絡社會的管道，讓男性握有「男性為主」的網絡優勢，
也是一種互惠互動的網絡。政治參與的在地性充滿著多重結構相互交
織的面向，影響候選者的動員、選民服務與網絡建立的行動。

　　LA14 解釋金門年輕世代年過三十後就會進入宗族系統的同時，
也感嘆年輕世代對宗族文化越來越不感興趣。彭鳳貞、黃佳模（2014,
2015）也認為客家族群同宗的觀念很強。不論是在桃園或金門，受訪
者都指出等到了一定年紀之後，就會慢慢進入在地的宗族系統中，然
而根據劉嘉薇（2019: 365-367）對客家選舉政治的調查發現，客家年
長者重視族群與重視宗親，他們的客家族群意識強、客語流利、有較
多的宗親或地方派系關係，但在客家年輕世代就相對重視政黨，相較
不重視前述結構的族群意識或宗親系統。

　　再思 Fredrik Barth（1969）探討族群的邊界理論，主張族群邊
界是社會邊界，是活的、具體的、變動的社會實體，而非呆板可
測量的語言、文化或地理的形式疆界。在宗親文化盛行區的族群邊

界，正是混合了某種想像的形構身分認同跟生命起源的群體連帶性（solidarity）與在地的交互作用。由姓氏文化構築而成的「宗族親文化」是閩南、客家與其他族群的最大區分，甚至也是一條跟閩客族群文化混合區的在地邊界，這條邊界融合了族群身分、通行語、宗親文化的社會事實。事實上，我們可以看到，在桃竹苗，宗族是客家族群有別於在地閩南族群的社會邊界；而在金門，宗族也同樣是作為閩南族群有別於其他族群的社會邊界。而女性在性別、族群與在地政治的交織之下，從私領域家庭、家族與宗族到公領域的參與，至少包括了連瑞枝（2010）所主張的「至少在兩個不同父系家庭中移動著」，也可能是「兩個不同的族群身分、族群文化移動與跨越」，包含由文化、空間、語言、認知的多重在地性的轉換與橋接。

四、傳統性別文化期待

在地除了重視地緣、血緣、網絡與母語通行語等在地要件之外，在地的性別結構也偏向傳統為主，田野資料收集中，不時聽到「女性應以照顧家庭為重」等的說法，特別是當我詢問到制度設計跟女性參與政治間的問題時，最常聽到受訪者（男女皆有）使用「男女已經很平等」的說法。當筆者進一步詢問女性為什麼需要作這些，而不能作那些的提問時，受訪者普遍又以性別分工與性別角色的「男生女生不一樣啊」來回應這個提問。在地選舉政治看起來就像是各憑本事無關乎性別的狀態，此種所謂「男女有別且平等」的詮釋，讓性別本質性

差異成為社會性別不平等的基礎，混淆既有結構與形式資格機會的不同，相當普遍的成為在地通俗說法，形成詮釋性的性別差異化論述。

女性參政者受到在地性別政治文化的限制往往比男性還要多，特別是傳統的男女二元內外分工與公私二元對立的雙重交織，「男主外女主內」的性別文化觀持續影響。政治工作的屬性也跟其他就業勞動環境不同，臺灣的選民服務文化讓出自選區的民意代表常處在高密度勞動。地方層級的民意代表經常是「24 小時待命中」、「半夜2 點還要接選民的電話」（LA80）的工作狀態，這種勞動情況對要參與政治的女性更具有性別的結構困境要跨越。資深多屆的男性議員LA96 指出選區內的性別文化規範，他說：「畢竟怎麼講，女孩子多少都有家庭跟孩子需要照顧，有的還有公婆之類的，從早期來講，一個家庭重心是在媽媽，孩子家庭的重心都還是以媽媽為主」，社會普遍認為家庭的照顧事務持續是由「女性」承擔的「母職」「妻職」該盡的責任，而政治人物的工作屬性與勞動場域的特性，並不全然對兼顧「母職」「妻職」是友善的。LA96 繼續說：「你在當議員的話就整個區塊在排行程，尤其現在的民意代表，都是屬於專職。我們第一個就是手機不關機，白天晚上都會接到服務電話」，特別是當女議員半夜接到選民服務的電話，「不論去不去現場」都對家庭的影響不容小覷。[13]

---

13 LA96 表示，民間社團的聚會常在晚上舉辦，加上半夜偶有選民臨時發生狀況，要議員到場協助的情形，這種在幅員遼闊或鄉村選區對女議員有許多的不方便。他同時也

　　仔細觀察臺灣女性參政者跟婚姻的關係，確實像存在著一道性別阻隔。女性候選者若未在參選之前就結婚者，當選後進入婚姻者的比例相對減少，對有意組成婚姻家庭的影響較大。本研究訪談的多位女性縣市議員，都有這樣的發展趨向，但確切情況仍需另外研究進一步調查。對未婚女性，是影響她們進入婚姻，而已婚女性想要參與政治，則是需獲得來自婚姻家庭的支持與同意。根據受訪者女議員表示，她們婚後參選都需取得先生跟夫家家庭的支持，一位住在傳統客家鄉鎮選區的受訪者說，一開始她先生並非完全支持她參選鄉代，還特別要她保證能兼顧家庭跟同時做好選民服務，她說：

> 當初我要選的時候，我先生也很反對。那時候也沒有半個官認識我。……那時候我先生在農會工作，後來有當總幹事，他就說政治這條路實在很辛苦。他說妳要落實服務，不能…不能說啊，妳…妳自己選了又不服務。這樣子的話他也不贊成。最後他也跟我講說，妳如果要做民意代表，妳家庭也要兼顧。

　　另一位受訪者會開始參與選舉則跟先生暫時無法參選有關，因而她的參選是在先生的提議與支持，以及婆婆答應要協助一起承擔小孩的照顧責任下進行的，她說：「那時候小孩國小，所以那時候必須要家庭去全力支持我，我才有辦法去跑，女生從政我一直在講真的有點

表示這種政治場域的勞動文化，對於要組成家庭以及婚後家庭經營是不友善的。

很辛苦。所以婆婆就答應我，她說：『沒有關係，你去，也許這一任選完之後就是還給老公了』」。這位受訪者就在先生跟婆婆等夫家成員的支持下開始參選，至今已是連任多屆的議員。在地男主外女主內二元對立的性別文化觀、已婚女性的母職與照顧責任，以及家庭內性別政治的權衡等，使得女性參與政治的生命階段跟男性不同，也讓女性參政者需面對工作事業與家庭兩頭燒的困境。身為民代也曾擔任過政黨黨部主委的 LA91，提到開會時常看到女議員，一邊做議員的同時，一邊還必須做好媽媽、好太太的角色，她說：「我們女生還是以家庭為主，就像以前當黨部主委的時候，議員她們來開會時，就會說『等一下我要回家煮菜』就是這樣，覺得女生還是要回歸家庭」。

　　女性政治參與者只要碰到私領域的性別政治與社會再生產，「回歸家庭」體現出普遍的性別結構困境。從鄉代開始參與政治，已是多屆議員的 LA96 嫻熟在地政治，也了解在地性別文化，他說：「像我從政這麼久，要無後顧之憂，就是我的老婆，她把我家裡打理好，就是我最好的助手。整個服務處，她也會幫忙打點」。而反過來，對女議員來說，先生自己有成功跟發展穩定事業的壓力，在無法投入更多家庭生活協助之下，可能很難支持太太的從政，並非每位太太的參政都可獲得先生跟夫家的支持。他進一步說：「但是你說女孩子從政來說，未必老公會做到這些，老公或許有自己的人生規劃啊。所以說我這樣講，最主要女性的問題是要以家庭為重」。女性參政就像是自由主義古老議題，要能站到公領域，那舉凡所有私領域的、個人的，都是女性應該要事先且有能力解決的。

總結來說，宗親政治的在地性跟女性參與政治事務間的關係，若從其中一個單獨的結構來看，就很難了解在地女性參選過程中所需面對的性別結構全貌，包括女性採取不同方法橋接宗親政治、女性因婚姻移動進入夫家選區後的在地資本重建、政治場域的勞動文化、婚姻家庭對妻子與母親角色的期待等，都會全部影響女性參與政治事務的意願與行動。雖然政治制度的設計，提供同等的機會結構與制度安排給所有的行動者，但經過與在地特定的社會與文化結構作用後，機會結構與制度安排預期要達到的效果就可能產生各種變化。在地宗親政治、在地政治、族群身分與傳統性別秩序多個層面的交織，對男性與女性的政治參與者有不同的交織效應，這些不同的交織效應差異在探討性別與政治參與的議題時，需持續被關注與分析。

五、小結

本章主要討論在宗族親地區中的政治參與過程，參與者受到的宗親政治、在地性政治、族群身分與性別文化的影響，以及女性在這些影響過程中因性別所引發的限制有哪些，以呈現男女性參與地方選舉過程中「交織政治」的狀態。此一交織政治的發生，根基於私領域父系家庭的性別邏輯與分工，延伸到公領域的性別結構與文化，使得每個次分類的交織都因類屬性質而不一樣。因而這兩章的討論，一部分是從父系的家庭、家族、宗族組織這條軸線進行，一部分則是從不同的在地政治切入，包括宗親政治、在地性、族群身分、在地性別

文化等結構。前章採用以「女性跟父系家庭系列組織內的身分與資格」為分析軸線，進行女性參政跟宗親政治、家族政治之間交織的複雜。本章則探討女性在政治參與過程中，涉及到在地社會生活多維度（multiple dimensions）與不同的在地社會與文化結構，彼此交織的複雜度高，因此採以次分類進行分析，呈現不同在地社會結構層次間的交織，至少包含性別化的宗親政治、女性與小姓氏的宗親關係、族群邊界與在地政治，以及傳統性別文化期待對不同性別政治參與的影響。

　　政治參與的在地結構有三個層面，分別為性別化宗親政治、族群身分與在地政治，以及傳統性別秩序，分別以冠夫姓、婚姻的空間性、傳統性別分工等方式，凸顯女性的政治參與過程中的性別結構。地方文化結構持續常態化前述三者為代表的性別秩序與性別意識型態，使得在地女性政治參與的認同層次不斷體現在傳統本質化的性別分工與角色，形成許多文化結構障礙。

　　宗親政治性別化結構對不同性別者的政治參與都有作用，讓候選人在與其互動過程，需以不同的運作調整其政治行動的有效性。已婚女性除了可能採取冠夫姓行動之外，也會盡力擁有或占據本宗與先生姓氏等兩個宗親會的資源；而男性的政治參與也需跟宗族親形成穩定的結盟關係，包括掌握會長等重要職位與資源、小姓氏採取跟不同宗親會間的合縱連橫等。在桃園，另一條性別化宗親政治的邊界，隱晦地沿著南北桃園展開，女性擔任宗親會組織的會長主要分布於北桃園，男性擔任會長則分布全區跟南桃園為主，形成「北女南男」的宗

親政治現象。在地方參選相當看重候選者的在地性，在地性是指個人跟在地的各種社會關係，包括血緣、地緣跟社會網絡等。擁有一個在地身分並非單指身高、體重、學歷與專業的資格，而是行動者在在地的社會位置，例如出身家庭、政治關係、商業組織或參與宗教系統等在地組織。

在地另外一個社會邊界，即是由宗親文化與在地族群身分交織而成的社會邊界的浮現。同樣是宗族、宗親組織，在桃竹苗客家族群聚居區，客家重視同宗同源的文化屬性，跟客家意識相互纏繞，在這個地區，宗族等同客家族群的在地生活，也是在此區生活的客家人親屬網絡的核心。同樣的，金門宗族與宗親會的定位，幾乎讓金門社會等同於就是一個宗親網絡社會，多數金門人都在宗親系統之中。因而，客家聚居區內的宗親文化就成為桃竹苗在地客家族群跟閩南族群最大的族群差異，而金門也是這樣以宗親文化作為跟在地其他族群的邊界。綜合本研究第二章至本章前後章別所分析的內容，概括來講，性別作為父系宗族的邊界，在地宗親文化又是族群的邊界，性別、宗親與族群，三者讓客家男性、客家女性、閩南男性、閩南女性等行動者之間，讓性別與族群在文化與認同層面呈現多重交織結構的光譜，若再加入外省、原住民、新住民等，又更為複雜與糾結。

此外，政治行動者因不同的在地社會關係與脈絡，具有多重的社會位置，而女性處於這種多重從屬位置，不論對其處於私領域的家庭或是參與公領域中的政治等公共事務，皆需發展出不同的回應。父系婚姻依夫居的社會慣行在宗族親地區大多持續，使得已婚女性採循以

夫家地域為主的婚姻空間文化，女性與在地存在著空白關係，需發展與接軌夫家為主的在地關係。女性除了結婚會遇到定居地域的改變，進入夫家族群群體也因婚姻而需調整，特別是對重視母語的在地來說，學會講在地通行語融入在地語言文化，具有進入在地日常實作的意義與象徵。而前述兩者都需要「時間」來完成，也就是說，等女性完備好在地參選需要的在地性，比在地男性多出不少的時間成本，進入在地政治的個人生涯時點也可能相對較晚。此一父系繼嗣文化的婚嫁慣行，讓已婚女性的政治參與遇到「夫家選區」或「原生家庭選區」參選的選擇困境。

　　政治參與候選者要成功脫穎而出就要克服多重結構困境，性別作為一種結構，普遍來講，男女性因性別社會化而積累不同的社會資本，同時在在地累積政治資本的過程中，也會因不同層面中的性別秩序與規範不同，而轉為性別優勢或性別劣勢。不同社會結構的性別劣勢與優勢之間的交織也是複雜的，並非恆常的二元對立的，往往在此一層面的劣勢經過調整行動後，也可轉換為達成優勢的一種過程。總結來說，女性在在地參與政治時面對各種社會結構的交織，而這些結構彼此交織的複雜性很難用單一分類來討論，且除了本章所分析的在地結構之外，也還有與其他制度面、經濟結構等多層次的交織。[14] 第

14　探討參選候選者的政治機會結構，也會從制度面討論，例如就本章所討論的宗親文化
　　盛行區，不論是在客家族群聚居的桃竹苗或閩南族群聚居的金門，常因鄉鎮人口結構
　　被劃分為低於四席以下的小選區，在地方制度法婦女保障名額為四保一的規定下，這

　　五章跟第六章集中分析在宗親文化盛行區中的宗親政治跟女性參與政治的關係，主要釐清從系列式的父系組織發展而出的宗親政治對政治參與的影響，而並非指不在宗族親社會網絡者，就無法進入在地的政治參與或沒有當選機會。

些選區並不常見到女性參選。因而，在這些區域，也就較少見到制度規定促進或誘發女性參政的功能展現。

第七章　回家路上與成神之路

　　以宗族與宗親組織相互交織形構的在地社會，是許多鄉鎮的在地性樣貌，與政治、經濟、社會文化等又有不同層面的交互作用，影響在地性的形成。宗族父系繼嗣文化隨現代化發展趨勢，在部分地區逐漸式微，但客家族群聚居的桃竹苗與閩南族群聚居的金門地區至今依舊保持完整的宗族親文化，成為在地社會構成的重要原則之一。目前學界的性別研究、宗族研究與族群研究，分別發展出豐富的著作與積累，但較少跨領域的途徑分析三者間交織的多重面向，因而，本書基於對性別結構的核心關懷，從私領域的父系繼嗣家庭組織，到公領域的宗親政治的在地性，以及此一在地性所體現的族群意識與族群邊界，剖析此一貫時性的父系組織的性別配置與秩序。

　　在前述主軸設定下，本書以盛行宗親文化的桃竹苗與金門為研究地區，訪談家庭源自宗族與宗親親組織中老中青三個世代的行動者，性別身分區分為男性、女兒與媳婦，以利釐清性別差異對他／她們跟宗族事務間關係的影響。本書共分為七章，在私領域部分探討宗族運作機制、機制中的性別配置與秩序、不同女性相關的喪葬規範等，在公領域部分探討父系家庭跟女性政治參與的關係，以及宗親政治的在地性對參政者的影響。全書以父系繼嗣體制行動者的性別模式為探討

焦點，分別探及宗族的族譜登錄、成員權利義務、祖先祭祀、過世後的安置，並延伸到在地政治時的性別化的宗親政治、在地性、族群邊界、傳統性別二元觀，呈現父系結構體現在在這些研究議題的實作邏輯。總結本書涉及到的研究議題、研究觀點與理論有以下幾點可進一步討論：

首先，本書的方法論，是從喪俗中的「女兒回祖塔」與女性參選需「冠夫姓」的特定現象展開，回溯到宗族運作機制中的性別配置與秩序，再發展到父系家庭、宗親政治與性別跟族群交織的形成的議題。同時嘗試將分散在私領域與公領域的性別處境，放置回貫穿這些研究議題的「父系繼嗣體制」的層級進行對話，呈現性別主體如何在細緻、綿密的宗族親文化被規範著，且為回應真實生活發展出的協商與採取實踐行動。

再來，本書專注於「女兒回祖塔」與「冠夫姓」兩個議題，連結到「公廳祖塔」、「姓氏」兩者是宗族核心的文化象徵，持續補充既有研究中這兩個議題的擴展面向。從這兩個議題同時涉及到的多重情境的分析，包括女性的未婚、已婚、離婚或繼婚等婚姻身分的不同而有的性別規範，而宗親宗長、女性家屬與女性自身等行動者，如何在遵守既有父系規範下，嘗試協商與打開例外狀態，逐漸回應關係結構中的不對等，不斷創生新的互動結構。

另外，為能呈現本議題的父系結構與性別規範與秩序間的階序關係，本書的性別觀點乃從支配與從屬概念出發，呈現父系繼嗣體制中親屬體系構成的場域結構與相互依賴情境中心取向的關係結構，行動

者在從屬狀態（不論有無覺察的）下既不違反體制且不失去作為行動者施為與踐履的空間，所進行的調整與轉接，重新彌補接回支配結構區隔後的落差與斷裂（雖然不一定成功）。

最後，本書處理與性別交織下的族群觀點的方式，採分布於各主題內的寫作方式，因本研究議題討論的父系繼嗣體制的性別秩序與配置，在客家族群與閩南族群都有高度重疊的發展一致性。而閩南族群與客家族群的宗族發展史，貼近在地移墾史的發展歷程，有異於原住民族社會結構，以及晚近才進入臺灣的外省族群、新移民等的家族組成的方式與結構。此外，也由於先民移住臺灣過程中閩南人具有人群與時程的優勢，晚抵達的客家人只能前往荒原與丘陵的雜林區移墾，帶有原鄉的同姓、同宗與同鄉的文化觀，以結盟的集體方式陸續開墾這些地區。桃竹苗與六堆地區的許多鄉鎮，不只是宗族文化史，也是鄉鎮發展史，更是客家族群的移墾史；而數百年前移居金門所發展出來的宗族社會，金門宗族發展史也可稱之為金門閩南族群的移墾史。也就是，不論是對桃竹苗地區或金門地區來說，宗親文化都作為在地族群有別於其他族群的社會邊界。

為什麼是父系繼嗣體制？有人認為現代家庭變遷很大，即使體制內部有不對等的情況，也可能因各種外部因素而有各種轉向或調整的發展，特別在現代社會下的各種因生活而進行的跨域移動（實體空間的、關係的、議題的、行動者的、性別的），不時穿透地域社會在地性的邊界，行動者有各種自主選擇權，也可能逐漸讓父系繼嗣體制的核心機制發生變化，進而改變實踐傳宗接代與延續香火的作法，增加

更多的彈性。然而，自政府進行各種性別統計之後，提供我們檢視社會與文化結構中，各種性別分工的角色模式、資本積累的分配等，都可在實際數據中呈現出對性別不對等的社會事實，拉開基於性別而發生的權益落差。顯見由法律提供的個體權益與機會對等的形式框架，提供個體訴諸的自由選擇的行動論述（例如子女姓氏、財產贈與跟繼承等），忽略了社會文化結構的深遠影響，與結構對社會行動者具有的支配與從屬的規範力量。這也正是劉佩怡（2009: 88）分析宗親政治時，反思 Anthony Giddens 不斷強調現代民主國家建構中，現代性對傳統取代的有效性，卻忽略了地方傳統的延續性。

一、性別與父系繼嗣體制的跨域對話

莊英章、羅烈師（2007: 92）在宗族研究中，指出「漢人的『家』具有多層的意義，範圍可因時因地因事而有不同」，如同兩位學者所述，漢人的家是多層次的存在，從家庭、家族到宗族，再到納入姻親關係的「一家人」，與「擬親」的同鄉地緣、社會連帶團體，乃至於我們對人際關係的區分「自己人／自家人」「不是自己人／不是自家人」，都在這個互動的實踐邏輯下進行。這個互動邏輯，或許從來沒有一個如客觀主義者主張的「整體的理論或體系」系統，支配與規範我們的認知與行動，但行動者在日常生活世界中，實際上是依據另一套準則，「這個準則的設定是以行動當事人的行為慣性，或佐以個人之利益動機為考量的出發點」（葉啟政 2006: 454），也就是延續的歷

史場域與行動慣習持續作用於行動者，個體不獨立於場域之外，也依循各種社會行動的慣性而生活著（Bourdieu 2003, 2009; Bourdieu and Wacquant 2004）。

　　現代社會提供的法律形式平等機會，在性別慣習的繼承與延續下，常有各種衝突實例。這些衝突常被以「傳統」與「現代」的差異之名進行解讀，而忽略之間的運作機制與實作邏輯的不同。因而，本書大膽的區分「父系繼嗣體制」與「父權體制」兩個概念與相關理論的不同，因為筆者想要嘗試把性別在這兩者間的糾結與交織釐清。不區分兩者的差異，就無法呈現出父系社會的性別結構規範對行動者的影響，而將其化約視為是父權體制下具有或不具有自主行動的能動者。

　　簡言之，父系繼嗣體重視父子同一的傳承，強調依賴的情境中心的關係邏輯，重視親屬體系的凝聚與向心屬性，這組父子軸的優勢關係結構與內容，排擠了家庭中的其他非優勢關係的結構與內容（Hsu 2001, 2002a）。而父權體制的社會，雖也有某種程度的以男性支配、認同男性和男性中心（Johnson 2008），但並不一定具有永恆與貫時性的「父子軸」的支配結構貫穿其中，以及在優勢關係結構下對其他非優勢關係與結構的效應。同時，源自西方性別研究學者對父權體制理論（Walby 1990; Connell 2004; Johnson 2008）的頗析與討論，加入了階級、族群、國族等的交織性觀點（Crenshaw 1991; Collins 2000; Dill & Zambrana 2009），乃至於細緻如不能忽略差異進行普同性假平等的「差異政治」（politics of difference）（Young 2017）討論「支配

與壓迫」的角度，都是在以正義、平等、對等為前提的對等平等邏輯中進行。前者主要重視關係邏輯，後者主要重視平等邏輯。而兩個體制對性別的配置與秩序，在某些程度與面向相互重疊，也有彼此不一致的不同面向。

父系繼嗣體制與父權體制相互作用於行動者與互動情境中，因而產生許多衝突與協商情境，例如宗親文化盛行區，父系繼嗣體制規範傳宗接代等的特定的家庭型態成為主流，既是地方社會的普遍文化，也同時構成在地社會的心理與認知結構。「宗族裡做男人」規範宗族男性身為祖先後代，生子延續世系光宗耀祖，完成宗親男子一生任務，再升格成為祖先。基本上，父系繼嗣體制的男子氣概也循此規範開展，而非訴求普遍的勇猛的、冒險的或英雄式的男子氣概。民間不乏有男性嘗試與父系家庭進行協商與調整，涂懿文、唐文慧（2016：231）在一個南部漁村中發現研究裡男性受訪者的本宗大家族依舊受到公廳祭祀等「對男性家戶長制度的強制性期待」，男子的家族與宗親間的緊密關係對其的「強力吸引」與「控制力量」，對相關的習俗價值觀當事者也有「矛盾的感覺」。

男性的協商，是男性跟自己協商、跟父權體制、父系繼嗣體制的權力協商。涂與唐研究中的受訪者「藉由各種策略企圖與傳統父權協商、翻轉和對抗，以達自我認同與家庭關係的穩定與平衡」，在就業工作與原生家庭的來回移動，受訪者最後仍回到最初所屬的生活情境與傳統父系價值體系中，這樣的結果也「顯示男性試圖脫離整體父權支配時的無力感，以及看見男性難以逃脫父權文化結構的掌控」（涂

懿文、唐文慧 2016: 252）。涂與唐的研究已指出受訪者同時受到「父系」與「父權」文化結構的作用，兩者都支配他，前者著重在傳宗接代、孝道與光宗耀祖，後者追求個人生涯的自主發展，雖然受訪者最後仍難脫受父系／父權的支配關係，但其採協商、翻轉與對抗就可能生產衍生出更多的轉化行動。宗族文化核心將男性的婚姻家庭與孝道、光宗耀祖等價值連帶統包為「套裝契約」（package contract），讓許多人在親情關係下，不得不順服於支配從屬的關係，臣服於這個壓迫主體的文化邏輯與關係結構。

　　父系繼嗣的父子傳承邏輯與父權體制的權益邏輯衝突，也可在宗族最難以切割的祖產公共財議題看到。通常較為大型的宗族積累了許多世代寶貴的資產積累，像是土地建物、祭祀公業等，近期社會對土地的觀念逐漸轉變與法律提供的繼承權保障，增加祖產變賣的意願。但在「祖公厝不能賣」（LA26）與派下子孫「共有土地」情況下，派下子孫間的產權處理，時有衝突難解。尤其是具歷史意義的宗族古厝，例如楊梅鄭大模公四房子孫所建的「雙堂屋」，為二堂四橫屋結構完整的客家四合院；與大房子孫所建的「玉明邸」，為左有四護龍右有三條護龍的一堂七橫古宅，是鄭大模道東堂八幢古宅中保存最為完整與具特色的一座。這兩棟古厝歷史悠久，不論是要持續住宅自用，或是指定古蹟，或成為文化園區等都需眾多的繼承者的討論與協商過程才可能達成。此外，掌管宗族祀產的祭祀公業，近期常因派下子孫分配祀產，但卻常遇到「宗譜闕如、系統不明、權利主體認定不易」（內政部 2007）等問題。特別是以前祭祀公業並不具

備民法上的法人地位，雖然後來已有「祭祀公業條例」專法提供其在法律上的法人地位，但兩者之間「有體系相容的衍生問題」（尤重道 2018a），「原祭祀公業財產歸屬、派下員身分取得的男女平權、法人化後的財產是否仍屬派下全體共有」等都尚待釐清（尤重道 2018b）。

父系與父權體制下的行動者，在不同的組織中有各種不同的角色規範，然而更多的時候，行動者的行為並非一定完全遵循「角色取用」（role-taking）的設定，與參照其所相應的規範來行動，更常見的是通過 Bourdieu 主張的「以沉默、習以為常、例行的方式來進行」日常生活世界，而且也不一定是具有「理性計算」後的客觀行動（葉啟政 2006: 443）。行動者沿循場域中的種種慣習，這些慣習並不一定具有「嚴格的規律性，⋯⋯可能也多少有些含混不清」。Bourdieu 提出的場域與慣習的概念，雖可摒棄既有的知識理論邏輯的諸多二元對立的思辨，但就結構與行動之於「屈服」或「抵抗」，他也同時摒棄了抉擇的可能，而實踐情境中所繼受的種種特性或差異，他視為是「銘刻在符號支配的固有邏輯之中」⋯⋯「無法解救的矛盾」，既是「兩難困境」，也「無從擺脫這一困境」（Bourdieu and Wacquant 2004: 24-25）。

我們雖能以 Bourdieu 所提出的場域與慣習概念，解釋父系繼嗣體制行動者循此實踐邏輯構成對日常的共識，並進一步將其客觀化，成為客觀外在的世界。但卻無法忽略葉啟政（2006: 378）提醒「社會之結構性動態的『虛構』狀態有轉變成為『真實』的可能」，且當其

轉變為「真實」的可能時，已不是單純的「個體認知和實作行為的問題」，而是還「涉及到權力互動關係的性質與表現特徵的課題」。父系體制至少有兩個層面的權力展現，一個是體制對行動者展現場域運作規範的權力，一個是優勢關係結構者對非優勢關係結構者的權力展現。而「任何形式的權力關係或多或少都會顯現出強制（coercion）的特質」（頁378-379）。此外，再論父系體制以依賴情境中心的關係邏輯而呈現出的納入（優勢關係）與排除（非優勢關係），葉啟政（2006: 178）指出以結構主義者的基本視角來看，「結構不能跟可被觀察到的、可視的社會關係混為一談」，……「結構應是關係背後那些不可視，但卻呈現的出來的『實在』的基本面向」。所以，父系結構，不必然是支配從屬關係，也不必然是排除的狀態。不論結構是「實在虛構化」或「虛構實在化」（頁378），場域中的權力背後的實在無法迴避，那讓我們再回到行動者如何從客觀環境中相對自主地浮現？黃克先（2019: 71）進而修正提出的「場域內行動主體」[1]概念，值得我們參酌。因而，行動者如何在客觀環境中發展出相對的自主性，因應體制的種種矛盾或拉扯。宗族成員在衝突（可能是內在於自身、也可能是外顯於客觀環境）與協商之間的拉扯所持續呈現的特定實踐行動，如下所示都應被視為「場域內行動主體」被理解的浮現，

---

[1]　黃克先（2019: 71）提出「場域內的行動主體」概念為：「呈現因各種緣故而未能浮現的主體性，同時在理解該主體性時，將它置放在特定場域中以彰顯主體形成的社會過程、主體現的社會條件，以及該主體展現之效果與社會不平等的關係」。

本研究討論的行動如下：

（1） 把女兒跟媳婦全名登錄到族譜（LA11、LA19、LA26 等）

（2） 只生女兒，不找承嗣者

（3） 家廟邀女兒回家祭祖（LA56 的父親）

（4） 讓未婚女兒（LA50、LA70）、從母姓的子女與母親、離婚女兒都回宗族（LA70）

（5） 讓女性一起來吃頭團聚（LA19、LA14）

（6） 女性擔任宗親會理事長（金門李秀華）、會長（LA102）

（7） 有「祖婆崇拜」（LA78、LA106），也有「祖婆離開」（LA107、LA108、LA87）

二、性別與多重結構的交織

交織概念對性別研究的重要性，有兩個部分：（1）思考女性研究、性別研究的目的為產生「身分認同」或是「知識生產」，（2）反應在地的、特定的場域的性別差異性現象與性別政治（Wiegman 2002）。宗族親行動者在父系繼嗣場域，其性別實踐跟族群、國族、階級、城鄉、世代等多重權力關係交織而構成不同的經驗，進而形成各種現象。在這些不同層面的交織的背後，有著如同結構的「不可視」但又「實在」的面向，首先，本書分析宗族親的性別時，先把「父系繼嗣體制」貫穿「公領域」「私領域」之間的結構軸線拉出來，探討以往分別隸屬公私領域的議題，卻有共同的結構要素下的性別議

題。再來，在「公私領域交織」下，再採「特定場域」、「在地性次分類交織」的幾個研究特點進行分析，儘量呈現性別之間的差異性。

對行動者來說，經驗式的性別與多重結構的交織是日常可見，我們能在概念上以類別化的認知區分許多差異，但在進行交織理論分析時，交織作用的描述常是細膩的、零散的現象。Nira Yuval-Davis（2005）主張因為性別與多重結構的交互作用力，會改變經驗、感受，以及作用的力道與方向，因此，交織性並不是把不同類別「相加」在一起的概念。林津如（2011: 21-22）以族群與性別類別為例，不能化約為「方格式」或「類別化」「族群＋女性」的分析，需要以交織性的思考檢視「族群如何影響性別」、「性別發生什麼作用」等。

然而，性別交織性研究發展出的「謹慎使用全稱」、「局部的」、「地方性」的知識論立場，使得概念化的分析更為困難。「父系繼嗣」是漢人社會普遍常見的家庭型態，有宗族親組織下的家庭尤為代表，而「父系家庭的運作法則乃是大多數臺灣家庭的基礎模式」（伊慶春、章英華 2008: 45）。在臺灣「族群」分類概念的發展史上，目前探討宗族親組織時，將「閩客」合在一起，對彰於「外省」、「原住民」的家庭／家族組成型態，更有臺灣的族群分類意義跟歷史進程上的必要性。貫穿「閩客」宗族親發展的是對祖先祭祀、族譜登錄等的共同定義，但這也並非主張全稱式的「閩南」與「客家」的父系繼嗣體制是一樣的。

以本書分析收集到的資料，從族群觀點來看確實可辨識出族群的細微差異：首先，在第四章女兒回家成祖宗神的部分，雖然桃竹苗

閩南宗族的公廳與祖塔也未讓本宗女兒安置，但此地客家族群聚居特性，讓早么未婚的客家女兒更普遍地被拒於原生宗族的公廳、祖塔的祭祀文化，這可跟曾純純多份研究中指出南部客家在清代早已有本宗姑婆祭拜的現象對照。再者，本研究在桃竹苗田野現場接觸到的多位客家家庭都有養女（女性年齡介於 55 歲至 94 歲）經驗，再跟其他學者對早期北部客家家庭出養女兒（童養媳）的研究來看，桃竹苗地區在地客家族群似乎發展出獨特的性別規範與秩序。此外，在第五章與第六章關於宗親政治的討論中，桃竹苗與金門地區同受宗親文化、宗親政治影響甚深，但冠夫姓的現象也僅在桃竹苗的客家族群聚居區發生。這些種種有別的差異，得以被指認為客家族群與閩南族群間的性別差異現象，但其形成因素尚需另文探討。

而就交織性的方法論來說，避免簡單使用「加法」或「乘法」來呈現「多重交織的作用力」，West 與 Fenstermaker（2002）「不主張用數學模式來思考，應該要用『持續進展的互動成果』（ongoing interactional accomplishment）」（引自游美惠 2015: 110-111）。但是，經驗式的交織性分析，是否能貼近在呈現真實體驗之際，同時呈現跟社會經驗、社會互動中的交織作用，是一個待思考的問題。對比「多數學者偏好透過單一個案或群體的質性研究來掌握社會經驗的複雜性」，藍佩嘉（2008: 111）建議 Leslie McCall（2005）提出的量化研究的「『範疇間的分析取向』（intercategorial approach），是一種可透過跨群體的比較來掌握整體的面貌」值得參酌。McCall（2005）指出當分析的主題擴展到包括社會生活的多個維度和分析類別時，

複雜性就會上升，因而提出三種交織性途徑：「跨分類的複雜性」
（intercategorical complexity）、「反分類複雜性」（anticategorical
complexity）、「分類內複雜性」（intracategorical complexity）。

　　「跨分類」「反分類」「分類內」的分析框架取向，不僅可應用
於量化研究，也可作為質化研究分析的參考。採取「範疇間的分析取
向」，要進行的思考是，總共有哪些類別？哪些類別是同一層次？哪
些是不同層次？哪些是同一層面？哪些不是同一層次？也帶出性別與
多重結構的交織，可能是「多層次」加上「多層面」的，也可能是共
時的或貫時的同時作用著。本書第五章跟第六章分析宗親政治跟性別
之間的關係，在第五章先以「父系家庭」作為「跨分類」分析框架，
討論其對「女兒」（與原生家庭）與「媳婦」（與婚姻家庭）不同的
身分進行政治參與時，所要求「繼承性」與「代表性」的分析，來呈
現在父系繼嗣體制中「原生家庭」與「婚姻家庭」對女性在公領域的
參與，是有不同的作用。第六章則集中討論「宗親政治的在地性」，
以「在地」「語言」「族群」「傳統性別」次分類進行分析，呈現女
性在宗親文化盛行區受到因婚姻的空間移動、語言轉換、族群身分與
傳統性別分工而有的性別作用。本研究田野進行中，也延伸發現性
別、宗親政治跟其他分類的交織，例如在地婚喪喜慶跟宗族親文化之
間的關係，也跟性別密切相關。

　　年輕世代的LA13在講述閩南宗親政治跟小選區的關係，指出「地
方公共事務就是婚喪喜慶，隱含參與者性別的排除」。早期，地方鄉
鎮社會網絡的核心由宗族網絡構成，成員的婚喪喜慶往往是當地重要

的社會關係與社會交換體現的時點。近期因自主性、籌辦方式等的改變，宗族的參與部分逐漸減少，但在影響力還沒全面消失之前，宗親對喪事過程的意見以及喪葬禮俗文化的傳統下，喪家還是會重視族內宗親的意見與想法。宗親是否到場、能否到場，對喪事安排有無意見，成為喪家能否體面辦一場隆重的喪禮的指標。「治喪委員會啦，抬棺啦，宗親要 tàu-sann-kāng（鬥相共），老人重面子」，LA05 表示這些在當地，是最基本的。LA13 進一步解釋該地區中的喪禮文化，從籌辦者、參與者、出席者，大都是男性宗親的場域空間，她說：

> 在這邊女性參與地方公共事務，有一個很大的不利的點。這邊地方小，公共事務就是婚喪喜慶。……喪事，女性參與的角度很少，可以參與的地方不多，都是女孩子的禁忌。……他們需要的是男性，比如說蓋棺、抬棺。這些是地方，尤其是地方社會很重視的一個點，……完全是男性的空間。女孩子是沒有辦法迎爸爸進來的，對，妳也抬不動，說真的。
>
> 那女性了不起就是後台煮些點心，煮 kiâm muê（鹹糜）跟米粉湯……儀式結束之後會有宴席，這邊叫 tsia̍h tshìng pn̄g（吃燻飯）。整個在祭典的儀式、禮生，是男性，都是男性。女生就是在儀式過程當中，就是……家人在那邊哭，然後，人家說跪妳就跪，說爬就爬這樣子。……應該說這裡還是一個父系社會，父系社會很強烈。

從宗族的視角來看，系統自身不單單只是一個家庭、家族或親屬體系，而是一個跟在地社會高度結合發展的體系，父系概念貫穿其中，既可在許多面向看出性別在其中的差異，且也與其他面向多重交織。本書以宗族親與性別的分析與討論，從各章分殊的經驗現象到共同的理論對話：包含父系繼嗣體制、地域社會、宗親政治、交織理論，是從私領域到公領域的一組鑲嵌在社會結構上的完整性別體制。

三、「回家路上」與「成神之路」

藉由本書議題設定的討論，希望「既」（both）能從「身分規範」到「知識建構」，進而延伸「實踐行動」，「且」（and）也是從「回家路上」到「成神之路」，以致《女歸成神》，有兩個意義：

第一個意義如實質的意義：讓女性能自在的處在原生家庭／原生家族／原生宗族系統，也能在不同的父系體制中自在的移動（原生與婚姻的家庭、家族與宗族），甚至不需移動也是選項之一（並非否定親密關係的可能）。女性不因系統性的排除，而掉出家族與宗族結構之外，也不再因婚姻而改變她們與家庭、家族與宗族的權力關係（非指情感關係），甚至限縮與規範死後靈魂歸屬的社會秩序。不論是女兒回家或姑婆回家，所回的第一個家是原生家庭／家族／宗族的家，也是《女歸成神》的實質行動與彰顯的意義。

第二個意義為象徵的意義：期望體制中的行動者能不再因性別規範、秩序或角色等，進而形成支配性、附屬性或排除性的處境與經驗。

人人皆能成為行動主體，在體制結構與行動中自在穿透／進出，不因性別而有負向的、不對等的差異對待。因而，第二個回「家」，不是回「婆家」，也不是「娘家」，而是從回到原生家庭所處的文化系統中，進而證成主體自主的完整，回到自我的開始與終結的那個生命的家，人人得吉歸成主體。

總結來說，父系繼嗣體制的運作維持高密度男性權力，提供男性成員性別化的社會資本，與社會多層次的交織共構。也就是，宗親之間體現的「親屬關係網絡」，關係往來一層又一層，一環扣一環的交疊與積累，進而轉化為成員的社會資本。隨著社會發展與變遷，一般家庭能掌握近四到五代的親屬網絡就已非常不易。臺灣宗族組織的發展時間，短則有一百多年，普遍約為兩百多年，金門可見到有五、六百年歷史的宗族。宗族組織至今能持續運作，乃根據對開基祖與歷代祖先的崇敬，依父系繼嗣體制運作傳宗接代繁衍香火形成的父系親屬網絡。現代家庭雖多無宗族網絡，但傳宗接代觀念深植人心，宗族對性別的多種規範也影響一般家庭。

性別並非是先驗存在，如同其他結構在社會生活中不斷生成與再製，生成與再製是結構生成的系統性循環，不會終止與消停。臺灣自刪除民法父權優先條款相關修正[2]，以及許多性別倡議、同性婚姻等

---

2 除了前章提及的 1998 年冠夫姓、從夫居的修法之外，另外，妻之財產在 1985 年修正前，歸夫所有，1985 年修正為夫妻各自所有，但由夫負責管理、使用與收益，至 2002 年才再度修正為夫妻財產各自所有，各自管理、使用、收益與處分。子女姓氏在修法前原則從父姓，2007 年修法後為由父母書面約定之（陳惠馨 2018: 159-171）。

陸續修法與立法，家庭型態與內部關係陸續出現多元想像與自主創生的可能。而在創生性別的協商權與培力協商能力之際，不少家庭對傳宗接代、財產繼承、子女姓氏、夫妻權力、家庭關係等多數仍以男性與夫家為核心。男性作為性別主體，繼受體制的權力、資源與利益，也同時服膺於體制的性別規範與期待，男性主導體制也受制於體制，兩者間的關係是曖昧的（ambiguous）與矛盾的（contradictory）。這個性別權力關係與性別關係結構的協商的法律機會，供予鑲嵌於結構上的行動者得以進行與結構互動的微行動調整，包含語言的、身體的、權力的、互動的等性別文化中的各種客觀介質與條件，進而達到協商性別權力關係，以及性別關係結構的文化結構改變的可能。然而，結構與行動間改變的促發，跟長期處於結構優勢、劣勢與權力強勢、弱勢的行動者有關，有賴於每一位性別主體的實踐行動，讓行動者得以在非壓抑與排除的結構中自在生成。

在本書特定主題的設定下，有著許多因提問與分析觀點就已有的研究限制，也是筆者必須承擔的：首先，本書從宗族總體結構層次探討其性別配置與秩序，有著知識建構與田野工作的雙重任務與期待。而人類社會發展，不論父系或母系社會，都有外婚與生育以維繫運作與發展的基礎。本書從權力關係層面區分男性與女性的討論，並非再

整體來說，民法規範婚姻家庭的規定已揚棄過往「夫權、父權獨大」原則，走向雙方協商。黃長玲、顏厥安、蘇芊玲、陳昭如（2013）提醒前述修法「重點在減少國家干預，擴大保障個人自主」，但如果前提是社會現實不平等時，此一修正就無法獲致平等的效果。

度強調男女二元的對立，也無意否認婚姻、生育對社會發展的重要性，或忽視自然與文化範疇所包涵的多元型態。

再來，雖然在宗族總體層次，不論是女兒作為被排除者，媳婦依附在先生作為男丁戶內的家屬成員，兩種女性身分常是噤聲、沒有太多話語權的存在。宗族的家戶權力僅能由先生、兒子繼承，媳婦並無相應的地位與發言權力。但在男丁家戶層次或家族層次，女性可經由各種協商、關係屬性等方式，得以展現在家族、家庭事務的權力，而有不同的性別權力施為。這也是性別在宗族總體層次跟男丁個體家戶層次之間的可能張力。綜觀女性如何參與宗族活動，以及在家族與家戶層次中所具有的許多獨特經驗，包括在原生家庭與婚姻家庭兩個家庭的移動經驗（連瑞枝 2010）、重新學習與對應婚姻家庭中的親屬關係，以及女性在家庭中再生產角色中的家務勞動責任等議題，若要進行分析，涉及的結構與層面更為複雜，受限於本書以宗族總體層次分析性別結構與篇幅結構，這也是本書尚無法處理的研究限制，希冀來者繼之。

此外，本書選定女性跟公廳祖塔、宗親政治等議題的分析，多從結構與行動者之間的互動進行分析，而筆者這些年在田野現場屢次感受到田野工作與知識建構之間的複雜性，有著多重層次與層面的交織。基於豐厚的宗親網絡群體式的移墾開發軌跡，宗親們的社會動能形構在地社會，不只令筆者對宗族、宗親會，以及行動者之間的行動動能有著驚嘆的感受，也更加清楚感受到臺灣各鄉鎮地方社會也非同質性、均一性的發展。促使筆者在懷抱著知識建構與對話任務的同

時，又面向田野工作的書寫與紀錄之間，一則反思兩者間的距離如何縮近，意識到需有更加豐厚的學術實力才得以將此差距縮小，才能更貼近與再現行動者，雖然侷限依舊在；再則，田野現場中成員至情至性地述說著自身宗族的榮耀，如何在其生命起源認同上提供深層的歸屬來源，承繼宗族生成孕育的延續的種種，這都是本書議題設定架構下難以完整呈現的田野動態。

最後，本書探討性別與宗族、宗親會之間，議題本身也與族群有深度交織，但鑑於本書研究議題的選定，僅能呈現從性別與宗族親面向來了解族群在其中的作用，包括從通行語的轉換、身分轉換、地域轉變等女性因父系婚姻而有的特定經驗等。目前本研究資料僅能指出宗族親發展中的某些族群差異，尚無法全面的指稱宗族親發展的族群差異，或是論證因族群身分的差異而有不同的宗族親發展趨向，這部分還需考量其他的社會關係與歷史的動態發展歷程。以及，本研究中也有多位多元性別的受訪者，未全然在家庭／家族／宗族內浮現，雙方尚猶如兩條不同的平行線，跟宗族發展還沒有交集。在幾次相關的座談會上，許多宗族如新屋范姜宗族、廖氏宗族等多已展現相當的友善，表示將從族內開始討論與研議，父系宗族如何與多元性別、多元家庭的同軌並行與接納。父系組織面對現代性無可避免性別跟其他議題不斷靠近，在既有認知框架、場域與慣習的結構下，行動者的實踐行動的可能是在「傳統與現代性的綜攝連結」（a syncretic marriage of tradition and modernity）（楊弘任 2014: 338）中逐漸開展。筆者一方面期待呈現在地社會文化的部分面貌之際，同時在研究產出上回應

　　學科知識的建構與累積，論證性別權力對男性與女性作為／成為行動主體，是具有重要意義的過程。

參考書目

Agamben, Giorgio 著，薛熙平譯，2010，《例外狀態》。臺北：麥田。
（原書：*Stato di eccezione*）

Berghaus, Margot 著，張錦惠譯，2016，《魯曼一點通：系統理論導
引》。新北市：暖暖書屋。（原書：*Luhmann Leicht Gemacht:
Eine Einführung in die Systemtheorie*）

Bourdieu, Pierre 著，蔣梓驊譯，2003，《實踐感》。南京：譯林。（原
書：*Les sens pratique*）

Bourdieu, Pierre 著，王德威主編、宋偉航譯，2009，《實作理論綱
要》（第 2 版）。臺北：麥田。（原書：*Esquisse d'une théorie de
la pratique*）

Bourdieu, Pierre and Loïc D. Wacquant 著，李猛、李康譯，2004，《實
踐與反思：反思社會學導引》。北京：中央編譯。（原書：*An
Invitation to Reflexive Sociology*）

Connell, Raewyn W. 著，劉泗翰譯，2004，《性／別》。臺北：書林。
（原書：*Gender*）

Duara, Prasenjit（杜贊奇）著，王福明譯，2003，《文化、權力與國家：
1900-1942 年的華北農村》。南京：江蘇人民。（原書：*Culture,*

Power and the State）

Faure, David（科大衛）著、卜永堅譯，2009，《皇帝與祖宗：華南的國家與宗族》。南京：江蘇人民 。（原書：*State and Lineage in South China*）

Hsu, Francis L. K.（許烺光）著，徐隆德、王芃譯，2001，《祖蔭下：中國鄉村的親屬‧人格與社會流動》。臺北：南天。（原書：*Under the Ancestor's Shadow: Kinship, Personality, and Social Mobility in Village China*）

Hsu, Francis L. K.（許烺光）著，黃光國、國立編譯館譯，2002a，《宗族、種姓與社團》。臺北：南天。（原書：*Clan, Caste and Club*）

Hsu, Francis L. K.（許烺光）著，許木柱譯，2002b，《徹底個人主義的省思：心理人類學論文集》。臺北：南天。（原書：*Rugged Individualism Reconsidered: Essays in Psychological Anthropolgy*）

Johnson, Allan G. 著，成令方等譯，2008，《性別打結：拆除父權違建》。新北市：群學。（原書：*The Gender Knot: Unraveling Our Patriarchal Legacy*）

Ritzer, George and Douglas Goodman 著，柯朝欽、鄭祖邦譯，2004，《社會學理論》（上）。（臺北：巨流。原書：*Sociological Theory*, 6/e）

Schutz, Alfred 著，游淙祺主編，2012，《社會世界的意義構成》。北京：商務。（原書：*Der Sinnhafte Aufbau der Sozialen Welt*）

Young, Iris M. 著，陳雅馨譯，2017，《正義與差異政治》。臺北：商周。（原書：*Justice and the Politics of Difference*）

丁仁傑，2013，《重訪保安村：漢人民間信仰的社會學研究》。臺北：
　　聯經。

上野千鶴子著，楊士堤譯，2015，《厭女：日本的女性嫌惡》。臺北：
　　聯合文學。

上野千鶴子著，劉靜貞、洪金珠譯，1997，《父權體制與資本主義：
　　馬克思主義之女性主義》。臺北：時報文化。

山川靜香，2010，〈沖繩阮氏祖先崇拜儀式〉。《中研院民族學研究
　　所資料彙編》21: 1-13。

中國閩臺緣博物館（編），2019，《從兩岸譜牒（族譜）文化看歷史
　　的演進》。臺北：崧燁文化。

內政部，2007，〈祭祀公業條例總說明〉。「內政部」網站資源，
　　取自 https://bit.ly/2PncGB7。

尤重道，2018a，〈祭祀公業制度之變革暨爭議問題之探討（上）〉。
　　《全國律師》22 (7): 61-72。

尤重道，2018b，〈祭祀公業制度之變革暨爭議問題之探討（下）〉。
　　《全國律師》22 (8): 80-99。

尹建中，1981，〈臺灣宗親組織之變遷〉。收錄於《臺灣史蹟源流》。
　　臺中：臺灣省文獻委員會。

王保鍵，2005，〈論祭祀公業法人化所觸發之男女平權問題：中國傳
　　統文化與西方法制觀之衝突〉。《華岡社科學報》19: 119-144。

王振漢，2007，《宗族因素對金門縣選民投票行為之影響：以第一至

第四屆金門縣長選舉為例》。臺北：銘傳大學公共事務學系碩士在職專班碩士論文。

王崧興，1991，〈中國人的「家」制度與現代化〉，見喬健（編），《中國家庭及其變遷》，頁 9-14。香港：中文大學。

王舒芸、王品，2014，〈臺灣照顧福利的發展與困境：1990-2012〉。收錄於陳瑤華（編），《臺灣婦女處境白皮書：2014 年》，頁29-76。臺北：女書。

王鈞正，2010，《宗族與當代地方社會——以湖口陳四源為例》。新竹：國立交通大學客家社會與文化學程碩士論文。

王曉丹，2012，〈性別與家庭圖像的「變」與「不變」〉。收錄於黃淑玲（編），《性別關係》，頁 33-60。臺北：空中大學。

伊慶春，2014，〈臺灣地區家庭代間關係的持續與改變：資源與規範的交互作用〉。《社會學研究》3: 189-215。

伊慶春、章英華，2008，〈父系家庭的持續與變遷：臺灣的家庭社會學研究，1960-2000〉。收錄於謝國雄（編），《群學爭鳴：臺灣社會學發展史，1945-2005》，頁 24-73。新北市：群學。

朱家嶠，2007，《親屬、實踐與漢人宗族觀：以宜蘭秀才村為例的歷史人類學探討》。臺北：國立臺灣大學人類學研究所博士論文。

自由時報，2015，〈追求「平權內閣」 加拿大新總理任命半數女性閣員〉。《自由時報》，2015 年 11 月 5 日，取自 https://bit.ly/39KSlRy。

何來美，2000，《地方公職人員政治傳播行為研究：以全省 309 鄉鎮

市長為例》。臺北:中國文化大學新聞研究所碩士論文。

何金樑,2019,《客家社會祭儀姑婆牌、入祖塔、女性禮生田野紀實》。臺北:行政院客家委員會。

何思瑩,2014,〈「非法」情境下的酷兒生殖:臺灣女同志的人工生殖科技實作〉。《女學學誌》35: 53-122。

吳由美,2003,〈都市化、地方派系與選舉──第五屆新竹縣立法委員選舉之實證分析〉。《中國地方自治》56 (2): 20-44。

吳忻怡,2016,〈偶然生為外省人?:當代臺灣「外省客家人」的族群認同形構初探,以北市梅縣同鄉會為例〉。《客家公共事務學報》13: 45-64。

李玉珍,2010,〈齋姑、齋教與宗族:日治新竹州的女齋堂〉。收錄於連瑞枝、莊英章(編),《客家‧女性‧邊陲性》,頁207-246。臺北:南天。

李亦園,1985,〈中國家族與其儀式:若干觀念的檢討〉。《中央研究院民族學研究所集刊》59: 56-57。

李英明,2005,《新制度主義與社會資本》。臺北:揚智。

沈廷諭、王業立,2006,〈「宗親政治」之初探〉。發表於「臺灣政治學會年會暨『再訪民主:理論、制度與經驗』學術研討會」,主辦單位:臺灣政治學會、國立臺北大學,2006年11月26日。

沈延諭,2006,《族群政治:臺灣客家族群的政治文化與投票行為》。臺中:東海大學政治學系碩士論文。

房學嘉等，2012，《客家婦女社會與文化》。廣州：華南理工大學出版社。

林俞辰，2011，《「家」與「故鄉」：金門后湖漢人宗族與聚落關係的民族誌研究》。南投：國立暨南大學人類學研究所碩士論文。

林津如，2011，〈《女性主義縱橫政治》及其實踐：以臺灣邊緣同志為例〉。收錄於游素玲（編），《跨國女性研究導論》，頁17-48。臺北：五南。

林美容，1989，〈草屯鎮聚落發展與宗族發展〉，《中央研究院第二屆漢學會議論文》。讀取日期：2015年6月15日，取自：https://bit.ly/3bBQUTg。

林美容，2000，《鄉土史與村庄史》。臺北：臺原。

林美容，2008，《祭祀圈與地方社會》。臺北：博揚。

林美容，2020，《媽祖婆靈聖：從傳說、名詞與重要媽祖廟認識臺灣第一女神》。臺北：前衛。

林珮婷，2014，〈男女有別？社會資本使用於政治場域的類型初探〉。《選舉研究》21(2): 81-112。

林淑鈴，2010，〈異族通婚與跨族收養：百年來內埔與萬巒地區族群互動之軌跡〉。收錄於連瑞枝、莊英章（編），《客家‧女性‧邊陲性》，頁103-160。臺北：南天。

林瑋嬪，2013，〈漢人親屬概念重探：臺灣農村的例子〉。收錄於首藤明和等（主編），《中日家族研究》，頁345-397。杭州：浙江大學出版社。

林瑋豐，2020，〈113 位立委，近 40 個是「政二代」〉。《風傳媒》，2020 年 3 月 25 日，取自：https://bit.ly/3citHq6。

林耀華，2000，《義序的宗族研究》。北京：三聯。

金門國家公園管理處，2009，《金門傳統聚落形成發展族譜資料彙編》。金門：金門國家公園管理處。讀取日期：2014 年 2 月 5 日，取自 http://bit.ly/37rOXYr。

金觀濤、劉青峰，1993，《開放中的變遷：再論中國社會超穩定結構》。香港：香港中文大學。

侯瑞琪，1998，〈從宗法制看臺灣漢人宗族社會〉。《國立臺灣師範大學國文研究所集刊》42: 1-81。

姜貞吟，2009，〈女性作為政治行動者：臺灣女性參政圖像的反思〉。《臺灣社會研究季刊》76: 277-316。

姜貞吟，2011，〈男性不在場：臺灣女性參政的性別階序格局〉。《臺灣社會研究季刊》83: 179-240。

姜貞吟，2013，〈臺灣女性在客家群居縣市參與地方政治之初探〉。《客家公共事務學報》8: 53-87。

姜貞吟，2015，〈性別、族群與宗親政治〉。發表於臺灣社會學年會「社會學想像與另類未來」，2015 年 11 月 20 日～11 月 21 日。主辦單位：臺灣社會學會、國立中山大學社會學系。高雄：國立中山大學社會科學院。

姜貞吟，2016，〈桃竹苗客家地區宗親政治下的女性參政〉。《婦研縱橫》104: 19-30。

姜貞吟，2018，〈性別化的習俗與文化〉。頁 3-23，收錄於黃淑玲、游美惠主編，《性別向度與臺灣社會》（第 3 版）。臺北：巨流。

姜貞吟，2019，〈性別、政治參與與婦保名額：以北臺灣客家選區為例〉。發表於「制度安排與客家發展」工作坊，主辦單位：國立中央大學客家學院，2019 年 12 月 17 日。

姜禮海，2013，《宗族形成與變遷：以新竹縣新豐鄉姜朝鳳宗族第三房為例》。新竹：國立交通大學客家社會與文化學程碩士論文。

客家文化發展中心，2019，「客家社會祭儀姑婆牌、入祖塔及女性禮生座談會」，2019 年 6 月 19 日。苗栗：客家文化發展中心。取自：http://bit.ly/3502DrB。

客家委員會，2017，《105 年度全國客家人口暨語言調查研究報告》。臺北：行政院客家委員會。取自：https://bit.ly/3cwKN3F。

施添福，1993，〈臺灣聚落研究及其史料分析：以日治時期的地形圖為例〉。收錄於張炎憲、陳美蓉等（編），《臺灣史與臺灣史料》，頁 131-184。臺北：自立晚報文化出版部。

施添福，2001，《清代臺灣的地域社會——竹塹地區的歷史地理研究》。新竹：新竹縣政府。

施添福，2006，〈社會史、區域史與地域社會——以清代臺灣北部內山的研究方法論為中心〉，發表於國立成功大學歷史系「史學專題講座」，主辦單位：國立成功大學歷史系，2006 年 5 月 30 日。

洪馨蘭，2015，《敬外祖：臺灣南部客家美濃之姻親關係與地方社會》。臺北：遠流。

科大衛（David Faure）、劉志偉，2000，〈宗族與地方社會的國家認同〉。《歷史研究》3: 3-14。

韋煙灶、張智欽，2004，〈新竹市南寮地區的區域開發、聚落及宗族發展之探討〉。《師大地理研究報告》40: 91-119。

徐正光，1997，〈臺灣客家的人類學研究：回顧與前瞻〉。發表於「人類學在臺灣的發展學術研討會」，主辦單位：中央研究院民族學研究所，1997 年 3 月 20-22 日。

徐正光，2002，《臺灣客家族群史：社會篇》。南投：臺灣省文獻委員會。

徐正光，2005 [2000]，《第四屆國際客家學研討會論文集：聚落、宗族與族群關係》。臺北：中央研究院民族學研究所。

徐偉閔，2005，《選舉與地方派系關係研究：新竹縣市的個案分析（2000-2005 年）》。臺北：文化大學中山學術研究所碩士論文。

涂懿文、唐文慧，2016，〈家庭關係與男性氣概的建構：一個漁村男性的遷移傳記〉。《人文及社會科學集刊》28 (2): 215-258。

高永平，2006，〈中國傳統財產繼承背後的文化邏輯：家系主義〉。《社會學研究》3: 167-187, 245。

高宣揚，2002，《盧曼社會系統理論與現代性》。臺北：五南。

張君玫，2016，《後殖民的賽伯格：哈洛威和史碧華克的批判書寫》。新北市：群學。

張晉芬、李亦慧，2007，〈「女人的家事」、「男人的家事」：家

事分工性別化的持續與解釋〉。《人文及社會科學集刊》19 (2): 203-229。

張維安、丘昌泰等，2005，《桃竹苗客家族群社會變遷──調查成果報告》。臺北：行政院客家委員會。

戚常卉、江柏煒，2009，《金門宗族組織與祭祖儀式》。金門：金門國家公園管理處。

戚常卉、江柏煒，2010，《金門宗族組織與地方信仰》。金門：金門國家公園管理處。

畢恆達，1996，〈已婚婦女的住宅空間體驗〉。《本土心理學研究》6: 300-352。

莊孔韶，2004，《時空穿行：中國鄉村人類學世紀回訪》。北京：中國人民大學。

莊文忠、林瓊珠、鄭夙芬、張鐙文，2018，〈婦女保障名額制度與選舉競爭對女性參政的影響：以 2000 年至 2010 年縣市議員選舉為例〉。《臺灣政治學刊》22 (2): 1-46。

莊英章，1977，《林圯埔：一個臺灣市鎮的社會經濟發展史》。臺北：中央研究院民族學研究所專刊乙種第 8 號。

莊英章，1984，〈臺灣宗族組織的形成及其特性〉，收錄於李亦園等編著，《現代化與中國化論集》。臺北：桂冠。

莊英章，1994，《家族與婚姻》。臺北：中央研究院民族學研究所。

莊英章、陳運棟，1982，〈清代頭份的宗族與社會發展史〉。收錄於

「歷史與中國社會變遷（中國社會史）」研討會論文集，中央研究院《三民主義研究所叢刊》第 8 期，頁 333-370。臺北：中央研究院三民主義研究所。

莊英章、羅烈師，2007，〈社會與文化：家族與宗族篇〉。收錄於徐正光（編），《臺灣客家研究概論》，頁 91-110。臺北：行政院客家委員會。

莊煥寧，2005，〈金門四岳宗親會完成第九屆理監事改選〉。《金門日報》，2005 年 8 月 20 日，取自：https://bit.ly/2Ui390x。

許家銘，2013，〈宗親會的功能〉。教育部教育大市集，2014 年 08 月 20 日，取自：https://bit.ly/2MW8Cqu。

連瑞枝，2010，〈被送出去的女人：母女關係、家庭勞動力與歷史記憶〉。收錄於連瑞枝、莊英章（編），《客家・女性・邊陲性》，頁 247-284。臺北：南天。

連瑞枝、莊英章（編），2010，《客家・女性・邊陲性》。臺北：南天。

陳支平，2011，《近五百年來福建的家族社會與文化》。北京：中國人民大學。

陳永祿（重修），2003，《浯江下坑陳氏開支山外世譜》。

陳宏義，2005，《金門的投票行為研究》。臺北：東吳大學政治學系碩士論文。

陳其南，1990，《家族與社會》。臺北：聯經。

陳宗炯，1970，《金門浯江湖前碧湖穎川陳氏族譜》。

陳延輝，2001，〈從鄉土教育談三民主義的教學——以宗親組織為例〉。《人文及社會科學教學通訊》12 (2): 17-27。

陳明通，1995，《政治派系與臺灣政治變遷》。臺北：月旦出版。

陳明通，1999，〈地方派系、賄選風氣與選舉制度設計〉。《國策專刊》7: 12-13。

陳金燕，2013，〈臺灣重要民俗文化資產的性別平等檢視〉。《女學學誌》32: 135-160。

陳俊穎，2014，〈陳治文和邱顯二競選總部成立大會〉。《臺灣公益時報》，2014 年 11 月 12 月，取自：https://bit.ly/3fsmQw1。

陳奕麟，1984，〈重新思考 Lineage Theory 與中國社會〉。《漢學研究》2 (2): 403-446。

陳昭如，2004，〈有拜有保佑：從最高法院 92 年度臺上字第 1280 號判決論女性的祭祀公業派下資格〉。《月旦法學雜誌》115: 249-262。

陳昭如，2005，〈「重組」家庭：從父系家庭到中性的新夥伴關係？〉。收錄於蘇永欽（編），《部門憲法》，頁 807-827。臺北：元照。

陳炳容，2008，《金門宗祠祭祖研究：以陳氏大宗穎川堂等六宗祠為例》。臺北：銘傳大學應用中國文學系碩士在職專班碩士論文。

陳素秋，2015，〈鑲嵌於性別符碼體系的社會資本生產與運用：以臺灣兩個社區的女性參與為例〉。《臺灣社會學》30: 99-139。

陳啟鍾，2017，《明清閩南宗族意識的建構與強化》。桃園：昌明文化。

陳惠馨，2018，《性別關係與法律：婚姻與家庭（第三版）》。臺北：元照。

陳瑞霞，2008，《從書院到鸞堂：以苗栗西湖劉家的地方精英角色扮演為例》。新竹：國立交通大學客家社會與文化碩士在職專班論文。

陳緯華，2004，〈人類學漢人親屬研究：回顧與批評〉。《漢學研究通訊》23 (1): 1-12。

陳麗華，2010a，〈客家人的宗族建構與歷史記憶塑造：以臺灣六堆地區為例〉。《臺灣史研究》17 (4): 1-31。

陳麗華，2010b，〈清代臺灣六堆地區的節婦與地方社會〉。收錄於連瑞枝、莊英章（編），《客家・女性・邊陲性》，頁 21-50。臺北：南天。

彭鳳貞，2013，《桃竹苗地區客家選票之穩定與變遷研究：1985-2012 新竹縣的跨時性分析》。臺北：行政院客家委員會委託研究案成果報告。

彭鳳貞、黃佳模，2014，《桃竹苗地區客家選票之穩定與變遷研究（第二階段）：以苗栗縣為焦點的分析》。臺北：行政院客家委員會委託研究案成果報告。

彭鳳貞、黃佳模，2015，《桃竹苗地區客家選票之穩定與變遷研究（第三階段）：以桃園市為焦點的分析》。臺北：行政院客家委員會委託研究案成果報告。

曾秋美，1998，《臺灣媳婦仔的生活世界》。臺北：玉山社。

曾純純，2006，〈從「孺人」到「女兒入譜」：客家女性在族譜中角色的歷史變遷〉。發表於「全球視野下的客家與地方社會：第一屆臺灣客家研究國際研討會」，主辦單位：國立中央大學客家學院，2006 年 10 月 29-30 日。

曾純純，2010，〈釧夫命與二婚親：客家婦女的再嫁與改嫁〉。收錄於連瑞枝、莊英章（編），《客家‧女性‧邊陲性》，頁 51-102。臺北：南天。

曾純純，2014，〈親屬、婚姻與族群性：從南臺灣內埔客家的碑葬文化談起〉。《客家研究》7 (2)：115-158。

森正夫，1997，《明清時代江南三角洲的鄉鎮志與地域社會：以清代為中心的考察》。臺北：國史館。

森正夫，2014，〈地域社會論的核心、背景、理解和課題〉。《人文研究期刊》12: 27-32。

游美惠，2015，〈交織性／交錯性〉。性別平等教育季刊》71: 109-111。

湯熙勇，1987，〈彰化永靖邱氏宗族的遷臺與大宗祠的建立〉。收錄於《臺灣史研究暨史料發掘研討會論文集》，頁 67-78。臺北：中華民國臺灣史蹟研究中心。

馮爾康等，1994，《中國宗族社會》。杭州：浙江人民。

黃天如，2017，〈入贅習俗？延續香火？ 2,195 名男子「冠妻姓」20 歲青年也不例外〉。《風傳媒》，2017 年 10 月 15 日，取自：https://bit.ly/2XKmRFb。

黃克先，2019，〈「迌迌人」、「做事人」與「艱苦人」：臺灣無家者場域內的行動主體〉。《臺灣社會學》38: 63-114。

黃長玲、顏厥安、蘇芊玲、陳昭如，2013，〈女性主義與自由主義〉。《思想》23（女性主義與自由主義專輯）：135-174。

黃建德，2004，《萬巒鄉客家聚落嘗會之研究》。臺南：國立臺南師範大學臺灣文化研究所碩士論文。

黃萍瑛，2008a，《臺灣民間信仰孤娘的奉祀：一個社會史的考察》。臺北：稻鄉。

黃萍瑛，2008b，〈臺灣漢人社會民間信仰的性別文化初探：以「早夭女性」之亡魂安頓為例〉。收錄於賴澤涵（主編），《臺灣社會、經濟與文化的變遷》，頁 280-320。新北：威仕曼文化。

黃萍瑛，2018，《客家的女性祖先崇拜 - 以長汀嚴婆信仰為例》。臺北：行政院客家委員會計畫成果報告。

黃樹民，1981，〈大甲地區早期漢人的開墾：社會組織的發展〉。收錄於李亦園與喬健（合編），《中國的民族、社會與文化──慶祝芮逸夫教授八十歲論文集》，頁 33-56。臺北：食貨。

黃獻煜，2014，《宗族與地方社會之發展與變遷：以金門汶水黃氏華房為例》。金門：國立金門大學閩南文化研究所碩士論文。

楊天厚，2011，《金門宗祠祭禮研究：以陳、蔡、許三姓家族為例》。臺北：東吳大學中國文學系博士論文。

楊弘任，2011，〈何謂在地性？：從地方知識與在地範疇出發〉。《思與言》49 (4): 5-29。

楊弘任，2014，《社區如何動起來？》（增訂版）。臺北：群學。

楊明峰、蔡依珍、康鴻志、林駿剛，2014，〈搶宗親票 女為勝選冠夫姓〉。《中時電子報》，2014 年 10 月 12 日，取自 https://bit.ly/2WmyKju。

楊彥杰，1996，《閩西客家宗族社會研究》。香港：法國遠東學院、國際客家學會海外華人研究社。

楊國樞，1996，《父子軸家庭與夫妻軸家庭的運作特徵與歷程：夫妻關係》。臺北：行政院青年輔導委員會。

楊婉瑩，2000，〈婦女的政治機會結構析論〉。《國立中山大學社會科學季刊》2 (4): 65-96。

楊婉瑩，2007，〈政治參與的性別差異〉。《選舉研究》14 (2): 53-94。

楊淑媛，2020，〈接任桃市議會民進黨團總召　陳治文特別感謝一個人〉。《ETtoday 新聞雲》，2020 年 2 月 20 日，取自 https://bit.ly/3ccTYWL。

楊懋春，2001，《一個中國村庄：山東台頭》。南京：江蘇人民出版社。

楊聰榮，2004，《一個客家單姓村的形成與發展：以武威廖姓村為例》。臺北：行政院客家委員會計畫成果報告。

葉永文，1998，《排除理論》。臺北：揚智。

葉啟政，2006，《進出「結構—行動」的困境——與當代西方社會學理論論述對話（修訂二版）》。臺北：三民。

廖小菁，2015a，〈神龕上的祖姑婆：何仙姑信仰與泛珠三角地區的女性崇拜〉。《近代中國婦女史研究》26: 133-191。

廖小菁，2015b，〈何仙姑與七郎婆：廣東何氏宗族的女性祖先崇拜與歷史敘事〉。《新史學》26 (4): 127-183。

廖運清（編），1977，《廖世崇公派祖譜》。

劉宏釗，2010，《石岡客家婦女九二一災後生命歷程的民族誌》。新竹：國立交通大學客家文化學院客家社會與文化學程。

劉佩怡，2005，〈臺灣的「宗親政治」形成的初探——以桃園縣為個案分析〉。《人文學報》29: 19-36。

劉佩怡，2009，〈宗族、宗親會與選舉動員〉。《選舉評論》6: 77-90。

劉嘉薇，2019，《客家選舉政治：影響客家族群投票抉擇因素的分析》。臺北：五南。

劉滿娣，2004，《地方派系對選舉影響之研究：以美濃鎮 1998 年～2003 年選舉為例》。臺北：國立臺灣師範大學政治學研究所碩士論文。

劉興鎔，2004，《劉氏祖譜》。桃園：永合印刷。

潘美玲、黃怡菁，2010，〈茶香客家婦女的勞動：峨眉採茶班員的勞動圖像〉。收錄於連瑞枝、莊英章（編），《客家・女性・邊陲性》，頁 285-316。臺北：南天。

蔡芬芳，2013，〈臺灣北部客家女性入祖塔與族譜之初探：以桃園縣

觀音鄉武威村為例〉。《客家公共事務學報》7: 53-76。

鄭振滿，1992，《明清福建家族組織與社會變遷》。長沙：湖南教育
　　出版社。

鄭婕宇，2017，《宗族發展與文化保存：以楊梅鄭氏道東堂為例》。
　　桃園：國立中央大學客家語文暨社會科學學系客家社會文化碩士
　　班碩士論文。

魯顯貴，1998，《盧曼社會系統理論導引》。臺北：巨流。

蕭昭君，2008，〈女性爭取宗族祭祖大典主祭的行動敘說〉。收錄於
　　玄奘大學宗教學系（編），《宗教文化與性別倫理：國際學術會
　　議論文集》，頁 559-594。臺北：法界。

蕭昭君、蘇芊玲（編），2008，《大年初一回娘家：習俗文化與性別
　　教育》。臺北：女書文化。

蕭新煌、黃世明，2001，《臺灣客家族群史：政治篇（下）》。南投：
　　臺灣省文獻委員會。

賴玉玲 ，2002，〈楊梅的義民信仰聯庄與祭典〉。《民俗曲藝（宗
　　教與地方社會專輯）》137: 165-202。

錢杭，1994，《中國宗族制度新探》。香港：中華書局。

戴炎輝，1945，〈臺灣之家族制度與祖先祭祀團體〉。《臺灣文化論
　　叢》，頁 181-265。

聯合報，1992，〈始終保持沉默，未對弟弟反擊，余玲雅身為余家女
　　兒，無法改變〉。《聯合報》，1992 年 8 月 27 日。

聯合報，2001，〈政治鬩牆，翻開余家朱門恩怨史〉。《聯合報》，
　　2001 年 3 月 13 日。

謝武雄，2009，〈首次參選 陳治文拿下女性最高票〉。《自由時報》，
　　2009 年 12 月 8 日，取自：https://bit.ly/3ccqVmj

謝國雄，2003，《茶鄉社會誌：工資、政府與整體社會範疇》。臺北：
　　中央研究院社會學研究所。

謝繼昌，1986，〈輪伙頭制度初探〉。《中央研究院民族學研究所集
　　刊》59: 91-110。

簡美玲，2015，〈性別化敘事裡的祖先與家族：以北臺灣兩個客家菁
　　英家族為例〉。《全球客家研究》4: 63-112。

簡美玲、吳宓蓉，2010，〈客庄阿婆的沒閒（mo han）：山歌經驗敘
　　事裡的女人勞動〉。收錄於連瑞枝、莊英章（編），《客家・女
　　性・邊陲性》，頁 317-348。臺北：南天。

藍佩嘉，2008，〈性別社會學在臺灣：研究與理論的回顧〉。收
　　錄於謝國雄（編），《群學爭鳴：臺灣社會學發展史，1945-
　　2005》，頁 76-136。新北市：群學。

藍佩嘉，2014，〈做父母、做階級：親職敘事、教養實作與階級不平
　　等〉。《臺灣社會學》27: 97-140。

顏宏駿，2017，〈社頭「蕭一半」變「蕭 2 成」原因是〉。《自由時
　　報》，2017 年 11 月 22 日，取自：https://bit.ly/39vN78G。

魏捷茲，2010，〈帝國、文人與婚姻：百年來內埔與萬巒地區族群互
　　動之軌跡〉。收錄於連瑞枝、莊英章（編），《客家・女性・邊

陲性》，頁 161-206。臺北：南天。

羅勇、勞格文（主編），1997，《贛南地區的廟會與宗族》。香港：國際客家學會、海外華人研究社、法國遠東學院。

羅烈師，1997，《新竹大湖口的社會經濟結構：一個客家農村歷史人類學探討》。新竹：國立清華大學社會人類學研究所碩士論文。

羅烈師，2001，《大湖口的歷史人類學探討》。新竹：新竹縣文化局。

羅烈師，2013，〈客家宗族與宗祠建設〉。《大學、客家與老街》部落格，讀取日期：2014 年 3 月 20 日，取自：https://bit.ly/2XVu6dh。

蘇萱，2012，《政治二代背景與候選人得票率之關係》。臺北：東吳大學政治學系碩士論文。

顧燕翎，2019，〈追求自由、平等與獨立：自由主義女性主義〉。收錄於顧燕翎（編），《女性主義理論與流變》，頁 33-85。臺北：貓頭鷹。

Anthias, Floya and Nira Yuval-Davis, 1992, *Racialized Boundaries: Race, Nation, Gender, Colour and Class and the Anti-Racist Struggle*. London: Routledge.

Arneil, Baraba, 1999, *Politics and Feminism*. Oxford: Blackwell.

Arneil, Baraba, 2006, "Just Communities: Social Capital, Gender, and Culture." Pp. 15-43 in *Gender and Social Capital*, edited by Brenda O'Neill and Elisabeth Gidengil. New York: Routledge.

Barth, Fredrik, 1969, "Introduction." Pp. 9-38 in *Ethnic Groups and Boundaries: The Social Organization of Culture Difference*, edited by Fredrik Barth. Norway: Bergen-Oslo and London: George Allen & Unwin.

Bruegel, Irene, 2005, "Social Capital and Feminist Critique." Pp. 4-17 in *Women and Social Capital*, edited by Jane Franklin. London: London South Bank University.

Cherlin, Andrew J., 2010, "Demographic Trends in the United States: A Review of Research in the 2000s." *Journal of Marriage and Family* 72 (3): 403-419.

Cohen, Myron L.（孔邁隆）, 1970, "Developmental Process in the Chinese Domestic Group." Pp. 21-36 in *Family and Kinship in Chinese Society*, edited by Maurice Freedman. Calif.: Stanford University Press.

Cohen, Myron L.（孔邁隆）, 1976, *House United, House Divided: The Chinese Family in Taiwan*. New York: Columbia University Press.

Cohen, Myron L.（孔邁隆）, 2005, *Kinship, Contract, Community, and State : Anthropological Perspectives on China*. Stanford, Calif.: Stanford University Press.

Collins, Patricia Hill, 2000 [1990], *Black Feminist Thought: Knowledge, Consciousness and the Politics of Empowerment*. London: Rouledge.

Connell, Raewyn W. and James W. Messerschmidt, 2005, "Hegemonic Masculinity: Rethinking the Concept." *Gender and Society* 19 (6): 829-859.

Coontz, Stephanie, 1992, *The Way We Never Were: Families and the Nostalgia Trap.* New York: Basic Books.

Crenshaw, Kimberlé, 1991, "Mapping the Margins: Intersectionality, Identity, Politics, and Violence Against Women of Color." *Stanford Law Review* 43 (6): 1241-1299.

Dahlerup, Drude, 1988, "From a Small to a Large Minority: Women in Scandinavian Politics." *Scandinavian Political Studies* 11 (4): 275-298.

Dal Bó, Ernesto, Pedro Dal Bó, and Jason Snyder, 2009, "Political Dynasties." *Review of Economic Studies* 76: 115-42.

Davis, Kathy, Mary Evans and Judith Lorber, 2006, *Handbook of Gender and Women's Studies: Theory, Culture and Society.* London: Sage.

Dill, Bonnie Thornton and Ruth Enid Zambrana(eds.), 2009, *Emerging Intersections: Race, Class amd Gender in Theory, Policy and Practice.* New Brunswick, New Jersey: Rutgers University Press.

Erickson, Bonnie, H., 2003, "The Distribution of Gendered Social Capital in Canada." Pp. 27-50 in *Creation and Returns of Social Capital: A New Research Program,* edited by Henk Flap and Beate Völker. London: Routledge.

Faure, David（科大衛）, 1986, *The Structure of Chinese Rural Society: Lineage and Village in the Eastern New Territories.* Hong Kong, Oxford, New York: Oxford University Press.

Freedman, Maurice, 1958, *Lineage Organization in Southeastern China.* London: The Athione Press.

Freedman, Maurice, 1966, *Chinese Lineage and Society*. New York: Humanities Press.

Fried, Morton H., 1969, *Fabric of Chinese Society: A Study of the Social Life of a Chinese County Seat*. New York: Octagon Books.

Gertzog, Irwin N., 1995, *Congressional Women: Their Recruitment, Integration, and Behavior*. Westport, Conn.: Praeger.

Goffman, Erving, 1974, *Frame Analysis: An Essay on the Organization of Experience*. New York: Harper & Row.

Goss, Kristin A. and Theda Skocpol, 2006, "Changing Agenda: The Impact of Feminis, on American Politics." Pp. 323-356 in *Gender and Social Capital*, edited by Brenda O'Neill and Elisabeth Gidengil. New York: Routledge.

Halbwachs, Maurice, 1950, *La mémoire collective*(édition électronique). https://bit.ly/2OqsOLk (Date visited: July 17, 2018).

Hanisch, Carol, 2000 [1970], "The Personal is Political." Pp. 113-116 in *Radical Feminism: A Documentary Reader*, edited by Barbara A. Crow. New York: New York University Press.

Hanisch, Carol, 2006, "Introduction to The Personal is Political." https://bit.ly/2VajnZQ (Date visited: June 26, 2015).

Hodgkin, Suzanne, 2009, "Inner Wheel or Inner Sanctum Gender and the Social Capital Debate." *Australian Feminist Studies* 24 (62): 439-452.

Huang, Chang-Ling, 2016, "Reserved for Whom? The Electoral Impact of

Gender Quotas in Taiwan." *Pacific Affairs* 89 (2): 325-343.

Hsu, Francis L. K.（許烺光）, 1961, "Kinship and Ways of Life: An Exploration." Pp. 400-450 in *Psychological Anthropology: Approaches to Culture and Personality*, edited by Francis L. K. Hsu. Homewood: Dorsey Press.

Inglehart, Ronald and Pippa Norris, 2003, *Rising Tide: Gender Equality and Cultural Change around the World*. New York: Cambridge University Press.

Ishibashi, Michihiro and Steven R. Reed, 1992, "Second-Generation Diet Members and Democracy in Japan: Hereditary Seats." *Asian Survey* 32: 366-379.

Jackson, Stevi, 1999, "Gender and Heterosexuality: A Materialist Feminist Analysis." Pp. 123-134 in *Heterosexuality in Question*, edited by Stevi Jackson. London and New York: Sage.

Jacobs, J. B., 1979, "A Preliminary Model of Particularistic Ties in Chinese Political Alliances: Kan-ching and Kuan-hsi in a Rural Taiwanese Township." *China Quarterly* 78, June: 237-273.

Jacobs, J. B., 1980, *Local Politics in a Rural Chinese Cultural Setting: A Field Study of Mazu Township, Taiwan*. Canberra, Australia: Contemporary China Centre, Research School of Pacific Studies, Australian National University.

Jalalzai, Farida and Allegheny College, 2004, "Women Political Leaders: Past and Present." *Women & Politics* 26 (3/4): 85-108.

Kessler, Suzanne and Wendy Mckenna, 1978, *Gender: An Ethnomethodological Approach*. Chicago: University of Chicago Press.

Knight, Ken W. et al., 2017, "The Kids Are OK: It Is Discrimination Not Same-Sex Parents that Harms Children." *Medical Journal of Australia* 207 (9): 1-2.e1.

Kymlicka, Will, 2001, *Contemporary Political Philosophy: An Introduction*. New York: Oxford University Press.

Landes, Joan B., 1998, "Introduction." Pp. 1-18 in *Feminism, the Public and the Private*, edited by Joan B. Landes. New York: Oxford University Press.

Lévi-Strauss, Claude, 2002 [1967], *Les structures élémentaires de la parenté*. Paris : De Gruyter Mouton.

Lovenduski, Joni, 1986, *Women and European Politics*. Amherst: The University of Massachusetts Press.

Lowndes, Vivien, 2004, "Getting on or Getting by? Women, Social Capital and Political Participation." *The British Journal of Politics and International Relations* 6 (1): 45-64.

MacKinnon, Carole, 1989, *Toward a Feminist Theory of the State*. Cambridge, Mass.: Harvard University Press.

McCall, Leslie, 2005, "The Complexity of Intersectionality." *Sign* 17: 70-99.

Millet, Kate, 1970, *Sexual Politics*. New York: Doubleday.

Norris, Pippa and Joni Lovenduski, 1995, *Political Recruitment: Gender, Race, and Class in the British Parliament*. Cambridge, New York: Cambridge University Press.

Norris, Pippa and Ronald Inglehart, 2006, "Gendering Social Capital: Bowling in the Women's Leagues?" Pp. 73-98 in *Gender and Social Capital*, edited by Brenda O'Neill and Elisabeth Gidengil. New York: Routledge.

Norris, Pippa, 1997, *Passages to Power: Legislative Recruitment in Advanced Democracies*. Cambridge; New York : Cambridge University Press.

Norris, Pippa, 2002, "Gender and Contemporary British Politics." Pp. 38-59 in *British Politics Today*, edited by Colin Hay. Cambridge: Polity Press.

O'Neill, Brenda and Elisabeth Gidengil (eds.), 2006, *Gender and Social Capital*. New York: Routledge.

Okin, Susan Moller, 1991, *Justice, Gender and the Family* (3rd ed.). New York: Basic Book.

Pasternak, Burton, 1972, *Kinship and Community in Two Chinese Village*. Calif.: Stanford University Press.

Pateman, Carole, 1988, *The Sexual Contract*. Calif.: Stanford University Press.

Pateman, Carole, 1989, *The Disorder of Women*. Cambridge: Polity Press.

Paxton, Pamela, Melanie M. Hughes and Jennifer L. Green, 2006,

"The International Women's Movement and Women's Political Representation, 1893-2003." *American Sociological Review* 71: 898-920.

Potter, Jack M, 1974, "Cantonese Shamanism." Pp. 207-231 in *Religion and Ritual in Chinese Society*, edited by Arthur P. Wolf. Stanford: Stanford University Press.

Putnam, Robert D., 1993, *Making Democracy Work: Civic Traditions in Modern Italy*. Princeton: Princeton University Press.

Putnam, Robert D., 2000, *Bowling Alone: The Collapse and Revival of American Community*. New York: Simon and Schuster.

Randall, Vicky, 1987, *Women and Politics: An International Perspective*. Chicago: University of Chicago Press.

Rich, Adrienne, 1986 [1984], "Notes Toward a Politics of Location." Pp. 210-231 in *Blood, Bread, and Poetry: Selected Prose 1979-1985*, edited by Adrienne Rich (ed.). New York: Norton.

Rubin, Gayle S., 1984, "Thinking Sex: Notes For a Radical Theory of the Politics of Sexuality." Pp. 143-179 in *Pleasure and Danger: Exploring Female Sexuality*, edited by Carole S. Vance. Boston: Routledge & Kegan, Paul.

Sapiro, Virginia, 2006, "Gender, Social Capital, and Politics." Pp. 151-184 in *Gender and Social Capital*, edited by Brenda O'Neill and Elisabeth Gidengil. New York: Routledge.

Sedgwick, Eve Kosofsky, 1985, *Between Men: English Literature and Male*

Homosocial Desire. New York: Columbia University Press.

Sineau, Mariette, 2001, *Profession: femmes politique*. Paris: Presses de Science Po.

Taniguchi, Naoko, 2008, "Diet Members and Seat Inheritance: Keeping It in the Family." Pp. 65-80 in *Democratic Reform in Japan: Assessing the Impact*, edited by Sherry L. Martin and Gill Steel. Boulder, CO: Lynne Rienner Publishers.

Turnbull, David, 2003 [2000], *Masons, Tricksters, and Cartographers: Comparative Studies in the Sociology of Scientific and Indigenous Knowledge*. London: Taylor & Francis.

Trémon, Anne-Christine, 2010, *Chinois en Polynésie française: migration, métissage et diaspora*. Nanterre: Société d'ethnologie.

Van Gennep, Arnold, 1981 [1909], *Les rites de passage: etudes systematique des rites*. Paris: A. et J. Picard.

Yuval-Davis, Nira, 2005, "Intersectionality and Feminist Politics." *European Journal of Women's Studies* 13 (3): 193-209.

Walby, Sylvia, 1990, *Theorizing Patriarchy*. Oxford: Basil Blackwell.

Watson, James L., 1982, "Of Flesh and Bones: The Management of Death Pollution in Cantonese Society." Pp. 151-186 in *Death and the Regeneration of Life*, edited by Maurice Bloch and Jonathan Parry. Cambridge; New York: Cambridge University Press.

Watson, Rubie S., 1981, "Class Differences and Affinal Relations in South

China." *Man*, New Series 16 (4): 593-615.

Watson, Rubie S., 1986, "The Named and the Nameless: Gender and Person in Chinese Society." *American Ethnologist* 13 (4): 619-631.

Weber, Lynn, 2001, *Understanding Race, Class, Gender and Sexuality: A Conceptual Framework*. New York: McGraw-Hill.

West, Candace and Don Zimmerman, 1987, "Doing Gender." *Gender and Society* 1 (2): 125-151.

West, Candace and Sarah Fenstermaker, 2002, "Doing Difference." Pp. 55-58 in *Doing Gender, Doing Difference: Inequality, Power, and Institutional Change*, edited by Candace West and Sarah Fenstermaker. New York: Routledge.

Wiegman, Robyn, 2002, "Introduction: On Location." Pp. 1-44 in *Women's Studies on Its Own*, edited by Robyn Wiegman. Durham and London: Duke UP.

Wittfogel, Karl A.（魏復古）, 1938, *New Light on Chinese Society, An Investigation of China's Socio-Economic Structure*. New York: International Secretariat, Institute of Pacific Relations.

Wolf, Arthur P., 1974, "Gods, Ghosts, and Ancestors." Pp. 131-182 in *Religion and Ritual in Chinese Society*, edited by Arthur P. Wolf. Stanford: Stanford University Press.

附錄一　受訪者相關資訊

編號	姓氏碼	年齡	性別	職業	宗親會	宗族關係		婚姻宗族		宗族所在／居住地	訪談日期
						父親	母親	配偶	已婚		
LA01	FN01	70-74	男	教育、社區	V	V	V	V	已婚	金門	2015年1月21日 2015年1月26日
LA02	FN02	60-64	女	公務員					已婚	金門	2015年1月22日
LA03	FN03	55-59	男	商行	理事	V	V		已婚	金門	2015年1月22日
LA04	FN04	60-64	男	公務員	V	V			已婚	金門	2015年1月26日
LA05	FN04	55-59	男	公務員	理事長	V			已婚	金門	2015年1月26日 2016年8月10日

編號	代號	年齡	性別	職業				婚姻	籍貫	日期
LA 06	FN05	55-59	男	民代	V	V		已婚	金門	2015 年 1 月 27 日
LA 07	FN06	55-59	女	民代				已婚	金門	2015 年 1 月 27 日
LA 08	FN07	50-54	女	公務員		V		已婚	金門	2015 年 1 月 27 日
LA 09	FN01	60-64	男	校長	V	V	V	已婚	金門	2015 年 1 月 28 日 / 2016 年 8 月 12 日
LA 10	FN02	55-59	男	校長	V	V	V	已婚	金門	2015 年 1 月 29 日
LA 11	FN08	60-64	男	公務員	理事長	V	V	已婚	金門	2015 年 1 月 29 日
LA 12	FN04	60-64	女	民代			V	已婚	金門	2015 年 1 月 29 日
LA 13	FN09	40-44	女	文創				未婚	金門	2015 年 2 月 1 日
LA 14	FN01	40-44	女	民代		V	V	未婚	金門	2015 年 2 月 2 日

LA 15	FN10	50-54	男	民代辦公室	理事長				已婚	金門	2015年2月3日
LA 16	FN11	50-54	女	民代		V				金門	2015年2月4日
LA 17	FN01	45-49	女	廣告		V	V		未婚	金門／臺北	2016年7月10日 2017年7月1日
LA 18	FN12	50-54	女	公務員	理事長	V			已婚	金門	2016年8月10日
LA 19	FN05	60-64	男	公務員	V	V			已婚	金門	2016年8月10日
LA 20	FN05	70-74	男	民代	V	V			已婚	金門	2016年8月10日
LA 21	FN05	60-64	男	公務員	理事長	V	V		已婚	金門	2016年8月10日
LA 22	FN13	60-64	男	公務員、社區		V	V		已婚	金門	2016年8月11日
LA 23	FN12	55-59	女	藝文		V		V	已婚	金門／臺北	2016年8月11日

LA 24	FN14	50-54	男	社區	理事長	V		已婚	金門	2016 年 8 月 12 日
LA 25	FN01	35-40	男	商行	V	V	V	未婚	金門	2016 年 8 月 14 日
LA 26	FN01	45-49	男	教育	V	V		已婚	金門	2016 年 8 月 14 日
LA 27	FN15	65-69	男	民代	理事長	V		已婚	金門	2016 年 8 月 15 日
LA 28	FN16	65-69	男	民代	理事長	V		已婚	金門	2016 年 8 月 15 日
LA 29	FN17	40-44	男	商行、社區	理事長	V		已婚	金門	2016 年 8 月 16 日
LA 30	FN17	55-59	男	退休	V	V		已婚	金門	2016 年 8 月 16 日
LA 31	FN17	55-59	男	退休	V	V		已婚	金門	2016 年 8 月 16 日
LA 32	FN07	55-59	男	教育、社區	V	V		已婚	金門	2016 年 8 月 18 日

LA 33	FN18	60-64	男	民代	理事長	V		已婚	金門	2016 年 8 月 19 日
LA 34	FN09	50-54	男	民代	理事長	V		已婚	金門	2017 年 7 月 27 日
LA 35	FN09	55-59	男	保全	V	V		已婚	金門	2017 年 7 月 27 日
LA 36	FN19	65-70	男	教育、商行	理事長	V		已婚	金門	2017 年 7 月 27 日
LA 37	FN20	60-64	男	工業	理事長 龍崗親義總會理事長	V		已婚	金門	2017 年 7 月 28 日
LA 38	FN09	65-69	女	家管			V	已婚	金門	2017 年 7 月 28 日
LA 39	FN21	70-74	男	公務員	理事長	V		已婚	金門	2017 年 7 月 29 日
LA 40	FN15	65-69	男	工會	理事長	V		已婚	金門	2017 年 7 月 31 日

編號	FN	年齡	性別	職業					婚姻	地點	日期
LA 41	FN22	40-45	女	商行				V		金門	2017 年 8 月 2 日
LA42	FN12	50-54	男	建設工程	理事長				已婚	新竹	2015 年 4 月 27 日
LA43	FN12	55-59	男	建設工程	V				已婚	新竹	2015 年 4 月 27 日
LA44	FN23	55-59	男	商行	理事長				已婚	新竹	2015 年 5 月 01 日
LA45	FN24	60-64	男	農會	理事長	V			已婚	新竹	2015 年 5 月 05 日
LA46	FN25	55-59	女	國貿、鄉代候選人		V			已婚	苗栗	2015 年 5 月 26 日 2015 年 6 月 15 日
LA47	FN12	25-29	男	縣議員候選人		V			未婚	新竹	2015 年 5 月 26 日
LA48	FN26	40-44	女	教育	V				已婚	苗栗／桃園	2015 年 10 月 6 日 2015 年 10 月 27 日

編號	代號	年齡	性別	職業					婚姻	地區	日期
LA49	FN10	55-59	女	教育		V			已婚	桃園／臺南	2016 年 5 月 20 日 2016 年 8 月 5 日
LA50	FN15	60-64	男	公務員	會長	V	V		已婚	新竹	2016 年 7 月 27 日
LA51	FN05	55-59	女	代書		V	V	V	已婚	桃園	2016 年 7 月 28 日
LA52	FN15	85-89	女	家管				V	已婚	桃園	2016 年 7 月 28 日
LA53	FN27	75-84	男	農	V	V			已婚	桃園	2016 年 7 月 28 日
LA54	FN27	75-84	女	家管	理事長			V	已婚	桃園	2016 年 7 月 28 日
LA55	FN27	55-59	女	宗教	V	V			已婚	新竹	2016 年 7 月 29 日
LA56	FN27	55-59	女	宗教		V	V		已婚	新竹	2016 年 7 月 29 日
LA57	FN20	25-29	男	藝文	V		V		未婚	桃園	2016 年 8 月 2 日
LA58	FN27	55-59	男	農	V		V		已婚	桃園	2016 年 8 月 2 日

編號	代號	年齡	性別	職業	理事長			婚姻	地區	時間
LA59	FN27	55-59	男	電力工程		V		已婚	桃園	2016 年 8 月 5 日
LA60	FN27	55-59	男	農	V	V		已婚	桃園	2016 年 9 月 18 日
LA61	FN28	50-54	男	農	V	V		已婚	桃園	2016 年 10 月 1 日
LA62	FN28	55-59	男	農田水利會	V	V		已婚	桃園	2016 年 10 月 1 日 / 2016 年 12 月 24 日
LA63	FN28	55-59	男	民代	V	V		已婚	桃園	2016 年 10 月 1 日
LA64	FN28	55-59	男	民代	V	V		已婚	桃園	2016 年 10 月 1 日
LA65	FN23	55-59	男	媒體	V	V	V	已婚	桃園／臺北	2016 年 10 月 3 日
LA66	FN27	50-59	男	工廠	V	V		已婚	桃園	2016 年 10 月 16 日
LA67	FN27	60-64	男	商行	V	V		已婚	新竹／新北	2016 年 10 月 16 日

LA68	FN28	60-64	男	運輸	V	V			已婚	桃園	2016 年 12 月 23 日
LA69	FN28	60-64	男	農	V	V			已婚	桃園	2016 年 12 月 23 日
LA70	FN28	60-64	男	祭祀公業管理人	V	V			已婚	桃園	2016 年 12 月 23 日 / 2016 年 12 月 24 日
LA71	FN28	55-59	男	民代辦公室	V 總幹事	V			已婚	桃園	2016 年 12 月 24 日
LA72	FN28	55-59	女	家管				V	已婚	桃園	2016 年 12 月 24 日
LA73	FN28	60-64	男	商行	V	V			已婚	桃園	2016 年 12 月 24 日
LA74	FN23	50-54	男	資源回收	V	V			已婚	新竹／桃園	2016 年 10 月 15 日
LA75	FN29	60-65	女	家管	V	V		V	已婚	桃園	2018 年 4 月 22 日

LA76	FN30	60-64	男	退休	理事長	V			已婚	桃園	2018 年 5 月 25 日
LA77	FN05	30-34	女	社區					未婚	桃園	2018 年 11 月 12 日
LA78	FN20	60-64	男	農會／社區發展	理事長	V			已婚	桃園	2018 年 12 月 19 日／2019 年 3 月 27 日
LA79	FN20	60-64	男	電子零件／社區發展	V	V			已婚	桃園	2019 年 3 月 27 日
LA80	FN01	45-59	女	民代	理事長				未婚	桃園	2019 年 4 月 19 日
LA81	FN31	50-54	女	民代					已婚	桃園	2019 年 4 月 25 日
LA82	FN32	35-39	女	民代					未婚	桃園	2019 年 4 月 30 日
LA83	FN33	65-69	男	公務員	V	V			已婚	桃園	2019 年 5 月 14 日
LA84	FN34	45-49	女	民代	V	V			已婚	桃園	2019 年 6 月 17 日

編號	FN	年齡	性別	職業	職務				婚姻	地區	受訪時間
LA85	FN34	60-64	女	民代					未婚	桃園	2019年6月21日
LA86	FN35	65-69	女	民代					已婚	桃園	2019年6月25日 2019年7月4日
LA87	FN10	60-64	男	建築工程 民代	理事長	V	V	V	已婚	桃園	2019年6月26日 2019年8月10日
LA88	FN36	45-49	男	民代	V	V			已婚	桃園	2019年6月26日
LA89	FN37	50-54	男	民代	V	V	V		已婚	桃園	2019年6月26日
LA90	FN07	60-64	男	農	理事長	V			已婚	桃園	2019年6月27日
LA91	FN07	50-54	女	民代	副理事長	V	V	V	已婚	桃園	2019年6月27日
LA92	FN10	55-59	男	民代、社區	理事長	V			已婚	桃園	2019年7月1日
LA93	FN10	55-59	男	社區	V	V			已婚	桃園	2019年7月1日

編號	FN	年齡	性別	職業	職位				婚姻	地點	日期
LA94	FN01	70-74	男	民代、宗教	理事長	V			已婚	桃園	2019年7月1日、2019年7月5日
LA95	FN15	55-59	男	民代	V	V			已婚	桃園	2019年7月2日、2019年7月3日
LA96	FN10	60-64	男	民代	理事長	V			已婚	桃園	2019年7月3日
LA97	FN23	65-69	男	民代	理事長	V			已婚	桃園	2019年7月4日
LA98	FN37	60-64	男	科技	理事長				已婚	桃園	2019年7月4日
LA99	FN04	60-64	女	民代					已婚	桃園	2019年7月5日
LA100	FN07	55-59	女	公務員	V	V		V	已婚	桃園	2019年7月13日
LA101	FN25	60-64	男	商行	理事長	V			已婚	桃園	2019年7月16日
LA102	FN27	40-44	女	民代	會長	V			已婚	新竹	2019年7月19日

編號	化名	年齡	性別	職業				婚姻	居住地	訪談時間
LA103	FN23	55-59	女	民代		V	V	已婚	新竹	2019年7月19日
LA104	FN38	40-44	女	教育	V	V		已婚	桃園	2019年8月16日
LA105	FN07	25-29	女	貿易行政	V	V		未婚	桃園	2019年12月20日
LA106	FN27	25-29	女	科技業行政	V	V		未婚	桃園	2019年12月21日
LA107	FN25	25-29	男	公務員	V	養父 苗栗 V	V	未婚	桃園、新竹	2019年12月25日 2019年12月31日
LA108	FN11	25-29	男	教育		養父 苗栗 V		未婚	新竹、苗栗	2019年12月31日

附錄二　2009年至2018年桃竹竹苗金縣市各選區男女縣市議員人數

2009年桃竹竹苗金縣市各選區男女縣市議員人數

縣市	選區	候選人數			當選人數		
		計	男	女	計	男	女
桃園縣	01 選區：桃園市	19	12	7	12	8	4
	02 選區：龜山	7	5	2	4	2	2
	03 選區：八德	7	3	4	5	1	4
	04 選區：蘆竹	7	4	3	4	3	1
	05 選區：大園	4	4	0	2	2	0
	06 選區：大溪、復興	5	3	2	3	2	1
	07 選區：中壢	16	12	4	10	6	4
	08 選區：平鎮	10	6	4	6	4	2
	09 選區：楊梅	6	4	2	4	2	2
	10 選區：龍潭	4	3	1	3	2	1
	11 選區：新屋	3	3	0	1	1	0
	12 選區：觀音	3	2	1	2	1	1

新竹市	01 選區：東區	20	15	5	11	8	3
	02 選區：東區（不同里）	7	4	3	4	2	2
	03 選區：北區	5	5	0	3	3	0
	04 選區：北區（不同里）	13	10	3	9	7	2
	05 選區：香山區	12	9	3	6	5	1
新竹縣	01 選區：竹北	14	9	5	9	6	3
	02 選區：湖口	6	4	2	5	3	2
	03 選區：新豐	7	3	4	4	3	1
	04 選區：關西	3	3	0	2	2	0
	05 選區：新埔	4	4	0	2	2	0
	06 選區：橫山、尖石	1	1	0	1	1	0
	07 選區：芎林	2	2	0	1	1	0
	08 選區：竹東、五峰	8	6	2	6	5	1
	09 選區：寶山	2	2	0	1	1	0
	10 選區：北埔、峨眉	3	3	0	1	1	0
苗栗縣	01 選區：苗栗市、公館、頭屋	16	11	5	9	7	2 *

	02 選區：銅鑼、三義、西湖	4	3	1	3	2	1
	03 選區：通宵、苑裡	9	7	2	6	5	1＊
	04 選區：竹南、後龍、造橋	13	9	4	8	4	4
	05 選區：頭份、三灣、南庄	13	10	3	7	5	2
	06 選區：卓蘭、大湖、獅潭、泰安	5	4	1	3	3	0
金門縣	01 選區：金城、金寧、烈嶼、烏坵	17	12	5	12	8	4
	02 選區：金湖、金沙	13	11	2	7	6	1

資料來源：中央選舉委員會選舉資料庫。

說明：加註＊字號者表示該選區有婦保名額當選席次，灰色選區為該區無女性當選。

2014年桃竹竹苗金縣市各選區男女縣市議員人數（含客家文化重點發展區）

縣市	選區	候選人數			當選人數		
		計	男	女	計	男	女
桃園市	01 選區：桃園市	25	21	4	11	7	4
	02 選區：龜山	7	5	2	4	3	1
	03 選區：八德	14	9	5	5	2	3
	04 選區：蘆竹	8	3	5	4	2	2
	05 選區：大園（26%）	3	3	0	2	2	0
	06 選區：大溪、復興	10	7	3	3	2	1
	07 選區：中壢（57%）	22	16	6	10	7	3
	08 選區：平鎮（59%）	19	15	4	6	4	2
	09 選區：楊梅（68%）	8	5	3	4	2	2
	10 選區：龍潭（59%）	9	8	1	3	3	0
	11 選區：新屋（77%）	2	2	0	1	1	0
	12 選區：觀音（48%）	4	4	0	2	2	0
新竹市	01 選區：東區（37%）	23	17	6	11	9	2
	02 選區：南區	9	4	5	4	3	1
	03 選區：西區	5	5	0	2	2	0
	04 選區：北區	14	10	4	9	6	3
	05 選區：香山區（27%）	9	7	2	6	5	1＊

新竹縣	01 選區：竹北（57%）	15	11	4	10	7	3
	02 選區：湖口（75%）	6	3	3	5	2	3
	03 選區：新豐（66%）	7	4	3	4	3	1 ＊
	04 選區：關西（89%）	4	3	1	2	2	0
	05 選區：新埔（92%）	4	4	0	2	2	0
	06 選區：橫山（89%）	3	3	0	1	1	0
	07 選區：芎林（84%）	1	1	0	1	1	0
	08 選區：竹東（78%）	11	8	3	6	5	1
	09 選區：寶山（75%）	1	1	0	1	1	0
	10 選區：北埔（94%）、峨眉（92%）	3	3	0	1	1	0
苗栗縣	01 選區：苗栗市（87%）、公館（91%）、頭屋（89%）	16	12	4	9	6	3
	02 選區：銅鑼（87%）、三義（81%）、西湖（76%）	5	4	1	3	2	1
	03 選區：通宵（33%）、苑裡（30%）	7	5	2	5	3	2
	04 選區：竹南（38%）、後龍（29%）、造橋（77%）	16	10	6	9	4	5
	05 選區：頭份（78%）、三灣（88%）、南庄（82%）	11	8	3	7	5	2

	06 選區：卓蘭（79%）、大湖（88%）、獅潭（79%）、泰安（41%）	4	3	1	3	2	1
金門縣	01 選區：金城、金寧、烏坵	19	14	5	10	7	3
	02 選區：金沙、金湖	13	11	2	7	6	1＊
	03 選區：烈嶼	5	4	1	2	1	1

資料來源：中央選舉委員會選舉資料庫。

說明：1. 客委會2011年根據客家基本法規定「客家人口達三分之一以上之鄉（鎮、市、區），列為客家文化重點發展區，以客語為通行語言之一，客家人口達二分之一以上之鄉（鎮、市、區），應以客語為主要通行語」，以及《行政院客家委員會99年至100年全國客家人口基礎資料調查研究》，公告包含11個直轄市、縣（市），共69個鄉（鎮、市、區）為客家文化重點發展區。取自https://bit.ly/2LzQ4M2。2. 選區標示數字比例為客家文化重點發展區（桃園市復興區除外），以及該區客家族群人口比例。3. 加註＊字號者表示該選區有婦保名額當選席次，灰色選區為該區無女性當選。

2018年桃竹竹苗金縣市各選區男女縣市議員人數（含客家文化重點發展區）

縣市	選區	候選人數			當選人數		
		計	男	女	計	男	女
桃園市	01 選區：桃園市	22	16	6	12	9	3
	02 選區：龜山	6	4	2	4	2	2
	03 選區：八德	10	4	6	5	1	4
	04 選區：蘆竹	7	4	3	4	2	2
	05 選區：大園（21%）	3	3	0	2	2	0
	06 選區：大溪（30%）、復興	5	4	1	2	1	1
	07 選區：中壢（54%）	21	15	6	11	9	2
	08 選區：平鎮（61%）	12	8	4	6	5	1
	09 選區：楊梅（71%）	10	5	5	4	2	2
	10 選區：龍潭（59%）	9	7	2	3	3	0
	11 選區：新屋（86%）	3	3	0	1	1	0
	12 選區：觀音（59%）	5	4	1	2	2	0

新竹市	01 選區：東區（40%）	22	16	6	12	7	5
	02 選區：南區	9	6	3	4	2	2
	03 選區：西區	6	6	0	2	2	0
	04 選區：北區	18	14	4	9	6	3
	05 選區：香山區（31%）	14	8	6	6	5	1
新竹縣	01 選區：竹北（55%）	25	18	7	11	7	4
	02 選區：湖口（81%）	10	8	2	5	3	2
	03 選區：新豐（69%）	4	4	0	3	3	0
	04 選區：關西（92%）	3	3	0	2	2	0
	05 選區：新埔（88%）	8	7	1	2	2	0
	06 選區：橫山（94%）	2	2	0	1	1	0
	07 選區：芎林（88%）	2	1	1	1	0	1
	08 選區：竹東（90%）	13	10	3	6	3	3
	09 選區：寶山（82%）	4	4	0	1	1	0
	10 選區：北埔（93%）、峨眉（89%）	2	2	0	1	1	0

苗栗縣	01 選區：苗栗市（90%）、公館（89%）、頭屋（91%）	15	10	5	9	7	2
	02 選區：銅鑼（90%）、三義（76%）、西湖（73%）	4	4	0	3	3	0
	03 選區：通宵（28%）、苑裡（25%）	10	7	3	5	3	2
	04 選區：竹南（34%）、後龍（28%）、造橋（83%）	16	7	9	9	4	5
	05 選區：頭份（79%）、三灣（87%）、南庄（79%）	17	12	5	8	6	2
	06 選區：卓蘭（79%）、大湖（90%）、獅潭（89%）、泰安（74%）	3	2	1	2	2	0
金門縣	01 選區：金城、金寧、烏坵	20	16	4	10	7	3
	02 選區：金沙、金湖	13	12	1	7	6	1
	03 選區：烈嶼	2	2	0	2	2	0

資料來源：中央選舉委員會選舉資料庫。

說明：1. 客委會2011年根據客家基本法規定「客家人口達三分之一以上之鄉（鎮、市、區），列為客家文化重點發展區，以客語為通行語言之一，客家人口達二分之一以上之鄉（鎮、市、區），應以客語為主要通行語」，以及《105年度全國客家人口暨語言基礎資料調查研究》，公告包含11個直轄市、縣（市），共70個鄉（鎮、市、區）為客家文化重點發展區。取自https://bit.ly/2LzQ4M2。2. 選區標示數字比例為客家文化重點發展區（桃園市復興區除外），以及該區客家族群人口比例。3. 加註＊字號者表示該選區有婦保名額當選席次，灰色選區為該區無女性當選。

國家圖書館出版品預行編目（CIP）資料

女歸成神：性別與宗族／親、族群之間的多重交織 =
Intersectionality: gender, lineage/clan, and ethnicity /
姜貞吟著. -- 初版. -- 桃園市：中央大學出版中心；
臺北市：遠流出版事業股份有限公司, 2020.12
　面；　公分
ISBN 978-986-5659-36-3（平裝）

1. 女性主義　2. 傳統社會　3. 性別研究　4. 文化研究

544.52　　　　　　　　　　　　　　　109021245

女歸成神：性別與宗族／親、族群之間的多重交織

著者：姜貞吟
執行編輯：王怡靜

出版單位：國立中央大學出版中心
　　　　　桃園市中壢區中大路 300 號

　　　　　遠流出版事業股份有限公司
　　　　　台北市南昌路二段 81 號 6 樓

發行單位／展售處：遠流出版事業股份有限公司
地址：台北市南昌路二段 81 號 6 樓
電話：(02) 23926899　傳真：(02) 23926658
劃撥帳號：0189456-1

著作權顧問：蕭雄淋律師
2020 年 12 月 初版一刷
售價：新台幣 450 元

YL*lib* 遠流博識網 http://www.ylib.com E-mail: ylib@ylib.com